JN200890

WORDBOX

ワードボックス英単語・熟語

山岡憲史 監修／長田哲文・Sue Fraser 共著

アドバンスト
Advanced

CONTENTS

本書のねらいと特長

1 本書のねらい

「大学入学共通テスト」の導入とともに，日本の大学入試が大きく変わろうとしています。従来の入試問題は「解釈（Reading・Listening）」が中心で，「表現（Speaking・Writing）」の占める割合はごくわずかでした。ところがこれからは，英検，GTEC，TEAP などの，「英語4技能試験」が入試に活用され，**英語の4技能すべてが均等に試される機会が大幅に増える**ことになります。これまでの単語集は，Reading・Listening（解釈）対策に焦点を当て，主に「英単語を見て［聞いて］その意味がわかるか」ということを重視してきましたが，これからの時代の単語集には，「**学習した英単語を使って自己表現できるか**」ということまでが求められるのです。本書では，解釈だけでなく表現することまでを見据え，これからの時代にふさわしい語彙力を身につけるためのさまざまな工夫を凝らしています。

2 収録語・STAGE 構成

単語の選定にあたっては，国公立大学二次試験，私立大入学試験などの入試問題はもちろん，英検や GTEC などの4技能検定試験の問題も入念に分析し，**これからの大学入試を突破するために必要な英単語1865語・熟語459語を厳選**しました。さらに，それらを「**話す」「書く」「聞く」「読む」の4技能の観点から分類して配列**しています。具体的な構成は以下の通りです。

前半の **STAGE 1** と **STAGE 2** では，英単語を見て日本語の意味がわかるだけでなく，**日本語から英語への変換が行えることが望ましい英単語・熟語**を中心に集めました。つまり，STAGE 1 と STAGE 2 にある英単語・熟語は主に「**表現（Speaking・Writing）」で役に立つ語彙**と言えます。STAGE 1 では日常会話でよく使われるような，より身近な（つまり話し言葉寄りの）語彙が中心ですが，STAGE 2 へと進むにつれて少しずつ難度が上がり，身近な語彙の中でもより改まった（つまり書き言葉寄りの）語彙が多くなるように配列しています。

後半の **STAGE 3** と **STAGE 4** では，まずは日本語の意味をしっかりと覚えてほしい英単語を中心に集めました。つまり，「**解釈（Reading・Listening）」で出会った際に，その意味を確実に取れるようにしておきたい語**です。STAGE 2 までの語彙に比べて難度が高く，後ろに進むにつれてさらに語彙レベルが上がり，最終の STAGE 4 ではかなりの難単語が登場します。

また，各 STAGE では，**STAGE の真ん中と最後に「熟語・慣用表現」のコーナー**を設けています。それぞれの STAGE に応じた熟語をまとめて学習することができます。

3 6つの「メソッド」で最適のグルーピング

　英単語には，それぞれ最適の覚え方があります。そうした最適の覚え方のことを本書では「メソッド」と呼びます。以下の6つのメソッドにより，英単語・熟語をグルーピングしました。

①同じジャンルで覚える
「料理・食事に関する語」のように，共通のジャンルによって結びつきの強い単語同士をグルーピングしています。こうすることで，ばらばらに覚えるよりもはるかに覚えやすくなります。
②文法・語法との関連で覚える
「自動詞と間違いやすい他動詞」のように，文法や語法の知識とセットで英単語を覚えれば，記憶しやすいだけなく，自分でその単語を使用する場合にも大いに役立ちます。
③似ていて紛らわしい語をセットで覚える
たとえば形容詞の live と alive という単語は意味がよく似ているようですが，使われ方が異なります（→ p.26）。こうした，「似ているが，微妙に違う」語をセットで覚えておけば，表現する際にも正しい使い分けができるでしょう。
④反対の意味を持つ語をセットで覚える
英単語の中には，right ⇔ wrong のように，明確な反対関係を持つペアが少なからずあります。こうした語をセットで覚えておくと，発信する際の表現の幅がぐっと広がります。
⑤スペリングに注目して覚える
ex-「外へ」／in-(im-)「中へ」のようなスペリングの一部に注目すれば，export「…を輸出する」⇔ import「…を輸入する」といった語が覚えやすくなるばかりでなく，同じスペリングを含む英単語もまとめて覚えることができます。
⑥コロケーションで覚える
solve a problem「問題を解く」のように，頻繁に用いられる語と語の結びつきのことを，「コロケーション」と呼びます。コロケーションで覚えておけば，複数の単語をひとまとめにして覚えられるだけでなく，それらをそのまま用いてより自然な表現ができるようになります。

4 「テーマ」でさらに覚えやすく

　本書では，上記の「メソッド」だけでなく，複数のメソッドを包括する「テーマ」を設定しました。それぞれのテーマに応じた英単語をまとめることで，さらに記憶に残しやすくしています（各「テーマ」の内容については，**CONTENTS** を参照してください）。

5 100%ネイティブ書き下ろしによるフレーズと例文

　フレーズ・例文は，日本の英語教育に精通したネイティブスピーカーが100%書き下ろし，さらに複数のネイティブスピーカーが入念にチェックしました。列文の作成に際しては，「英文として自然であること・現実生活で実用性が高いこと」を最も重視していますので，本書収載のフレーズ・例文を暗記すればそのまま日常生活で使うことができます。

本書の構成

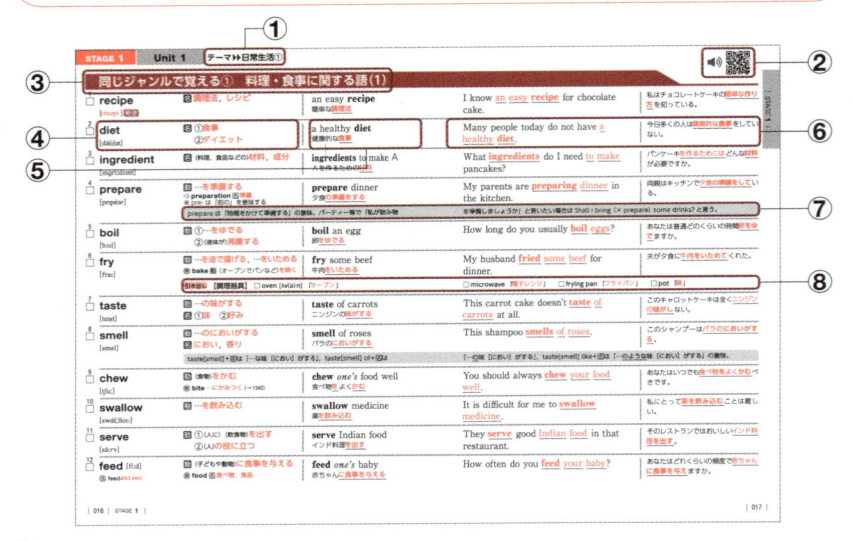

①テーマ

5 Unit（10ページ）ごとに「日常生活①」のようなテーマを設定し，そのテーマに関係の深い英単語をまとめています。

②QRコード

スマートフォンやタブレットで読み取って音声を再生できます（→ p.8）。

③メソッド

最適の方法で英単語を覚えるためのグルーピング（→ p.5）。

④見出し語・意味

まずはここで見出し語とその意味を確認しましょう。

⑤フレーズ・意味

見出し語だけを単体で覚えるよりも，フレーズ単位で覚えておく方が，記憶の定着も強固になります。

⑥例文・訳

フレーズに対応する部分が赤字で示されています。赤シートを使えば，フレーズ部分の「英」⇔「日」変換の練習が行えます。

⑦NOTES

見出し語を学習する上でぜひとも押さえておきたい注意事項や，補足説明。

⑧引き出し

一緒に覚えておきたい語句。見出し語とあわせて覚えれば語彙の幅が広がります。

これはあくまで一例ですので，
ください。

（　　　　　　　）

見出し語の意味・フレーズ
語の意味を隠す

呼び起こす助けになります。関連
クしましょう。

トで例文の訳を隠す

しましょう。

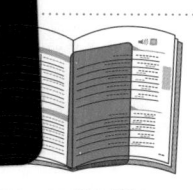

赤シートで例文を隠す

Please ___ ___ outside.	外に洗濯物を干してください。
※ washing 洗濯物	
I think men should ___ more.	私は男性はもっと家事をするべきだ…

★例文の訳を見て，赤字のフレーズ部分を英語に直して言ってみましょう。ここまでがスムーズに
できるようになれば，その単語はおおむねマスターしたと言えるでしょう。

音声について

　本書の音声を再生するには，以下の方法があります。英単語は目で見るだけでなく，音声を聞き，そのまねをして自分で言ってみることで，より強固に記憶に残すことができます。このような訓練は Listening・Speaking 対策としても効果絶大ですので，音声を最大限活用するように心がけましょう。

1 QR コードで音声を聞く

　スマートフォンやタブレットで QR コードを読み取って，音声を再生することができます。QR コードは各 Unit の右上に記載されています。

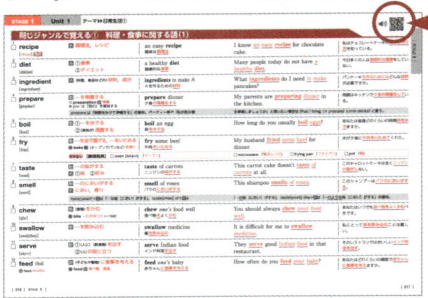

QR コードにアクセス

※お使いのスマートフォン，タブレットの機種によっては，専用の QR コードリーダーが必要になる場合があります。iOS の場合は「App Store」から，Android の場合は「Google Play」から，専用のアプリを入手した上でご利用ください。

パソコンで再生することもできます。以下の URL にアクセスしてください。

https://www.biseisha.co.jp/wordbox/advanced

音声は見出し語（英語）→フレーズ（英語）→例文（英語）の順に流れます。

2 ダウンロードして音声を聞く（無料）

　パソコンから専用サイトにアクセスし，音声を一括ダウンロードすることができます。

ダウンロードの手順

① パソコンから以下の URL にアクセス

https://www.biseisha.co.jp/sound/

② 「書籍カテゴリ」で**単語集**を選ぶ。

③ 「書籍名」で**ワードボックス英単語・熟語【アドバンスト】**を選ぶ。

④ 「書籍パスワード」に**8285**を入力。

⑤ 「認証」をクリック。

※ QR コードは株式会社デンソーウェーブの登録商標です。

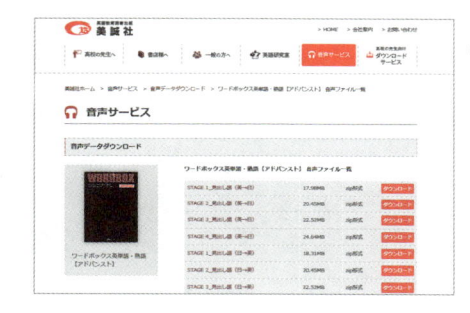

⑥ページが切り替わるので，ダウンロードしたい項目をクリックしてダウンロードする。

※音声ファイルは ZIP 形式で圧縮された形でダウンロードされますので，解凍［展開］してご使用ください。

【ご注意！】ZIP 形式のファイルはスマートフォンやタブレットでダウンロードしても保存することができません。お手持ちのスマートフォン／タブレットに対応した解凍［展開］用のアプリを別途ご用意いただくか，いったんパソコンでダウンロードしてからスマートフォンやタブレットに転送してご利用ください。

音声ファイルはすべて MP3 形式です。MP3 ファイルは，Windows Media Player（Windows），QuickTime Player（Windows/Macintosh），iTunes（Windows/Macintosh）などのソフトウェアで再生することができます。また，音声ファイルをスマートフォンやタブレット，デジタルオーディオプレーヤーなどに転送して聞くこともできます（転送や再生の方法については，各機器の取扱説明書をご覧ください）。

■ダウンロードできる音声の種類について

ダウンロードできる音声は，p.10 の「発音記号」および，以下の５種類です。
①見出し語（英語→日本語）
②見出し語（日本語→英語）
③見出し語（英語）→フレーズ（英語）→例文（英語）
④フレーズ（英語）
⑤例文（英語）

①と②では，見出し語の音声が流れたら，次の音声が聞こえてくる前にすばやく日本語［英語］に直して言ってみるというトレーニングが効果的です。英語だけを集中して聞きたい場合は③・④・⑤が便利です。漫然と聞き流すのではなく，理解しようと努めながら聞くようにすれば，大きな効果が得られるでしょう。読まれた音声のまねをして自分で言ってみるのも効果的です。手元に本がなくても，空いている時間でいつでもトレーニングができますから，ぜひ活用してみてください。

3 音声 CD（別売）で音声を聞く

見出し語（英語）→フレーズ（英語）→例文（英語）の順に収録した別売音声 CD も用意しています。ご希望の方は直接弊社までお問い合わせください。

音声 CD（4 枚組）定価（本体327円＋税）

発音記号　[母音]

発音記号	発音方法	例
/æ/	日本語の「エ」の口の形で「ア」と発音する。	animal, cat, land
/ɑ/	口を大きく開いて「ア」と発音する。	October, knowledge
/ʌ/	口をあまり開けず, 喉の奥から「ア」と短くはっきりと発音する。	oven, up, country, blood
/ə/	口をあまり開けず, 弱くあいまいに「ァ」と発音する。アクセントのない母音。	about, suppose, obtain
/ʊ/	くちびるを丸めて「ウ」と短く発音する。	put, cook, could
/ɪ/	口を横に開いて「イ」と短く発音する。	if, pretty, busy, rhythm
/e/	日本語の「エ」に近い音。	energy, many, health
/iː/	口を横に開いて「イー」と長く発音する。	eat, ceiling, complete, meet, police
/uː/	くちびるを丸めて「ウー」と長く発音する。	move, group, fruit, choose
/ɔː/	口をたてに大きく開けて「オー」と発音する。	tall, bought, August, abroad

I **saw** **a** b**i**g c**a**t c**oo**k **a**nd **eat** **a** r**e**d h**o**t s**ou**p **i**n s**u**mmer.
　/ɔː/ /ə/ /ɪ/　/æ/　/ʊ/　/ə/　/iː/ /ə/ /e/　/ɑ/　/uː/ /ɪ/　/ʌ/

（私は大きなネコが夏に赤くて辛いスープを作って飲むのを見た。）

/eɪ/	「エ」に短く「イ」を続けて「エィ」	race, take, say
/aɪ/	「ア」に短く「イ」を続けて「アィ」	like, height, sky
/ɔɪ/	「オ」に短く「イ」を続けて「オィ」	oil, toy, coin
/ou/	「オ」に短く「ウ」を続けて「オゥ」	go, toe, sew
/au/	「ア」に短く「ウ」を続けて「アゥ」	down, allow, south
/əːr/	口をあまり開けず, 舌先を上に巻いて「ウ」と「ア」を同時に言うように発音する。	girl, world, early

B**o**th Tom's b**oy** and g**ir**l l**i**ke their n**ei**ghbor's l**ou**d dog.
/ou/　　　/ɔɪ/　　/əːr/ /aɪ/　　/eɪ/　　　/au/

（トムの息子も娘も近所のうるさい犬が好きだ。）

✛ [ː]の記号は, 音を伸ばすことを意味する。

✛ (ə)のような( )内の音や, [r]のような斜体字の音は, 国や地域によって省略される場合がある。

Quiz 1 〈区別が難しい音〉それぞれ似た音の単語のセットが読まれたあとに，もう1度どちらかが読まれます。最後に読まれた方に○をつけよう。

(答えは14ページ下)

1. hall [hɔːl] / hole [houl]
ホール　　　　穴

2. bought [bɔːt] / boat [bout]
<buy 買う　　　ボート

3. luck [lʌk] / lock [lɑ(:)k]
運　　　　…に鍵をかける

4. hut [hʌt] / hot [hɑ(:)t]
小屋　　　暑い

5. color [kʌ́lər] / collar [kɑ́(:)lər]
色　　　　えり

6. run [rʌn] / ran [ræn]
走る　　　<run 走る

7. cut [kʌt] / cat [kæt]
…を切る　ネコ

8. work [wəːrk] / walk [wɔːk]
働く　　　　歩く

9. seat [siːt] / sit [sɪt]
座席　座っている

10. raw [rɔː] / row [rou]
生の　　　列

発音記号 ［子音］

発音記号	発音方法	例
/p/	閉じた口を開いた瞬間に息を吹き出し，破裂させて「プッ」と発音する。	popular, happy, stop
/b/	/p/ と同じようにして，「ブッ」と発音する。	bed, bubble, tube
/t/	舌先を上あごから離しながら息を出して「トゥッ」と発音する。	title, travel, out
/d/	/t/ と同じようにして，「ドゥッ」と発音する。	dog, address, wind
/k/	息をはきながら「クッ」と発音する。	cup, occur, stomach, kick
/g/	/k/ と同じようにして，「グッ」と発音する。	give, baggage, big

The pictures Dad took on the beach were good.
/p/ /d/ /t/ /k/ /b/ /g/
(お父さんが浜辺で撮った写真は良かった。)

発音記号	発音方法	例
/f/	上の前歯を軽く下くちびるにあてながら息を出し摩擦させて発音する。	face, laugh, phrase
/v/	/f/ の口の形で声を出して発音する。	vase, advice, move
/θ/	舌先を上下の前歯の間に軽くはさんで息を出し摩擦させて発音する。	think, through, bath
/ð/	/θ/ の口の形で声を出して発音する。	that, rather, bathe
/s/	上下の歯を軽く合わせ，隙間から息を出し摩擦させて発音する。	sea, center, science
/z/	/s/ の口の形で声を出して発音する。	zoo, desert, lose, scissors
/ʃ/	日本語の「シ」より少し口を丸めて息を押し出して発音する。	sure, passion, chef, social
/ʒ/	/ʃ/ の口の形で声を出して発音する。	usual, vision, pleasure

I thought I saw passion fruit and rather unusual vegetables in Zambia.
/θ/ /s/ /ʃ/ /f/ /ð/ /ʒ/ /v/ /z/
(私はザンビアでパッションフルーツとかなり珍しい野菜を見たと思った。)

/h/	日本語のハ行より少し強く息をはき出して発音する。	high, help, hill
/tʃ/	舌先を上の前歯の裏につけて，離しながら息を出して発音。「チッ」と舌打ちするような音。	chance, picture, teach
/dʒ/	/tʃ/ の口の形で声を出して発音する。	June, edge, adjust, danger
/m/	口を閉じて息を鼻に抜きながら「ンム」と発音する	morning, common, time
/n/	舌先を前上の歯ぐきの裏につけ，口を閉じずに鼻から「ンヌ」と発音する。	number, unit, one
/ŋ/	舌の奥の方を上あごにつけて鼻から「ング」と発音する。	long, ring, singer

Mr. Jones sings hip-hop in church.
/m/ /dʒ/ /ŋ/ /h/ /h/ /n/ /tʃ/
（ジョーンズさんは教会でヒップホップを歌う。）

/l/	舌先を前上の歯ぐきの裏につけて発音する。日本語のラ行に近い。	light, fly, little
/r/	「ウ」の口の形を作って，舌先を口の中のどこにもつけずに「ル」と発音する。	right, rain, true
/j/	日本語のヤ行の「イ」のイメージ。	you, yes, yard
/w/	くちびるを丸くすぼめて「ウ」と発音。	warm, watch, with

The yellow lion is resting in the woods.
/j/ /l/ /r/ /w/
（その黄色いライオンは森で休んでいる。）

Quiz 2 〈区別が難しい音〉それぞれ似た音の単語のセットが読まれたあとに，もう1度どちらかが読まれます。最後に読まれた方に○をつけよう。

（答えは14ページ下）

1. berry [béri] / very [véri]
　 ベリー　　　 とても

2. trouble [trʌ́b(ə)l] / travel [trǽv(ə)l]
　 苦労　　　 旅行する

3. light [laɪt] / right [raɪt]
　 明るい　　 正しい

4. thick [θɪk] / sick [sɪk]
　 厚い　　 病気の

5. sea [siː] / she [ʃiː]
　 海　　 彼女は

6. ear [ɪər] / year [jɪər]
　 耳　　 年

本書で使用している主な記号

発音　　**発音注意**
　　　　発音に注意したい語。発音記号を赤で表示しているので，赤シートで消して
　　　　チェックすることができます。

アク　　**アクセント注意**
　　　　アクセントに注意したい語。アクセント記号を赤で表示しているので，赤シー
　　　　トで消してチェックすることができます。

[　]　　**置き換え可能**
　　　　《例》go[come] back「帰る［帰ってくる］」

(　)　　**省略可能**
　　　　《例》hear (that) it snowed「雪が降ったことを聞く」

⊕活　　**活用**
　　　　［原形 - 過去形 - 過去分詞形］の順に動詞の活用を示します。活用形を赤シート
　　　　でチェックすることができます。

⇨　　**派生語**
同　　**同意語**
類　　**類義語**
反　　**反意語**
関　　**関連語**
成　　**成句**
複　　**複数形**
短　　**短縮形**
似　　**似ている語**
〈米〉　　主にアメリカで使用されることを示します。
〈英〉　　主にイギリスで使用されることを示します。

---

p.11・13　**Quiz** の答え

Quiz 1　1. hall　2. boat　3. lock　4. hut　5. collar　6. run　7. cat　8. work　9. seat　10. row
Quiz 2　1. very　2. trouble　3. light　4. thick　5. she　6. year

STAGE 1

STAGE 1では，身近な話題で用いられる基本的な英単語・熟語を中心に集めました。日常会話でよく使われるような語句が多く登場しますので，Speakingで身近なテーマについて話す際にはこのSTAGE 1の英単語・熟語が即戦力となってくれるでしょう。会話であれ，作文であれ，自己表現をする際に自由に使えるように，英単語の「意味」だけでなく「発音」「つづり」までしっかりマスターしておくことが大切です。

同じジャンルで覚える① 料理・食事に関する語（1）

1 □ **recipe** [résəpi] **発音**	名 調理法，レシピ	an easy **recipe** 簡単な調理法
2 □ **diet** [dá(ı)ət]	名 ①食事 ②ダイエット	a healthy **diet** 健康的な食事
3 □ **ingredient** [ıngrí:diənt]	名 (料理，食品などの)材料，成分	**ingredients** to make A Aを作るための材料
4 □ **prepare** [prıpéər]	動 …を準備する ⇨ **preparation** 名 準備 ※ pre- は「前の」を意味する	**prepare** dinner 夕食の準備をする
	prepare は「時間をかけて準備する」の意味。パーティー等で「私が飲み物	
5 □ **boil** [bɔıl]	動 ①…をゆでる ②(液体が)沸騰する	**boil** an egg 卵をゆでる
6 □ **fry** [fraı]	動 …を油で揚げる，…をいためる 図 **bake** 動 (オーブンでパンなど)を焼く	**fry** some beef 牛肉をいためる
	引き出し 【調理器具】 □ oven [ʌ́v(e)n] 「オーブン」	
7 □ **taste** [teıst]	動 …の味がする 名 ①味 ②好み	**taste** of carrots ニンジンの味がする
8 □ **smell** [smel]	動 …のにおいがする 名 におい，香り	**smell** of roses バラのにおいがする
	taste[smell]+形は「…な味 [におい] がする」，taste[smell] of+名は	
9 □ **chew** [tʃu:]	動 (食物)をかむ 図 **bite** …にかみつく (→1342)	**chew** *one's* food well 食べ物をよくかむ
10 □ **swallow** [swá(:)loʊ]	動 …を飲み込む	**swallow** medicine 薬を飲み込む
11 □ **serve** [sə́:rv]	動 ①(人に) (飲食物)を出す ②(人)の役に立つ	**serve** Indian food インド料理を出す
12 □ **feed** [fi:d] 活 feed-fed-fed	動 (子どもや動物)に食事を与える 図 **food** 名 食べ物，食品	**feed** *one's* baby 赤ちゃんに食事を与える

I know <u>an easy</u> **recipe** for chocolate cake.	私はチョコレートケーキの<u>簡単な**作り方**</u>を知っている。
Many people today do not have <u>a healthy</u> **diet**.	今日多くの人は<u>健康的な**食事**</u>をしていない。
What **ingredients** do I need <u>to make</u> pancakes?	パンケーキ<u>を作るためには</u>どんな<u>**材料**</u>が必要ですか。
My parents are **preparing** <u>dinner</u> in the kitchen.	両親はキッチンで<u>夕食の準備をしている</u>。

を準備しましょうか」と言いたい場合は Shall I bring (× prepare) some drinks? と言う。

| How long do you usually **boil** <u>eggs</u>? | あなたは普通どのくらいの時間<u>卵をゆでますか</u>。 |
| My husband **fried** <u>some beef</u> for dinner. | 夫が夕食に<u>牛肉をいためて</u>くれた。 |

□ microwave 「電子レンジ」　　□ frying pan 「フライパン」　　□ pot 「鍋」

| This carrot cake doesn't **taste** <u>of carrots</u> at all. | このキャロットケーキは全く<u>ニンジンの味がし</u>ない。 |
| This shampoo **smells** <u>of roses</u>. | このシャンプーは<u>バラのにおいがする</u>。 |

「…の味［におい］がする」，taste[smell] like+図は「<u>…のような味［におい］がする</u>」の意味。

You should always **chew** <u>your food well</u>.	あなたはいつでも<u>食べ物をよくかむ</u>べきです。
It is difficult for me to **swallow** <u>medicine</u>.	私にとって<u>薬を飲み込む</u>ことは難しい。
They **serve** good <u>Indian food</u> in that restaurant.	そのレストランではおいしい<u>インド料理を出す</u>。
How often do you **feed** <u>your baby</u>?	あなたはどれくらいの頻度で<u>赤ちゃんに食事を与え</u>ますか。

同じジャンルで覚える②　買い物に関する語(1)

13 cash
[kæʃ]

名 現金
※紙幣と硬貨

pay by **cash**
現金で支払う

> 紙幣は bill〈米〉，note〈英〉。また硬貨は coin。

14 discount
[dískaʊnt]

名 割引
動 (商品)を割引して売る

give a **discount**
割引を提供する

15 bargain
[bá:rgɪn]

名 掘り出し物，お買い得品

a real **bargain**
本当にお買い得の品

> bargain は「品物」を指すことに注意。「特売，大安売り」の意味では sale

16 reasonable
[rí:z(ə)nəb(ə)l]

形 ①(値段が)手頃な
②筋が通った
⇨ reason 名 ①理由　②道理

be **reasonable** for A
Aにしては手頃な

17 spend [spend]
活 spend-spent-spent

動 ①【spend A on B】
BにA(金・時間など)を費やす

spend money **on** food
食べ物にお金を費やす

動 ②【spend A doing】〜するのに
A(時間・労力など)を費やす

spend time **reading books**
読書に時間を費やす

同じジャンルで覚える③　家事に関する語

18 sweep [swi:p]
活 sweep-swept-swept

動 (床・地面など)を掃く
関 vacuum 動 掃除機をかける(→1349)

sweep the floor
床を掃く

19 wipe
[waɪp]

動 (表面)をふく・ぬぐう

wipe one's shoes
靴をぬぐう

> wipe one's shoes「靴をぬぐう」とは，玄関などで靴の裏をマットでこすって

20 clothes
[kloʊz] 発音

名 衣服　類 clothing 衣類(→314)
⇨ cloth [klɔ:θ] 名 布(地)

winter **clothes**
冬服

21 hang [hæŋ]
活 hang-hung-hung

動 …をつり下げる，…を掛ける

hang the washing
洗濯物をつるす[干す]

22 housework
[háʊswə̀:rk]

名 家事　※不可算名詞

do **housework**
家事をする

23 laundry
[lɔ́:ndri] 発音

名 洗濯，クリーニング屋

do the **laundry**
洗濯をする

Would you like to <u>pay</u> <u>by</u> **cash** or by card?	<u>現金</u>またはカードのどちら<u>でお支払いされ</u>ますか。
Some stores <u>give</u> <u>a</u> **discount** for students.	学生<u>割引を提供する</u>店もある。
My jacket was <u>a</u> <u>real</u> **bargain**. It was half-price.	私のジャケットは<u>本当にお買い得品</u>だった。半額だったのだ。
を用いる。	
5,000 yen <u>is</u> very **reasonable** <u>for</u> a winter coat.	冬用のコート<u>にしては</u>，5千円はとても<u>手頃だ</u>。
We usually **spend** a lot of <u>money</u> <u>on</u> <u>food</u> when we travel abroad.	海外旅行をする際，私たちはたいてい<u>食べ物に</u>多くの<u>お金を費やす</u>。
My sister **spends** lots of <u>time</u> **reading** **books**.	姉は<u>読書に</u>多くの<u>時間を費やす</u>。
I **swept** <u>the</u> kitchen <u>floor</u> because I broke a glass.	グラスを割ってしまったので，私はキッチンの<u>床を掃いた</u>。
People **wipe** <u>their</u> <u>shoes</u> before entering houses in Western countries.	欧米の国では人々は家に入る前に<u>靴をぬぐう</u>。
泥や水気を取ること。	
I want to buy some new <u>winter</u> **clothes**.	私は新しい<u>冬服</u>を買いたい。
Please **hang** <u>the</u> <u>washing</u> outside. ※ washing 洗濯物	外に<u>洗濯物を干して</u>ください。
I think men should <u>do</u> more **housework**.	私は男性はもっと<u>家事をする</u>べきだと思う。
I can't <u>do</u> <u>the</u> **laundry** today because it's going to rain.	雨が降るので，私は今日<u>洗濯をする</u>ことができない。

同じジャンルで覚える④ 冠婚葬祭に関する語

24 **celebrate**
[séləbrèit]

動 …を祝う，…を祝賀する
⇨ **celebration** 名 祝賀(会)

celebrate *one's* birthday
…の誕生日を祝う

25 **ceremony**
[sérəmòuni]

名 儀式，式典

a wedding **ceremony**
結婚式

26 **marriage**
[mǽridʒ]

名 結婚(生活)
⇨ **marry** 動 (人)と結婚する(→155)

one's first **marriage**
最初の結婚生活

27 **anniversary**
[ænivə́:rs(ə)ri]

名 (…周年)記念(日)

a wedding **anniversary**
結婚記念日

> anniversary は戦争などのマイナスのイメージを持つ出来事，あるいは人が亡くなった日を表す場合にも用いることができる。

28 **funeral**
[fjú:n(ə)r(ə)l]

名 葬式，葬儀

go to the **funeral**
葬式に行く

同じジャンルで覚える⑤ 家・建物に関する語

29 **story**
[stɔ́:ri]

名 ①(建物の)階 〈英〉storey
②話，物語
類 **floor** (建物の)階，床

my house has four **stories**
私の家は4階建てだ

30 **brick**
[brík]

名 れんが

be made of **brick**
れんがでできている

31 **ceiling**
[sí:liŋ]

名 天井

a high **ceiling**
高い天井

32 **yard**
[jɑ:rd]

名 ①庭 〈英〉garden
②ヤード(長さの単位：0.9144m)
類 **backyard** 名 裏庭

the house has a **yard**
その家には庭がある

33 **stairs**
[steərz]

名 階段
類 **staircase** (一続きの)階段

wide **stairs**
幅の広い階段

> 階段の1段は a stair で，それが複数あるため普通 stairs とする。

34 **upstairs**
[ʌ̀pstéərz]

副 階上へ，階上で
反 **downstairs** 階下へ

go **upstairs**
上の階に行く

> 引き出し □balcony「バルコニー」 □chimney「煙突」 □roof「屋根」

Our family **celebrated** my sister's birthday last Saturday.	私たちの家族は先週の土曜日姉の誕生日を祝った。
Wedding **ceremonies** in Europe are often held in churches.	ヨーロッパの結婚式は，よく教会で行われる。
The actress has two children from her first **marriage**.	その女優は最初の結婚生活からの2人の子どもがいる。
Today is my grandparents' 50th wedding **anniversary**.	今日は祖父母の結婚50周年記念日だ。

☞ Today is the first **anniversary** of my father's death. 「今日は父の死から1周年だ。」

I went to the **funeral** for my grandfather yesterday.	私は昨日祖父の葬式に行った。

My house has four **stories**, and it is the tallest around here.	私の家は4階建てで，この辺りで一番高い。
Tokyo station is made of **brick**. It was built about a hundred years ago.	東京駅はれんがでできている。約100年前に建てられたのだ。
This room has a high **ceiling**.	この部屋は天井が高い。
All the houses on this street have **yards**.	この通りのすべての家には庭がある。
Our school has very wide **stairs**.	私たちの学校にはとても幅の広い階段がある。

また staircase は，手すりや踊り場などを含めた階段一式を言う。

I'll go **upstairs** and look at men's shoes.	私は上の階に行って紳士靴を見ます。

□ garage 「車庫，ガレージ」

021

コロケーションで覚える①

35 obey [oubéi]
動 …に従う
類 **follow** …に従う (→594)
obey the rules
規則に従う

36 rule [ru:l]
名 規則，ルール
動 …を支配する

37 notice [nóutəs]
動 …に気づく
名 通知，知らせ
notice a noise
物音に気づく

38 noise [nɔiz]
名 騒音，物音
類 **sound** 音

notice は五感で感じ取ることで気づくことを意味する。また noise は主に

39 split [splɪt]
活 split-split-split
動 ①（勘定など）を割る
②…を分裂させる
split the bill
勘定を割る〔割り勘にする〕

40 bill [bɪl]
名 ①勘定（書），請求書
②紙幣　〈英〉note　③法案

41 precious [préʃəs]
形 貴重な，かけがえのない
a precious memory
かけがえのない思い出

42 memory [mém(ə)ri]
名 記憶（力），思い出
⇒ **memorial** 形 追悼の

同じジャンルで覚える⑥　事件・出来事を表す語

43 case [keɪs]
名 ①（犯罪）事件　②場合，事例
③事実，真相
熟 **in case of** A (→842)
a difficult case
難しい事件

44 event [ɪvént] アク
名 （重要な）出来事，イベント
the biggest event
最も大きな出来事

45 accident [ǽksɪd(ə)nt]
名 ①事故　②偶然
⇒ **accidental** 形 偶然の
熟 **by accident** (→1117)
a car accident
自動車事故

case は③の「事実，真相」の意味に注意。
☞ as is often the case with ... 「…にはよくあることだが」
event は主に重要な「出来事」を意味し，また予定された出来事（＝イベント）

STAGE 1

We have to **obey** the **rules** about school uniforms.

私たちは学校の制服に関して**規則に従わ**なければならない。

Did you **notice** a strange **noise** outside in the night?

あなたは夜中に外の変な**物音に気づき**ましたか。

「耳障りな音」を意味する点が sound との違い（sound は「音」全般を意味する）。

When I eat out with friends, we always **split** the **bill**.

友達と外食するとき，私たちはいつも**割り勘にする。**

I have many **precious memories** of my grandfather.

私には祖父についての**かけがえのない思い出**がたくさんある。

The police said that it was a very difficult **case** to solve.

警察は，それは解決が非常に**難しい事件**だと言った。

My college graduation was the biggest **event** in my life.

大学の卒業は，私の人生で**最も大きな出来事**だった。

This morning, I saw a car **accident** near my house.

私は今朝，家の近くで**自動車事故**を目撃した。

も意味する。accident は主に好ましくない偶然の出来事（事故）を意味する。なお日本語の「ハプニング」と同じように英語の happening にも「出来事，事件」の意味があるが，使用頻度は低い。

r` 023

同じジャンルで覚える⑦　人を表す語

46 ☐	**niece** [niːs]	名 めい	my **niece** Sarah 私の<u>めい</u>のセーラ
47 ☐	**nephew** [néfjuː]	名 おい	my son and **nephew** 私の息子と<u>おい</u>
48 ☐	**cousin** [kʌ́z(ə)n] 発音	名 いとこ	have a **cousin** <u>いとこ</u>がいる
49 ☐	**relative** [rélətɪv]	名 親戚	a close **relative** 近い<u>親戚</u>
50 ☐	**neighbor** [néɪbər]	名 隣人，近所の人 ⇨ **neighborhood** 名 地域，近所	our **neighbor** has a dog 私たちの<u>隣人</u>はイヌを飼っている
51 ☐	**citizen** [sítəz(ə)n]	名 国民，市民 ⇨ **citizenship** 名 市民権	an EU **citizen** EU <u>市民</u>
52 ☐	**stranger** [stréɪn(d)ʒər]	名 ①見知らぬ人，よそ者 ②(場所に)不案内な人 ⇨ **strange** 形 変な	speak to **strangers** <u>知らない人</u>と話す

反対の意味を持つ語をセットで覚える①

53 ☐	**accept** [əksépt]	動 …を受け入れる ⇨ **acceptance** 名 受諾，受け入れ	**accept** one's advice アドバイス<u>を受け入れる</u>
54 ☐	**reject** [ridʒékt]	動 …を断る，…を拒否する 類 **refuse** …を断る・拒否する(→655)	**reject** a password パスワード<u>を拒否する</u>
55 ☐	**pass** [pæs]	動 ①…に合格する ②通り過ぎる　③(時間が)過ぎる	**pass** a test テスト<u>に合格する</u>
56 ☐	**fail** [feɪl]	動 ①(試験など)に落ちる ②失敗する	**fail** a test テスト<u>に落ちる</u>

My **niece** Sarah is my brother's daughter.	私のめいのセーラは兄の娘だ。
My **son** and **nephew** go to the same school.	私の息子とおいは同じ学校に通っている。
How many **cousins** do you have?	あなたは何人のいとこがいますか。
My close **relatives** often get together at Christmas.	私の近い親戚たちはよくクリスマスに集まる。
Our **neighbor** has a big dog and two cats.	私たちの隣人は大きいイヌと2匹のネコを飼っている。
EU **citizens** can work in other EU countries easily.	EU市民は他のEU諸国で容易に働くことができる。
My parents often said that I shouldn't speak to **strangers**.	私の両親はよく知らない人と話さないようにと言った。

You should **accept** his advice.	あなたは彼のアドバイスを受け入れるべきだ。
I don't know why my password was **rejected**.	なぜ私のパスワードが拒否されたのかわからない。
I **passed** the English test yesterday.	私は昨日英語のテストに合格した。
I **failed** the math test, so I have to take it again.	私は数学のテストに落ちたので，またそれを受けなければならない。

似ていて紛らわしい語をセットで覚える① 〈意味が似ている〉

57 □ **serious**
[síəriəs]
形 ①まじめな
②深刻な

a **serious** student
まじめな生徒

58 □ **severe**
[sɪvíər] アク
形 ①厳しい，ひどい
②深刻な

a **severe** winter
厳しい冬

59 □ **strict**
[strɪkt]
形 厳格な，厳しい
⇨ strictly 副 厳しく，厳密に

a **strict** rule
厳しい規則

60 □ **correct**
[kərékt]
形 正しい，正確な
反 incorrect 間違った
動 …を訂正する

the **correct** answer
正しい答え

61 □ **accurate**
[ǽkjərət]
形 正確な，的確な
⇨ accuracy 名 正確さ

accurate time
正確な時間

62 □ **awful**
[ɔ́:f(ə)l]
形 ひどい
⇨ awe 名 畏怖

smell **awful**
ひどいにおいがする

63 □ **terrible**
[térəb(ə)l]
形 ひどい，恐ろしい
⇨ terror 名 恐怖(→678)

a **terrible** movie
ひどい映画

64 □ **horrible**
[hɔ́:rəb(ə)l]
形 ひどくいやな，恐ろしい
⇨ horror 名 恐怖(→679)

a **horrible** dream
恐ろしい夢

似ていて紛らわしい語をセットで覚える② 〈形が似ている〉

65 □ **live**
[laɪv] 発音
形 生きている，(放送などが)生の
⇨ lively 形 元気な，活発な
動 [lɪv] 生きる，住む

live fish
生きた魚

66 □ **alive**
[əláɪv]
形 生きて

be still **alive**
まだ生きている

形容詞の live[laɪv] は動詞の live と形が同じなので注意しよう。

67 □ **loud**
[laʊd]
形 ①(音・声が)大きい
②(色・柄が)派手な

in a **loud** voice
大きな声で

68 □ **aloud**
[əláʊd]
副 声に出して
反 silently 静かに，黙って

read **aloud**
声に出して読む [音読する]

aloud には「大声で」の意味はなく，その意味では loud (ly) を用いる。

She is a very **serious** student. She always does her homework.	彼女はとても**まじめな生徒**だ。彼女はいつも宿題をする。
We had a **severe** winter last year.	私たちは昨年**厳しい冬**を過ごした。
Our school has **strict** rules about school uniforms.	私たちの学校には制服に関する**厳しい規則**がある。
Choose the **correct** answer from the box.	四角い枠の中から**正しい答え**を選びなさい。
This clock is very old but it still keeps **accurate** time.	この時計はとても古いが，まだ**正確な時間**を刻んでいる。
Something smells **awful** in the kitchen.	台所で何か**ひどいにおいがする**。
I thought it was a **terrible** movie.	私はそれは**ひどい映画**だと思った。
I had a **horrible** dream last night.	私は昨夜**恐ろしい夢**を見た。
People can see many **live** fish in an aquarium.	水族館では，人々は多くの**生きた魚**を見ることができる。
The fish was still **alive** when I bought it.	買ったとき，その魚は**まだ生きていた**。

また形容詞 live は名詞の前に置いて修飾できるが，alive はできない点にも注意。

Please speak in a **loud** voice. I can't hear you.	**大きな声**で話してください。聞こえません。
We often read **aloud** in our English classes.	私たちはよく英語の授業で**音読する**。

文法・語法との関連で覚える①　〈it is ～ to do〉の形を取る形容詞・名詞

69	**possible** [pɑ́(:)səb(ə)l]	形 可能な　 反 **impossible** 不可能な ⇨ **possibility** 名 可能性	it is **possible** to do ～することは可能だ
70	**necessary** [nésəsèri]	形 必要な　 反 **unnecessary** 不必要な ⇨ **necéssity** 名 必要(性)	it is **necessary** to do ～することは必要だ
71	**dangerous** [déin(d)ʒ(ə)rəs]	形 危険な　 反 **safe** 安全な ⇨ **danger** 名 危険	it is **dangerous** to do ～することは危険だ
72	**convenient** [kənví:niənt]	形 便利な，都合が良い ⇨ **convenience** 名 便利さ	it is **convenient** to do ～することは都合が良い
73	**unusual** [ʌnjú:ʒu(ə)l]	形 普通でない，際立った 反 **usual** いつもの，通常の	it is **unusual** to do ～することは珍しい
74	**fun** [fʌn]	名 楽しみ，面白み ⇨ **funny** 形 おかしい，笑える	it is **fun** to do ～することは楽しい

it is fun doing の形も可能。また，fun は名詞なので，強めるときは very を

| 75 | **rude**
[ru:d] | 形 無礼な | it is **rude** to do
～することは無礼だ |
| 76 | **wise**
[waiz] | 形 賢い，賢明な
⇨ **wisdom** 名 知恵，知識 | it is **wise** to do
～することは賢明だ |

ここにある語はいずれも「人が～することは…だ」の意味では人を主語にせず，○ It is possible for you to do とする（× You are possible to do）。

文法・語法との関連で覚える②　〈it is ～ that ...〉の形を取る形容詞・名詞

77	**obvious** [ɑ́(:)bviəs] アク	形 明らかな ◉ **clear**	it is **obvious** that ... …は明らかだ
78	**fortunate** [fɔ́:rtʃ(ə)nət]	形 幸運な, 運に恵まれた　◉ **lucky** ⇨ **fortunately** 副 幸いにも	it is **fortunate** that ... …は幸運だ
79	**pity** [píti]	名 残念なこと，哀れみ	it is a **pity** that ... …は残念だ
80	**shame** [ʃéim]	名 ①残念なこと　②恥 ※ it is ～ to do の形も取る	it is a **shame** that ... …は残念だ

It's not **possible** to finish my report tonight.	私のレポートを今夜終わらせるのは可能ではない。
It's not **necessary** to buy a ticket for a child under five.	5歳未満の子どもにチケットを買う必要はない。
It's **dangerous** to drive when it's snowing a lot.	雪がたくさん降っているときに運転するのは危険だ。
Is it **convenient** for you to hold a meeting on Thursday?	木曜日に会議を開くのは，あなたにとって都合が良いですか。
It is **unusual** for my grandmother to stay up late.	祖母が夜更かしするのは珍しい。
It's great **fun** to go snowboarding.	スノーボードをしに行くのはとても楽しい。

使わず，○It's great fun とする（× It's very fun）。

It is **rude** to order food without saying "please."	「プリーズ」と言わずに食べ物を注文するのは無礼だ。
It's **wise** to read a lot of books when you are young.	若いときにたくさんの本を読むのは賢明だ。

ただし rude，wise は for の代わりに of を使い，It is rude of you to do のように言う。

It was **obvious** that I was right.	私が正しいことは明らかだった。
It was **fortunate** that it didn't rain on our wedding day.	私たちの結婚式の日に雨が降らなかったのは幸運だった。
It's a **pity** that you can't come to the party with us tomorrow.	明日あなたが私たちと一緒にパーティーに行けないのは残念だ。
It was a **shame** that it rained and we couldn't go out.	雨が降って私たちが外出できなかったのは残念だった。

STAGE **1**

同じジャンルで覚える⑧ 人の性格や様子を表す形容詞(1)

81 polite
[pəláɪt]
形 礼儀正しい
⊗ **impolite** 失礼な / **rude** 無礼な (→75)
a **polite** boy
礼儀正しい少年

82 smart
[smɑːrt]
形 ①〈米〉頭の良い
②〈英〉身なりが良い
a **smart** girl
頭の良い少女

83 selfish
[sélfɪʃ]
形 利己的な，わがままな
⇨ **selfishness** 名 自分本位
selfish behavior
利己的な行為

84 lazy
[léɪzi]
形 怠け者の，怠惰な
a **lazy** student
怠惰な生徒

85 gentle
[dʒént(ə)l]
形 優しい，穏やかな
a **gentle** person
優しい人

86 calm
[kɑːm] 発音
形 (人が)落ち着いた，
(天候などが)穏やかな
keep **calm**
冷静を保つ

87 nervous
[nə́ːrvəs]
形 緊張して，不安で
⇨ **nerve** 名 神経 (→759)
feel **nervous**
緊張する

88 exhausted
[ɪgzɔ́ːstɪd]
形 疲れ果てた
類 **weary** ひどく疲れた
be really **exhausted**
本当に疲れ果てている

文法・語法との関連で覚える③ 「大小・高低」を表す形容詞と結びつく名詞

89 income
[ínkʌm]
名 収入，所得
※ in「中に」＋come「入る(もの)」
a small[large] **income**
少ない[多い]収入

90 salary
[sǽl(ə)ri]
名 給料，月給
※会社員・専門職などに対する月給
類 **wage** 賃金，給料(→121)
the **salary** is low[high]
給料が低い[高い]

91 population
[pὰ(ː)pjəléɪʃ(ə)n]
名 人口，全住民
囲 **popular** 形 人気がある
a large[small] **population**
多くの[少ない]人口

92 cost
[kɔːst] 発音
名 費用 ⇨ **costly** 形 高価な
動 (人に)(お金)がかかる
活 cost-cost-cost
the **cost** is high[low]
費用が高い[低い]

93 risk
[rɪsk]
名 危険(性)，恐れ ⇨ **risky** 形 危険な
類 **danger** 危険
熟 **at the risk of** A (→2002)
have a high[low] **risk**
危険性が高い[低い]

He is a **polite** boy. He always says "Thank you."	彼は<u>礼儀正しい少年</u>だ。彼はいつも「ありがとう」と言う。
She is a very **smart** girl. She is the best at math in her class.	彼女はとても<u>頭の良い少女</u>だ。彼女はクラスで一番数学が得意だ。
Using two seats on the train is **selfish** behavior.	電車で2つの席を使うのは<u>利己的な行為</u>だ。
I was a very **lazy** student in junior high school.	私は中学校ではとても<u>怠惰な生徒</u>だった。
My father is a **gentle** person. He never gets angry.	父は<u>優しい人</u>だ。彼は決して怒らない。
My mother always keeps **calm** when an earthquake happens.	地震が起きたとき，母はいつも<u>冷静を保っている</u>。
Most people feel **nervous** when they make a speech.	ほとんどの人はスピーチをするとき<u>緊張する</u>。
I was really **exhausted** after running the marathon.	マラソンを走ったあと私は<u>本当に疲れ果てていた</u>。

The famous artist lived on a small **income**.	その有名な芸術家は<u>少ない収入</u>で生活していた。
I didn't take the job because the **salary** was low.	<u>給料が低かった</u>ので，私はその仕事には就かなかった。
Japan has a larger **population** than France.	日本はフランスよりも<u>人口が多い</u>。
The **cost** of living is high in Switzerland.	スイスでは生活<u>費が高い</u>。
Some sports, such as car racing, have a high **risk** of injury.	自動車レースなど，けがの<u>危険性が高い</u>スポーツもある。

同じジャンルで覚える⑨　人の心の動きを表す形容詞(1)

94	**satisfied** [sǽtɪsfàɪd]	形 満足した ⇨ satisfying / satisfactory 形 満足のいく	be **satisfied** with A Aに満足している
95	**pleased** [pli:zd]	形 満足した，うれしい ⇨ please 動 …を喜ばせる ⇨ pleasant 形 楽しい，快い(→306)	be **pleased** to do ～してうれしい
96	**bored** [bɔ:rd]	形 (人が)退屈した・うんざりした ⇨ boring 形 (物事・人が)退屈な ⇨ boredom 名 退屈	feel **bored** うんざりする
97	**confused** [kənfjú:zd]	形 (人が)混乱した ⇨ confusing 形 (物事が)混乱させる	look **confused** 混乱しているように見える
98	**scared** [skeərd]	形 (人が)怖がって ⇨ scary 形 怖い	be **scared** of A Aを怖がっている
99	**embarrassed** [ɪmbǽrəst] アク	形 (人目が)恥ずかしい ⇨ embarrassing 形 当惑させる	feel **embarrassed** 恥ずかしい思いをする
100	**disappointed** [dìsəpɔ́ɪntɪd]	形 がっかりした ⇨ disappointing 形 (物事が)がっかりさせる	be **disappointed** by A Aにがっかりしている

同じジャンルで覚える⑩　物事の様子・状態を表す形容詞(1)

101	**various** [véəriəs]	形 さまざまな ⇨ variety 名 【a - of A】さまざまなA	**various** types of A さまざまな種類のA
102	**regular** [régjələr]	形 規則的な，定期的な，通常の ⇨ regularly 副 定期的に	keep **regular** hours 規則正しい生活を送る
103	**pale** [peɪl]	形 ①(顔色などが)青白い　②(色が)薄い	look **pale** 青白く見える [顔色が悪い]
104	**delicate** [délɪkət] 発音	形 壊れやすい，繊細な	**delicate** skin 繊細な肌
105	**flexible** [fléksəb(ə)l]	形 柔軟な，融通が利く	be **flexible** about A Aについて融通が利く

He <u>wasn't</u> **satisfied** <u>with</u> his exam results.	彼は試験結果に満足していなかった。
I<u>'m</u> **pleased** <u>to hear</u> that you are feeling better.	あなたが元気になったと聞いてうれしい。
I <u>felt</u> **bored** after eating *ramen* for a week.	ラーメンを1週間食べたので，私はうんざりした。
He said he understood, but he <u>looked</u> very **confused**.	彼はわかったと言ったが，とても混乱しているように見えた。
He <u>is</u> really **scared** <u>of</u> flying, so he usually travels by train.	彼は本当に飛行機を怖がっているので，たいてい電車で移動する。
I <u>felt</u> **embarrassed** when I forgot what to say in my speech.	私はスピーチで言うべきことを忘れて恥ずかしい思いをした。
I <u>was</u> very **disappointed** <u>by</u> the ending of the movie.	私はその映画の結末にはとてもがっかりした。

I always try to eat **various** <u>types of</u> vegetables.	私はいつもさまざまな種類の野菜を食べるように努めている。
Older people usually <u>keep</u> **regular** <u>hours</u>.	高齢者はたいてい規則正しい生活を送っている。
He <u>looked</u> **pale** yesterday, so he is absent today.	彼は昨日顔色が悪かったので，今日は休みだ。
This soap is good for **delicate** <u>skin</u>.	この石鹸は繊細な肌によい。
I <u>am</u> **flexible** <u>about</u> the meeting, so choose a good time for you.	私は会議について融通が利くので，あなたの都合のよい時間を選んでください。

同じジャンルで覚える⑪　物事の様子・状態を表す形容詞(2)

106 smooth
[smuːð] 発音
形 すべすべした，なめらかな
make *one's* skin **smooth**
肌をすべすべにする

107 plain
[pleɪn]
形 ①単純な，わかりやすい
②明白な
plain English
わかりやすい英語

108 rough
[rʌf] 発音
形 ①ざらざらした，荒い
②大ざっぱな
⇨ roughly 副 おおよそ
hands are **rough**
手が荒れている

109 flat
[flæt]
形 平らな，平べったい
関 flat rate 均一料金，定額
flat land
平らな陸地

110 empty
[ém(p)ti]
形 空の，人のいない
an **empty** bottle
空きびん

111 even
[íːv(ə)n]
形 ①平らな　②一定の
副 …でさえ
反 uneven ①平らでない　②不規則な
an **even** floor
平らな床

同じジャンルで覚える⑫　大きさ・太さを表す形容詞

112 narrow
[nǽrou]
形 (幅が)狭い
a **narrow** street
狭い通り

> narrow は幅が狭いことを意味するので，「狭い部屋」は × narrow room
> ではなく ○ small room と言う。

113 fat
[fæt]
形 太った
名 脂肪
get **fat**
太る

114 thick
[θɪk]
形 ①厚い　②(霧などが)濃い
③(森や群集が)密集した
類 dense 密集した，(霧などが)濃い(→1205)
a **thick** coat
厚いコート

115 thin
[θɪn]
形 ①やせた
②薄い　反 thick 厚い
be too **thin**
やせ過ぎている

116 huge
[hjuːdʒ] 発音
形 巨大な，(量・程度が)ばく大な
a **huge** country
巨大な国

117 tiny
[táɪni]
形 とても小さい
tiny fish
とても小さい魚

Try this lotion to <u>make</u> <u>your</u> <u>skin</u> **smooth**.	<u>肌をすべすべにする</u>ために，このローションを試してください。
Try to use **plain** <u>English</u> when you want to express yourself.	自己表現したいときは，**わかりやすい英語**を使うよう努めてください。
My <u>hands</u> <u>are</u> often **rough** in winter, so I put cream on them.	冬には私の<u>手は</u>よく<u>荒れている</u>ので，クリームを塗る。
Japan is covered with mountains, so there isn't much **flat** <u>land</u>.	日本は山で覆われているので，<u>平らな陸地</u>があまりない。
How can you get rid of **empty** <u>bottles</u> in Japan?	日本ではどのように<u>空きびん</u>を処分できますか。
Some old houses do not have **even** <u>floors</u>.	<u>床が平らで</u>ない古い家もある。
There are many **narrow** <u>streets</u> around here.	この辺りには多くの<u>狭い通り</u>がある。
My dog is **getting fat** because he eats too much.	私のイヌは食べすぎるので，**太ってき**ている。
It's December. I want a **thick** <u>coat</u> for winter.	12月だ。冬用の<u>厚いコート</u>がほしい。
Some fashion models <u>are</u> <u>too</u> **thin**.	<u>やせ過ぎている</u>ファッションモデルもいる。
Russia is a **huge** <u>country</u> with many time zones.	ロシアは多くの標準時間帯がある<u>巨大な国</u>だ。
There are a lot of **tiny** <u>fish</u> in the river.	その川には<u>とても小さい魚</u>がたくさんいる。

コロケーションで覚える②

118 □	**careless** [kéərləs]	形 不注意な 反 careful 注意深い	**a careless mistake** 不注意な誤り
119 □	**mistake** [mɪstéɪk]	名 誤り 動 …を間違える 熟 make a mistake (→532)	
		-less には「〜がない」の意味があるので覚えておくと便利である。	
120 □	**earn** [ə:rn]	動 (金・報酬)を稼ぐ ⇨ earnings 名 稼ぎ, 収入	**earn a wage** 賃金を稼ぐ
121 □	**wage** [weɪdʒ]	名 賃金, 給料 ※時間給, 日給, 週給など 関 salary 給料, 月給 (→90)	
122 □	**crowd** [kraʊd]	名 群衆, 観衆	**a crowd gathers** 群衆が集まる
123 □	**gather** [ɡǽðər]	動 ①集まる ②…を(かき)集める	

文法・語法との関連で覚える④　不定詞と結びつく名詞

124 □	**ability** [əbíləti]	名 能力 ⇨ able 形 能力がある	an **ability to _do_** 〜する能力
125 □	**courage** [kə́:rɪdʒ]	名 勇気 ※不可算名詞	the **courage to _do_** 〜する勇気
126 □	**duty** [djú:ti]	名 ①義務, 職務 ②関税	a **duty to _do_** 〜する義務
127 □	**attempt** [ətém(p)t]	名 試み 動 (〜すること)を試みる (to _do_)	make an **attempt to _do_** 〜しようと試みる

文法・語法との関連で覚える⑤　不定詞と結びつく自動詞

| 128 □ | **tend** [tend] | 動 【- to _do_】〜する傾向がある,
〜しがちである
⇨ tendency 名 傾向 | **tend to eat** meat
肉を食べる傾向がある |
| 129 □ | **struggle** [strʌ́ɡ(ə)l] | 動 (〜しようと)奮闘する (to _do_) | **struggle to get over** A
Aを克服しようと奮闘する |

Always check your report for **careless mistakes** before you hand it in.

レポートを提出する前に，<u>**不注意な誤り**</u>がないかどうかいつも確認してください。

たとえば useful「役に立つ」⇔ useless「役に立たない」など，意味を推測しやすい。

Everyone wants to **earn** a good **wage**.

みんな良い<u>**賃金を稼ぎ**</u>たい。

<u>A</u> large **crowd gathered** to watch the parade.

そのパレードを見るために大<u>**群衆が集まった**</u>。

I want to improve my **ability to speak** English.

私は英語<u>**を話す能力**</u>を向上させたい。

I don't have <u>the</u> **courage to try** bungee jumping.

私にはバンジージャンプ<u>**をしてみる勇気**</u>がありません。

Parents have <u>a</u> **duty to take care of** their children.

親たちには子どもたち<u>**の世話をする義務**</u>がある。

I <u>made</u> <u>an</u> **attempt to download** the file, but something was wrong.

私はそのファイル<u>**をダウンロードしようと試みた**</u>が，何かがおかしかった。

Many Japanese people **tend to eat** a lot of <u>meat</u> now.

現在ではたくさんの日本人が多くの<u>**肉を食べる傾向がある**</u>。

He is still **struggling to get over** his illness.

彼は今も病気<u>**を克服しようと奮闘して**</u>いる。

似ていて紛らわしい語をセットで覚える③ 〈意味が似ている〉

130 ☐	**repair** [ripéər]	動 …を修理する　名 修理 類 **mend** …を修繕する・繕う	**repair** a bicycle 自転車を修理する
131 ☐	**fix** [fíks]	動 ①…を修理する ②…を固定する	**fix** a computer コンピューターを修理する
		fix は「…を固定する」の意味では fix A to B「AをBに固定する」の形でよく	
132 ☐	**handle** [hǽnd(ə)l]	動 (問題など)を扱う・処理する 名 取っ手	**handle** a problem 問題を処理する
133 ☐	**operate** [á(:)pərèit]	動 (機械など)を操作する ⇒ **operation** 名 手術(→757)	**operate** a drone ドローンを操作する
134 ☐	**remain** [riméin]	動 ①…のままである　②残る 名 [-s]残り, 遺跡	**remain** seated 席についたままでいる
135 ☐	**leave** [líːv] 活 leave-left-left	動 ①…を〜の状態にしておく ②…を出発する	**leave** the door open ドアを開けたままにしておく
136 ☐	**continue** [kəntínjuː]	動 (〜すること)を続ける(to do/ doing), (状態・動作が)続く ⇒ **continuous** 形 絶え間ない	it **continues** to snow 雪が降り続ける
137 ☐	**last** [lǽst]	動 (物事が)持続する, もつ 形 この前の, 最後の	**last** for … years …年間続く
		continue は後ろに不定詞や動名詞を取ることができるが, last にはその働き がなく, × last to do/doing のようには用いない点に注意。	

同じジャンルで覚える⑬ 人を責める意味を持つ語

138 ☐	**scold** [skóʊld]	動 (Aのことで)(人)をしかる(for/ about A)	**scold** children 子どもたちをしかる
139 ☐	**punish** [pʌ́niʃ]	動 (Aのことで)(人)を罰する(for A) ⇒ **punishment** 名 罰	**punish** me for *doing* 〜したことで私を罰する
140 ☐	**blame** [bléim]	動 (Aのことで)(人)を非難する(for A) 名 責任, 非難	**blame** me for *doing* 〜したことで私を非難する
141 ☐	**fault** [fɔ́ːlt]	名 ①(過失などの)責任 ②欠点	it is *one's* **fault** that … …は〜の責任だ

My father is good at **repairing** bicycles.	私の父は<u>自転車を修理する</u>のが上手です。
How much will it cost to **fix** this computer?	<u>このコンピューターを修理する</u>のにいくらかかりますか。

用いられる。☞ **fix** furniture **to** the wall「壁に家具を固定する」

Perhaps only he can **handle** this problem.	おそらく<u>この問題を処理</u>できるのは彼だけだろう。
Do you need a license to **operate** a drone?	<u>ドローンを操作する</u>のに免許は必要ですか。
Please **remain** seated until the seat-belt sign is turned off.	シートベルト着用のサインが消えるまで，<u>席についたままでいて</u>ください。
Don't **leave** the door open. It's cold in here!	<u>ドアを開けたままにし</u>ないでください。中が寒いです！
It **continued** to snow for three days.	<u>雪は</u>3日間<u>降り続いた</u>。
The First World War **lasted** for more than four years.	第一次世界大戦は4<u>年</u>以上<u>の間続いた</u>。

また，last for ... years「…年間続く」の for は省略されることもある。

We need to be very careful when we **scold** children.	私たちは<u>子どもたちをしかる</u>ときに，十分注意する必要がある。
My teacher **punished** me for breaking a school rule.	私の先生は校則<u>を破ったことで私を罰した</u>。
My mother **blamed** me for being late for school yesterday.	母は昨日学校に<u>遅れたことで私を非難した</u>。
It was his **fault** that the meeting was canceled. He didn't come.	会議が中止になった<u>のは彼の責任だ</u>。彼は来なかった。

似ていて紛らわしい語をセットで覚える④　〈意味が似ている〉

142 ☐	**prize** [praɪz]	名 賞, 賞品	win first **prize** 一等<u>賞</u>を取る［<u>優勝</u>する］
143 ☐	**award** [əwɔ́ːrd]	名 賞, 賞品 動 (賞など)を与える	give an **award** <u>賞</u>を与える
144 ☐	**reward** [riwɔ́ːrd]	名 ほうび, 報酬 動 (人)に報酬を与える	give a **reward** <u>報酬</u>を与える
145 ☐	**wrap** [ræp] 発音	動 (物・人)を包む	**wrap** a present プレゼント<u>を包む</u>
146 ☐	**pack** [pæk]	動 (かばんなど)に荷物を詰める 反 **unpack** (包み・荷物など)を解く	**pack** a suitcase スーツケース<u>に荷物を詰める</u>
147 ☐	**custom** [kʌ́stəm]	名 (社会の)習慣, しきたり	a western **custom** 欧米の<u>習慣</u>
148 ☐	**habit** [hǽbɪt]	名 (個人の)習慣, 癖	a bad **habit** 悪い<u>癖</u>
149 ☐	**match** [mætʃ]	動 (物)に調和する, (物)と合う 名 試合	**match** my shoes 私の靴<u>と合う</u>
150 ☐	**fit** [fɪt]	動 (大きさ・サイズが)(人・物)に合う 形 ①健康な　②ふさわしい	shoes **fit** 靴(のサイズ)が<u>合う</u>
151 ☐	**suit** [suːt]	動 ①(服装・色などが)(人)に似合う ②…に適する ⇨ **suitable** 形 適切な (→317)	short hair **suits** you ショートヘアがあなた<u>に似合う</u>

文法・語法との関連で覚える⑥　複数形に注意すべき語(1)

152 ☐	**manners** [mǽnərz]	名 作法, 行儀 関 **manner** 名 方法, やり方	table **manners** テーブル<u>マナー</u>
153 ☐	**arms** [ɑːrmz]	名 武器, 兵器 関 **arm** 名 腕	carry **arms** <u>武器</u>を携帯する
154 ☐	**glasses** [glǽsɪz]	名 めがね 関 **glass** 名 ガラス, グラス	a pair of **glasses** <u>めがね</u>1つ

Maki <u>won</u> <u>first</u> **prize** in the speech contest this year.	真紀は今年スピーチコンテストで<u>優勝した</u>。
The violinist was <u>given</u> <u>a</u> special **award** for her great performance.	その素晴らしい演奏に対して、そのバイオリニストに特別<u>賞が与え</u>られた。
If you find our lost dog, we will <u>give</u> you <u>a</u> **reward**.	もし私たちの迷い犬を見つけたら、あなたに<u>報酬を差し上げます</u>。
I need to **wrap** <u>this</u> <u>present</u> for my Dad.	私はお父さんへの<u>このプレゼントを包む</u>必要がある。
Did you **pack** <u>your</u> <u>suitcase</u> by yourself?	あなたは自分で<u>スーツケースに荷物を詰め</u>ましたか。
It is <u>a</u> <u>western</u> **custom** to eat turkey on Christmas Day.	クリスマスの日に七面鳥を食べるのは<u>欧米の習慣</u>だ。
Talking with your mouth full is <u>a</u> <u>bad</u> **habit**.	口に食べ物をいっぱい入れたまま話すのは<u>悪い癖</u>だ。
I'm looking for a red handbag to **match** <u>my</u> <u>shoes</u>.	<u>私の靴と合う</u>赤いハンドバッグを探しています。
These <u>shoes</u> don't **fit**. I need a bigger size.	これらの<u>靴は（サイズが）合い</u>ません。もっと大きなサイズが必要です。
<u>Short</u> <u>hair</u> really **suits** <u>you</u>!	<u>ショートヘア</u>がすごく<u>お似合いです</u>ね！
If you go abroad, I recommend you learn about <u>table</u> **manners**.	海外に行くなら、<u>テーブルマナー</u>について学ぶことをお勧めします。
Police officers usually do not <u>carry</u> **arms** in the UK.	イギリスでは警察官はたいてい<u>武器を携帯し</u>ない。
I bought <u>a</u> new <u>pair</u> <u>of</u> **glasses** yesterday.	私は昨日新しい<u>めがね</u>を1つ買った。

文法・語法との関連で覚える⑦　自動詞と間違いやすい他動詞

155 marry
[mǽri]

動 …と結婚する
※× marry with …としない
⇨ **marriage** 图 結婚(→26)

marry a classmate
クラスメートと結婚する

> 「…と結婚している」は be married to(× with)… と表す。
> ☞ He **is married to** a Canadian woman.
> 「彼はカナダ人女性と結婚している。」
> また、marry は自動詞として使用することもある。
> ☞ She **married** young. 「彼女は若くして結婚した。」

156 reach
[riːtʃ]

動 …に到達する、…に着く
※× reach to …としない

reach a hotel
ホテルに着く

157 discuss
[dɪskʌ́s]

動 …について話し合う
※× discuss about …としない
⇨ **discussion** 图 議論

discuss food problems
食糧問題について話し合う

158 contact
[kɑ́(:)ntækt]

動 …と連絡を取る
※× contact with …としない
名 連絡、接触

contact Mr. Brown
ブラウンさんと連絡を取る

159 approach
[əpróʊtʃ]

動 …に近づく
※× approach to …としない
名 接近、取り組み方法

approach Florida
フロリダに近づく

160 resemble
[rizémb(ə)l]

動 …に似ている
※× resemble to …としない。また、進行形にしない

resemble each other
互いに似ている

同じジャンルで覚える⑭　貸し借りを意味する語

161 lend [lend]
⑧ lend-lent-lent

動 (人に)(物・金など)を貸す

lend me a dictionary
私に辞書を貸す

> 「AにBを貸す」は【lend A B】の語順が普通だが、【lend B to A】の語順で表すこともできる。(例文＝)Could you **lend** your dictionary **to** me?

162 borrow
[bɔ́ːroʊ]

動 (無料で)…を借りる

borrow a dictionary
辞書を借りる

163 rent
[rent]

動 (有料で)…を借りる・貸す
名 賃貸料、家賃

rent an apartment
アパートを借りる

164 loan
[loʊn]

名 ローン、借金
動 (人に)(金など)を貸す

get a **loan**
ローンを組む

My sister **married** a classmate from high school.

私の姉は高校時代の<u>クラスメートと結婚した</u>。

We walked for a long time and finally **reached** the hotel.

長い間歩いて私たちはようやく<u>ホテルに着いた</u>。

We **discussed** food problems in Africa in class.

私たちは授業でアフリカの<u>食糧問題について話し合った</u>。

Please **contact** Mr. Brown if you have any questions.

何か質問があれば，<u>ブラウンさんと連絡を取って</u>ください。

The hurricane is **approaching** Florida.

そのハリケーンは<u>フロリダに近づいて</u>いる。

No wonder they **resemble** each other. They are twins!

彼らが<u>互いに似ている</u>のも当然だ。彼らは双子だ！

Could you **lend** me your dictionary?

<u>私に辞書を貸して</u>くれますか。

Could I **borrow** your dictionary?

あなたの<u>辞書を借りて</u>もいいですか。

My brother wants to **rent** an apartment near his university.

私の兄は大学の近くに<u>アパートを借り</u>たいと思っている。

Most people need to get a **loan** to buy a house.

ほとんどの人々は家を買うのに<u>ローンを組む</u>必要がある。

文法・語法との関連で覚える⑧　品詞による意味の違いに注意すべき語(1)

165 □	**sound** [saund]	動 …に聞こえる　名 音 形 健全な　副 ぐっすりと	**sound** interesting 面白そうに聞こえる
166 □	**direct** [dərékt]	動 …を向ける 形 直接の　⇨ directly 副 直接に	**direct** A toward B AをBに向ける
167 □	**patient** [péiʃ(ə)nt]	名 患者 形 忍耐強い　⊗ impatient 気短な	a **patient** gets better 患者が回復する
168 □	**tear** [teər] 発音 活 tear-tore-torn	動 (紙など)を引き裂く，…を破る 名 [tiər] 涙	**tear** clothes 服を破る
169 □	**close** [klous] 発音	形 (Aに)近い(to A)　副 近くに 動 [klouz] …を閉める	be **close** to a station 駅に近い
170 □	**store** [stɔːr]	動 …を蓄える，…を保存する 名 店　〈英〉shop ⇨ storage 名 保管，貯蔵	**store** medicine 薬を保管する

同じジャンルで覚える⑮　料金・罰金を表す語

171 □	**admission** [ədmíʃ(ə)n]	名 入場料，入場[入学](許可) ⇨ admit 動 …を認める(→882)	the **admission** for A Aの入場料
172 □	**fee** [fiː]	名 (入会・学費などの)料金	a membership **fee** 会費
173 □	**tuition** [tjuíʃ(ə)n]	名 (大学などの)授業料，授業	pay *one's* **tuition** (fees) 授業料を払う
		tuition は「授業」を表すこともあるので，tuition fees と言うことも多い	
174 □	**charge** [tʃɑːrdʒ]	名 (宿泊・サービスに対する)料金 動 (料金)を請求する 活 be in charge (of A)　(→1979)	free of **charge** 料金がかからない[無料で]
175 □	**fare** [feər]	名 (乗り物の)料金	bus **fares** バス料金
176 □	**fine** [fain]	名 罰金　動 …に罰金を科す	pay a **fine** 罰金を払う
177 □	**penalty** [pén(ə)lti] アク	名 罰金，刑罰	pay ... yen as a **penalty** 罰金として…円払う

The study-abroad program **sounds** very interesting.

その留学プログラムはとても面白そうに聞こえる。

The runner **directed** all his energy toward training every day.

そのランナーは彼のすべてのエネルギーを毎日の訓練に向けた。

The **patient** got better very quickly.

その患者は非常に短時間で回復した。

Children sometimes **tear** their clothes while playing.

子どもたちは遊んでいるときに服を破ることがある。

My school is **close** to a station, so most students travel by train.

私の学校は駅に近いので，ほとんどの生徒が電車で通っている。

Medicine should be **stored** safely.

薬は安全に保管されるべきだ。

How much is the **admission** for Ueno Zoo?

上野動物園の入園料はいくらですか。

I haven't paid my membership **fee** for the gym yet.

私はまだジムの会費を払っていない。

My parents pay my sister's **tuition** (fees). She is a university student.

私の両親は姉の授業料を払っている。姉は大学生だ。

（学費は複数回に分けて払うため fees と複数形にするのが普通）。

You can have a second cup of coffee free of **charge** in that café.

あのカフェでは，2杯目のコーヒーを無料で飲むことができる。

Bus **fares** went up by 30 yen recently.

バス料金は最近30円上がった。

I have to pay a **fine** for parking in the wrong place.

私は適切ではない場所に駐車したので，罰金を払わなければならない。

If you smoke here, you have to pay 2,000 yen as a **penalty**.

もしここで喫煙したら，あなたは罰金として2千円払わなければなりません。

コロケーションで覚える③　〈天候・災害〉

178 weather
[wéðər]
名 天気
⊕ **whether** [同音] 圏 …かどうか

the weather forecast
天気予報

179 forecast
[fɔ́ːrkæst]
名 予報
※ fore「前もって」＋cast「投げる」

180 wind
[wínd]
名 風
⇨ **windy** 形 風の強い

a wind blows
風が吹く

181 blow [blou]
⊛ blow-blew-blown
動 ①（風などが）吹く
②（息など）を吹きつける

182 typhoon
[taɪfúːn]
名 台風

a typhoon hits Kyushu
台風が九州を襲う［に上陸する］

183 hit [hɪt]
⊛ hit-hit-hit
動 ①（災害などが）…を襲う
②…をたたく，…を打つ

大型の熱帯低気圧は地域によって呼び名が違い，太平洋北西部では **typhoon**

184 flood
[flʌd]
名 洪水
動 （川などが）氾濫する

a flood warning
洪水警報

185 warning
[wɔ́ːrnɪŋ]
名 警報，警告
⇨ **warn** 動 警告する

186 landslide
[lǽndslàɪd]
名 土砂崩れ，地すべり
※ land「地」＋slide「すべる」

a landslide occurs
土砂崩れが発生する

187 occur
[əkɔ́ːr] アク
動 発生する，起こる
⊜ **happen** 起こる
⊛ **occur to** A (→823)

引き出し 【自然災害】 □ tsunami「津波」 □ tornado「竜巻」

188 rescue
[réskjuː]
動 …を救う
名 救助，救出

be rescued from drowning
溺れているところを救われる

189 drown
[draun] 発音
動 溺れ死ぬ

The **weather forecast** says it is going to be very cold tomorrow.

天気予報によると，明日はとても寒くなるそうだ。

Very strong **winds blew** all day yesterday.

昨日は一日中とても強い**風が吹いた**。

The **typhoon** might **hit** Kyushu this weekend.

今週末，その**台風**は**九州に上陸する**かもしれない。

「台風」，西インド諸島では **hurricane**「ハリケーン」，インド洋では **cyclone**「サイクロン」と呼ぶ。

There is a **flood warning** for Texas.

テキサスに**洪水警報**が出ている。

Landslides occurred in many places during the rainy season this year.

今年は梅雨の間に，多くの場所で**土砂崩れが発生した**。

□ drought 「干ばつ」(→1279)

Some people camping near the river were **rescued** from **drowning**.

川辺でキャンプをしていた何人かの人たちが，**溺れている**ところを**救われた**。

同じジャンルで覚える⑯　気象状況を表すのに用いる語

190 **atmosphere**
[ǽtməsfìər]

名 ①【the -】大気　②雰囲気
類 **mood** 名 気分，機嫌（→665）

the earth's **atmosphere**
地球の大気

> 「ムードのある店」のように「場所の雰囲気」について言う場合は mood は用いず，atmosphere を使う。

191 **temperature**
[témp(ə)rətʃər]

名 温度，気温，体温

the highest **temperature**
最高気温

192 **humidity**
[hjumídəti]

名 湿度，湿気
⇨ **humid** 形 湿気の多い

the **humidity** is high
湿度が高い

193 **degree**
[dɪgríː]

名 ①（温度・角度などの）度
　　②程度　③学位

over 35 **degrees**
35度を超えて

> 「摂氏35度」と言う場合は "35℃" と表し，35 degrees Celsius と読む。

194 **mild**
[maɪld]

形 ①穏やかな，温暖な
　　②（程度が）軽い

a **mild** winter
温暖な冬

195 **thunder**
[θʌ́ndər]

名 雷（の音）　動 雷が鳴る
類 **lightning** 名 稲光

the sound of **thunder**
雷の音

> thunder は「音」，lightning は「光」を指す点に注意。日本語の「雷」は音

196 **fog**
[fɑ(ː)g]

名 霧　類 **mist** かすみ
⇨ **foggy** 形 霧の深い

thick **fog**
濃霧

> 引き出し 【天候を表す形容詞】　□ sunny「太陽が照った」

同じジャンルで覚える⑰　自然災害に関する語

197 **disaster**
[dɪzǽstər]

名 災害
⇨ **disastrous** 形 災害を招く，悲惨な

a natural **disaster**
自然災害

198 **earthquake**
[ə́ːrθkwèɪk]

名 地震

a small **earthquake**
小さな地震

199 **volcano**
[vɑ(ː)lkéɪnoʊ]

名 火山

a dead **volcano**
死火山

200 **storm**
[stɔːrm]

名 嵐，暴風雨
⇨ **stormy** 形 嵐の，大荒れの

a terrible **storm**
ひどい嵐

| How thick is <u>the earth's **atmosphere**</u>? | <u>地球の**大気**</u>はどれくらいの厚さですか。 |

☞ a bar with **atmosphere**「雰囲気のあるバー」

| <u>The highest **temperature**</u> in Japan was recorded this year. | 今年，日本における<u>最高気温</u>を記録した。 |

| <u>The **humidity** is</u> usually <u>high</u> in summer in Japan. | 日本では夏はたいてい<u>湿度が高い</u>。 |

| It was <u>over</u> 35 **degrees** yesterday. | 昨日は<u>35度を超えて</u>いた。 |

| We had <u>a</u> very **mild** <u>winter</u> this year. | 今年はとても<u>温暖な冬</u>だった。 |

| I was woken up by <u>the sound of</u> **thunder**. | 私は<u>雷の音</u>で起こされた。 |

と光の両方を意味するため英語では thunder and lightning となる。

| Many flights were delayed because of <u>thick **fog**</u>. | <u>濃霧</u>のため，多くの航空便が遅れた。 |

□ cloudy「くもった」 □ rainy「雨降りの」 □ snowy「雪の降る」 □ clear「晴れた，雲のない」

| <u>Natural **disasters**</u> often happen in Japan. | 日本では<u>自然災害</u>がよく起こる。 |

| There was <u>a small</u> **earthquake** in Tokyo last night. | 昨夜，東京で<u>小さな地震</u>があった。 |

| Is Mt. Fuji <u>a dead</u> **volcano**? | 富士山は<u>死火山</u>ですか。 |

| Many trains were cancelled because of <u>the terrible **storm**</u>. | <u>そのひどい嵐</u>のため，多くの電車が運休した。 |

同じジャンルで覚える⑱　地球表面の構成

201 ocean
[óuʃ(ə)n] 発音
名 海, 大洋
deep in the **ocean**
海の深いところに

202 continent
[ká(:)nt(ə)nənt]
名 大陸
関 land 名 ①陸　②土地
the smallest **continent**
最も小さい大陸

203 island
[áɪlənd] 発音
名 島
an **island** country
島国

204 desert
[dézərt] アク
名 砂漠
動 [dɪzə́:rt] …を見捨てる
似 dessert [dɪzə́:rt] 名 デザート
live in **deserts**
砂漠に住む

205 valley
[vǽli]
名 谷
a narrow **valley**
狭い谷

コロケーションで覚える④

206 tropical
[trá(:)pɪk(ə)l]
形 熱帯の
a tropical climate
熱帯気候

207 climate
[kláɪmət] 発音
名 気候　※具体的な「気候」は数えられる
関 weather 天気（→178）

208 human
[hjúːmən]
形 人間の
名 人間（=human being）
human evolution
人類の進化

209 evolution
[èvəlúːʃ(ə)n]
名 進化
⇨ evolve 動 進化する

スペリングに注目して覚える①　「生きる」の意味の -vive で終わる語

210 survive
[sərváɪv]
動 生き残る, …を生き延びる
⇨ survival 名 生き残り, 生存
survive the winter
冬を生き延びる

211 revive
[rɪváɪv]
動 …を蘇生させる, 生き返る
⇨ revival 名 生き返ること, 復活
revive a patient
患者を蘇生させる

それぞれ, sur「越えて」＋vive「生きる」, re「再び」＋vive「生きる」の意味。

Many unusual fish live <u>deep</u> <u>in the</u> **ocean**.	多くの珍しい魚が**海の深いところに**住んでいる。
Australia is <u>the</u> smallest **continent** in the world.	オーストラリアは世界で**最も小さい大陸**だ。
Japan is <u>an</u> **island** <u>country</u> in East Asia.	日本は東アジアの**島国**だ。
Some animals can <u>live</u> <u>in</u> **deserts**.	動物の中には**砂漠に住む**ことができるものもいる。
We stayed in a hotel in <u>a narrow</u> **valley** in France.	私たちはフランスの**狭い谷**にあるホテルに泊まった。
Does Singapore have <u>a</u> **tropical climate**?	シンガポールは**熱帯気候**ですか。
I want to study about where and when **human evolution** started.	私はいつどこで**人類の進化**が始まったのかについて学びたい。
Do you know how animals can **survive** <u>the</u> cold <u>winter</u>?	動物がどのようにして寒い**冬を生き延びられる**か知っていますか。
The doctor **revived** <u>the</u> <u>patient</u> who was unconscious.	その医者は意識不明だった**患者を蘇生させた**。

コロケーションで覚える⑤　〈環境〉

212 □ **damage**
[dǽmɪdʒ] アク

動 …に損害を与える
名 損害

damage the environment
環境に害を与える

213 □ **environment**
[ɪnváɪ(ə)r(ə)nmənt] アク

名【the -】(自然)環境
⇨ **environméntal** 形 環境の

214 □ **spoil**
[spɔɪl]

動 ①…をだめにする
　②(子どもなど)を甘やかす
⇨ **spoiled** 形 甘やかされた

spoil the view
眺望をだめにする

215 □ **view**
[vju:]

名 ①眺め　②(特定の)見方，意見
動 …を見る

引き出し □ spoil *one's* children 「子どもを甘やかす」

216 □ **save**
[seɪv]

動 ①…を節約する　②(お金)を
　貯める　③(人)を救出する

save energy
エネルギーを節約する

217 □ **energy**
[énərdʒi] 発音

名 エネルギー，活力
⇨ **energétic** 形 活発な，精力的な

218 □ **poisonous**
[pɔ́ɪz(ə)nəs]

形 有毒な，有害な
⇨ **poison** 名 毒

a poisonous substance
有毒な物質

219 □ **substance**
[sʌ́bst(ə)ns]

名 物質，物

同じジャンルで覚える⑲　環境汚染・環境破壊に関する語(1)

220 □ **chemical**
[kémɪk(ə)l]

名 化学物質
形 化学(物質)の

the use of **chemicals**
化学物質の使用

221 □ **pollution**
[pəlú:ʃ(ə)n]

名 汚染
⇨ **pollute** 動 …を汚染する

water **pollution**
水質汚染

222 □ **garbage**
[gáːrbɪdʒ] 発音

名 (生ごみなどの)ごみ
〈英〉**rubbish**

take out the **garbage**
ごみを出す

STAGE 1

People have been **damaging** the **environment** for a long time.	人々は長い間，環境に害を与えてきた。
That tall building **spoils** the **view** of this beautiful lake.	あの高い建物が，この美しい湖の眺望をだめにしている。

☞ Some grandparents **spoil** their grandchildren. 「祖父母の中には孫を甘やかす人もいる。」

Are you doing anything to **save energy**?	あなたはエネルギーを節約するために何かしていますか。
Food companies must not use any **poisonous substances** in their products.	食品会社はその商品にいかなる有毒な物質をも使用してはならない。
Companies are more careful about the use of **chemicals** in food.	企業は食品への化学物質の使用に関して，より慎重になっている。
Water **pollution** was really bad in the 1960s and 70s.	1960年代と70年代には水質汚染が本当にひどかった。
Who takes out the **garbage** in your family?	あなたの家庭では誰がごみを出しますか。

コロケーションで覚える⑥　〈環境〉

223 supply
[səplái]
動 …を供給する
名 供給
supply electricity
電力を供給する

224 electricity
[ɪlèktrísəti]
名 電気
⇨ eléctric 形 電気の，電動の

225 reduce
[ridʒúːs]
動 …を減らす
⇨ reduction 名 減少，削減
reduce waste
ごみを減らす

226 waste
[weɪst]
名 むだ，ごみ　動 …をむだにする
⑤ waist[同音] 名 腰，ウエスト

227 burn
[bəːrn]
動 …を燃やす，燃える
burn fossil fuels
化石燃料を燃やす

228 fossil
[fá(ː)s(ə)l]
名 化石

229 fuel
[fjúː(ː)əl]
名 燃料

同じジャンルで覚える⑳　エネルギー・資源に関する語(1)

230 solar
[sóulər]
形 太陽の
⑨ sun 名 太陽
solar energy
太陽エネルギー

231 recycle
[rìːsáɪk(ə)l]
動 …をリサイクル[再利用]する
⑨ reduce 動 …を減らす(→225)
⑨ reuse 動 …を再使用する
recycle paper
紙をリサイクルする

recycle，reduce，reuse の頭文字を取って 3Rs と呼ぶこともある。

232 greenhouse
[gríːnhàus]
名 温室
a **greenhouse** gas
温室(効果)ガス

233 resource
[ríːsɔːrs]
名 資源
⑨ source 名 源，情報源(→774)
a natural **resource**
天然資源

234 material
[mətíəriəl]
名 材料，素材　形 物質的な
⑳ substance 物質，物(→219)
a raw **material**
原料

How do they **supply** **electricity** to a small island?

彼らはどのようにして小さな島に<u>電力を供給し</u>ますか。

Many people are trying to **reduce** **waste**.

多くの人々は<u>ごみを減ら</u>そうとしている。

Burning **fossil** **fuels** is not good for the environment.

<u>化石燃料を燃やすこと</u>は環境によくない。

We should try to use more **solar** <u>energy</u> in the future.

私たちは将来<u>太陽エネルギー</u>をもっと使うよう努めるべきだ。

We **recycle** all the <u>paper</u> we use in our school.

私たちは学校で使用するすべての<u>紙をリサイクルする</u>。

CO₂ is one of <u>the **greenhouse** gases</u>.

CO₂は<u>温室(効果)ガス</u>のひとつだ。

Japan does not have many <u>natural **resources**</u>.

日本は多くの<u>天然資源</u>を持たない。

Aluminum is <u>the raw **material**</u> for one-yen coins.

アルミニウムは1円玉の<u>原料</u>だ。

時に関する表現

235
☐ **at present**
現在は，今のところ
㊟ **at the moment** ちょうど今，（過去の文で）ちょうどその時

236
☐ **the other day**
先日 (= a few days ago)
※ × on the other day としない

237
☐ **before long**
まもなく，やがて
㊐ **soon**

238
☐ **at first**
最初は，初めのうちは
※後ろに but を伴うことが多い(例文参照)

239
☐ **for the first time**
(…の間で)初めて (in ...)
※後ろに in ... が続く場合は「…ぶりに」と訳されることが多い
㊟ **for the second time** 2回目に

240
☐ **for the time being**
当分の間，当面は
㊟ **for a while** しばらくの間

対にして覚えておきたい時に関する表現

241
☐ **these days**
近頃　㊐ **nowadays**(→396)
※ × in these days としない

242
☐ **in those days**
その当時は
㊐ **at that time**

243
☐ **the day after tomorrow**
あさって

244
☐ **the day before yesterday**
おととい

245
☐ **in the past**
過去に，昔は
⇨ **past** 图 過去　前 …を過ぎて

246
☐ **in the future**
未来に，将来は
⇨ **future** 图 未来

My sister is a college student **at present**, but she will graduate in March.	私の姉は**現在は**大学生だが，3月に卒業する。
I bought this jacket **the other day** when I was in Karuizawa.	私は**先日**軽井沢にいるときにこのジャケットを買った。
We will have the first snow **before long**.	**まもなく**初雪が降るだろう。
At first I was lonely, but soon I met a lot of nice people.	**最初は**寂しかったが，私はすぐに多くのすばらしい人々に出会った。
I went abroad **for the first time** when I was 10 years old.	私は10歳のときに**初めて**海外に行った。
I'm living in an apartment **for the time being**, but I want to buy a house soon.	私は**当面は**アパートに住んでいるが，近いうちに家を買いたい。

These days, many people don't have phones at home.	**近頃**，多くの人が家に電話を持っていない。
In those days, almost nobody had a TV.	**その当時は**，ほとんど誰もテレビを持っていなかった。
I have to finish my homework by **the day after tomorrow**.	私は**あさって**までに宿題を終えなければならない。
I bought this bread **the day before yesterday**, but it should still be OK to eat.	私はこのパンを**おととい**買ったが，まだ食べてもかまわないはずだ。
In the past, women always had long hair.	**昔は**，女性はいつも長い髪をしていた。
In the future, robots might control everything.	**未来には**，ロボットがすべてをコントロールするかもしれない。

場所や位置に関する表現

247
☐ **in front of** A

Aの前に

248
☐ **at[in] the back of** A

Aの後ろに

249
☐ **in the middle of** A

A（場所）**の中央に**，A（活動など）**の最中に**
圓 **in the center of** A　Aの中央に

> 時間についても使用する点に注意。
> ☞ I heard a strange noise **in the middle of** the night.
> 「夜中に変な物音が聞こえた。」

250
☐ **in the north of** A

Aの北部に
圓 **to the north of** A　Aの北の方角に

> A is in the north of B は，AがBの内部にある場合に用い，
> 一方 A is to the north of B はAがBの隣か，離れた場所に
> ある場合に用いる。

251
☐ **next to** A

Aの隣に
圓 **beside** …のそばに（→510）

252
☐ **in the distance**

遠くに　圓 **at a distance** 少し離れて
⇨ **distance** 图 距離
⇨ **distant** 厖 遠い

基本動詞で表す表現　〈do を用いた表現〉

253
☐ **do** *one's* **best**

全力を尽くす

> 日本語の「がんばって。」には Do your best. よりも Good
> luck.「幸運を祈ります。」を使うことが多い。

254
☐ **do** A **a favor**

A（人）**の頼みを聞く**，A（人）**に手を貸す**
⇨ **favor** 图 親切な行為，手助け
⇨ **favorable** 厖 好意的な，好都合な

255
☐ **do** A **good**

A（人）**のためになる**
反 **do** A **harm**　A（人）に害を及ぼす

256
☐ **do without** A

Aなしで済ませる
圓 **do with** A　Aで間に合わせる

引き出し 【その他の do を用いた表現】

Let's meet **in front of** the station at eight tomorrow morning.	明日の朝8時に駅**の前で**会いましょう。
Some students sitting **at the back of** the classroom were talking.	教室**の後ろに**座っていた生徒の何人かがしゃべっていた。
That's my Dad **in the middle of** the photo.	写真**の真ん中に**いるのが私の父だ。
We live in a village **in the north of** Nagano prefecture. ※ prefecture 県	私たちは長野県**の北部に**ある村に住んでいる。
I always sit **next to** my brother at the dinner table.	私は食卓でいつも兄**の隣に**座る。
They could see the lights of the town **in the distance**.	彼らは**遠くに**街の明かりを見ることができた。
Just **do your best**, and I'm sure you'll pass the exam.	とにかく**全力を尽くし**なさい，そうすればきっと試験に合格します。
Could you **do me a favor**, please?	**私の頼みを聞いて**いただけますか。
It will **do you good** to eat more fruit.	もっと果物を食べると**あなたのためになる**。
I can't **do without** coffee in the morning.	私は朝にコーヒー**なしで済ませる**ことができない。

□ do the laundry「洗濯をする」 □ do the dishes「皿洗いをする」 □ do the cleaning「掃除をする」

基本動詞で表す表現 〈go を用いた表現〉

257
□ **go off**
①爆発する，（目覚ましなどが）鳴り響く
②出発する，立ち去る

258
□ **go by**
（時が）過ぎる，（物が）通り過ぎる

259
□ **go over** A
①Aを復習する　圓〈米〉**review**（→587）/〈英〉**revise**
②Aを詳しく調べる

260
□ **go through** A
①（確認のため）Aに目を通す，Aをおさらいする
②A（つらいことなど）を経験する

基本動詞で表す表現 〈come を用いた表現〉

261
□ **come true**
（夢・望みなどが）実現する

262
□ **come across** A
Aに出くわす，Aを偶然見つける

263
□ **come up with** A
Aを思いつく

基本動詞で表す表現 〈take を用いた表現〉（1）

264
□ **take after** A
Aに似ている
※ **look after** A（→289）と混同しないよう注意

265
□ **take notes**
メモを取る
⇨ **note** 图 メモ　動 …に注意を払う

266
□ **take place**
（事が）起こる，（行事などが）行われる
※自然災害には用いない（その場合は happen や occur（→187）を用いる）

267
□ **take** A **for granted**
Aを当たり前のことと思う
⇨ **grant** ①…を認める　②…を与える

引き出し　□ take[have] a bath 「風呂に入る」

My alarm didn't **go off** this morning.	今朝私の目覚まし時計が**鳴ら**なかった。
As time **went by**, I understood the importance of family.	時が**過ぎる**につれ，私は家族の大切さがわかった。
Please **go over** today's lesson at home.	家で今日の授業**を復習して**ください。
We'll **go through** yesterday's test now to check the answers.	答えを確認するために今から昨日のテスト**に目を通します**。

Her dream of winning an Olympic medal **came true**.	オリンピックのメダルを取るという彼女の夢は**実現した**。
I **came across** an old diary when I was cleaning my desk.	机を掃除していたときに，私は古い日記**を偶然見つけた**。
Taro **came up with** a good idea for our presentation topic.	太郎は私たちのプレゼンテーションのトピックについて良い案**を思いついた**。

Kate **takes after** her father in her ability at math.	ケイトは数学の才能において彼女の父親**に似ている**。
Please **take notes** on paper or on your computers.	紙かコンピューター**にメモを取って**ください。
The entrance exam **took place** on February 25th.	2月25日に入学試験が**行われた**。
Don't **take it for granted** that you will pass the exam. ※ it は that 以下を受ける形式目的語	入学試験に受かるのが**当たり前だと思って**はいけない。

□ take[have] a shower 「シャワーを浴びる」 ※いずれも have を使うのは主に〈英〉。

〈be＋形容詞＋前置詞〉の表現(1)

268
☐ **be proud of** A

Aを誇りに思う
※親が子どもをほめるときによく用いる

269
☐ **be absent from** A

Aを休む

270
☐ **be free from** A

Aがない
※ free はここでは「…を免れた，…がない」の意味

271
☐ **be far from** A

①Aにはほど遠い　②〈距離〉Aから遠い
※②の〈距離〉の意味では通例否定文・疑問文で

from のあとには名詞，動名詞，形容詞がくる。例文中の far from successful は far from（being）successful の being が省略された形。far from a success とも言う。

272
☐ **be famous for** A

Aで有名である　◉ **be well known for** A
※ well known は名詞の前では普通 well-known とする

〈動詞＋A＋前置詞＋B〉の形を取る表現(1)

273
☐ **tell** A **from** B

AをBと見分ける・区別する
◉ **tell the difference between** A **and** B

274
☐ **take** A **for** B

（誤って）AをBだと思う，AをBと見なす
◉ **mistake** A **for** B　AをBと間違える

275
☐ **exchange** A **for** B

AをBと交換する・両替する

276
☐ **turn** A **into** B

AをBへと変える

自動詞の turn を用いた A turn into B「AはBへと変化する」という表現もある。

277
☐ **invite** A **to** B

AをBに招待する

278
☐ **add** A **to** B

AをBに加える
⇨ **addition** 图 追加，足し算

279
☐ **prefer** A **to** B

BよりAを好む
※A，Bに動名詞がくることも多い

I**'m proud of** my grandson. He is a very good flute player.	私は孫息子**を誇りに思う**。彼はとてもフルートが上手だ。
He **was absent from** the drama club yesterday.	彼は昨日演劇部**を休んだ**。
Your essay **is** almost **free from** mistakes.	あなたの小論文はほとんど間違い**がない**。
His family business **is far from** successful, but he is happy.　※ family business 家業	彼の家業は成功**にはほど遠い**が，彼は幸せだ。

Matsumoto city **is famous for** its old castle.	松本市は古い城**で有名だ**。

How can I **tell** one twin **from** the other?	どうやって双子の１人**を**もう一方**と見分けれ**ばいいのだろう。
Many people **take** me **for** my sister because we look the same.	私たちは似ているから，たくさんの人が私**を**姉**だと思う**。
He wanted to **exchange** a short-sleeved shirt **for** a long-sleeved one.	彼は半袖のシャツを長袖のシャツ**に交換し**たかった。
She **turned** the prince **into** a frog.	彼女は王子**を**カエル**に変えた**。

☞ The rain has **turned into** snow.「雨は雪へと変わった。」

They **invited** many people **to** their wedding.	彼らはたくさんの人**を**自分たちの結婚式**に招待した**。
Perhaps I should **add** some *miso* **to** the soup.	味噌**を**少しスープ**に加える**べきかもしれない。
Many older people **prefer** tea **to** coffee.	多くのお年寄りはコーヒー**よりも**お茶**を好む**。

形が似ていて紛らわしい表現（1）

280
☐ **in time**　　　　時間に間に合って

281
☐ **on time**　　　　時間通りに，定刻に

282
☐ **be used to** A

Aに慣れている　※Aに動名詞がくることも多い
圓 **be accustomed to** A　※フォーマル

283
☐ **used to** *do*

（今はそうではないが）以前はよく〜したものだ，
以前は〜であった

284
☐ **be tired of** A

Aに飽きている，Aにうんざりしている
※Aに動名詞がくることも多い

285
☐ **be tired from** A

Aで疲れている
※Aに動名詞がくることも多い

be tired from A は from の代わりに after を使うことも多い。

286
☐ **put off** A[A **off**]

Aを延期する
圓 **postpone** …を延期する（→637）　※フォーマル

287
☐ **put out** A[A **out**]

A（火・電灯など）を消す
圓 **extinguish** …を消す（→1596）　※フォーマル

put out A は文字通りにとらえると「Aを外へ置く」の意味
で，「（ごみ）を出す」の意味でもよく用いる。

同じ意味の表現

288
☐ **take care of** A

Aの世話をする

289
☐ **look after** A

Aの世話をする

290
☐ **take part in** A

Aに参加する

291
☐ **participate in** A

Aに参加する
⇨ **participation** 图 参加
⇨ **participant** 图 参加者

I didn't arrive **in time** for the start of the movie.	私は映画の開始**時間に**到着が**間に合わ**なかった。
Trains are almost always **on time** in Japan.	日本ではほぼいつも電車は**時間通りだ**。
She is from Niigata so she **is used to** lots of snow.	彼女は新潟出身なので大雪**に慣れている**。
He **used to play** tennis every day when he was young.	若い頃，彼は毎日テニス**をしたものだ**。
I**'m tired of** living in a city. I want to move to the countryside.	私は都会に住むの**にうんざりしている**。田舎に引っ越したい。
I**'m tired from** studying all day.	私は1日中勉強**して疲れている**。

（例文＝）I'm tired after studying all day.

The boss **has put off** the meeting until Friday.	上司は金曜日まで会議**を延期した**。
There was a fire in our neighborhood last night, but it **was put out** quickly.	昨夜近所で火事があったが，それはすぐに**消し止められた**。

☞ Do not **put out** your garbage before 7 a.m. 「午前7時以前にごみ**を出して**はいけません。」

Some people worry about who will **take care of** them when they become old.	年をとったときに誰が自分**の世話をして**くれるのか心配する人もいる。
It is difficult to **look after** pets in a small apartment.	小さなアパートでペット**の世話をする**のは困難だ。
My grandfather **takes part in** the marathon race in our city every year.	毎年私の祖父は私たちの都市のマラソンレース**に参加する**。
More than 2,000 people **participated in** the conference this year.	今年は2,000人を超える人々がその会議**に参加した**。

コロケーションで覚える⑦

292 □ **perform**
[pərfɔ́ːrm]
動 …を遂行する，…を上演・演奏する
⇨ **performance** 名 遂行，上演(→964)

perform a task
課題をやり遂げる

293 □ **task**
[tǽsk]
名 (やるべき)仕事，課題

294 □ **positive**
[pá(ː)zətɪv]
形 積極的な，前向きの
⊘ **negative** 良くない，後ろ向きの

a positive attitude
積極的な態度

295 □ **attitude**
[ǽtətjùːd]
名 態度，考え方
⊛ **posture** 姿勢，態度

296 □ **negative**
[néɡətɪv]
形 良くない，後ろ向きの
⊘ **positive** 積極的な，前向きの

a negative image
良くない印象

297 □ **image**
[ímɪdʒ] 発音
名 印象，イメージ
⇨ **imagine** 動 …を想像する(→653)
⇨ **imagination** 名 想像(力)

298 □ **judge**
[dʒʌ́dʒ]
動 …を判断する　名 裁判官(→997)
⇨ **judgment** 名 判断

judge by appearance
外見で判断する

299 □ **appearance**
[əpíər(ə)ns]
名 ①外見　②出現
⇨ **appear** 動 現れる(→391)

300 □ **personal**
[pə́ːrs(ə)n(ə)l]
形 個人的な，個人の
⇨ **personality** 名 (人の)性格，個性

personal experience
個人的な経験

301 □ **experience**
[ɪkspíəriəns]
名 経験
動 …を経験する

同じジャンルで覚える㉑　時の長さを表す語

302 □ **second**
[sék(ə)nd]
名 秒，ほんのわずかな時間
形 2番目の
⊛ **minute** 名 分 / **hour** 名 時間

32 seconds
32秒

303 □ **moment**
[móumənt]
名 ①瞬間，短時間　②(特定の)時
⊛ **instant** 名 瞬間　形 即座の

for a moment
ちょっとの間

304 □ **decade**
[dékeɪd]
名 10年間

in the last decade
この10年で

The students **performed** the **task** very well.

その生徒たちはとてもうまく<u>その課題をやり遂げた</u>。

When you make a speech, try to keep a **positive** **attitude**.

スピーチをするときは，**積極的な態度**を保つように努めてください。

Tattoos have a **negative** **image** in some countries.

国によっては入れ墨には**良くない印象**がある。

It is often said that we should not **judge** people **by** **appearance**.

人を<u>外見</u>で<u>判断して</u>はいけないとよく言われる。

He told us about his **personal** **experience** of living abroad.

彼は私たちに海外生活の**個人的な経験**について話してくれた。

The winning time for the marathon was 2 hours 8 minutes and <u>32</u> **seconds**.

そのマラソンの優勝記録は2時間8分<u>32秒</u>だった。

Could you keep quiet <u>for a</u> **moment**?

<u>ちょっとの間</u>静かにしていていただけますか。

Many houses in this area were built <u>in the last</u> **decade**.

この地域の多くの家は<u>この10年</u>で建てられた。

スペリングに注目して覚える② un- をつけて反意語にできる形容詞

305 conscious
[ká(:)nʃəs]

形 意識がある，意識している
反 **unconscious** 意識を失った

become **conscious**
意識を取り戻す

306 pleasant
[pléz(ə)nt] 発音

形 楽しい，快い
反 **unpleasant** 不愉快な，不快な

a **pleasant** journey
楽しい旅

307 successful
[səksésf(ə)l] アク

形 成功した
反 **unsuccessful** 形 不成功の
⇨ **success** アク 名 成功

a **successful** artist
成功した芸術家

308 realistic
[rìːəlístɪk]

形 現実的な
反 **unrealistic** 非現実的な

it is **realistic** to *do*
～することは現実的だ

309 comfortable
[kʌ́mfərtəb(ə)l] アク

形 (家具・場所・服などが) 心地よい，
(人が) くつろいだ
反 **uncomfortable** 心地よくない

a **comfortable** sofa
心地よいソファー

310 certain
[sə́ːrt(ə)n]

形 ①確かな，確信して
反 **uncertain** 不確かな
②(明言を避けて) ある…，特定の…

it is **certain** that ...
…は間違いない

311 available
[əvéɪləb(ə)l]

形 ①利用可能な，入手可能な
②(人が) 手が空いている
反 **unavailable** 利用できない

be **available** in six colors
6色で入手可能な

> 他に able「～することができる」→ unable「～することができない」，
> necessary「必要な」→ unnecessary「不必要な」(→70)，usual「いつも
> の」→ unusual「珍しい」(→73) などがある。

文法・語法との関連で覚える⑨ 数えられない集合名詞〈生活に関する語〉

312 furniture
[fə́ːrnɪtʃər]

名 家具

buy **furniture**
家具を買う

313 baggage
[bǽgɪdʒ]

名 手荷物
同 **luggage**

one piece of **baggage**
1つの手荷物

314 clothing
[klóʊðɪŋ]

名 衣類
類 **clothes** 衣服 (→20)

warm **clothing**
暖かい衣類

> いずれも a をつけたり複数形にしたりせず，数えるときは a piece of[two
> pieces of] ... を使う。また，「多くの家具[手荷物／衣類]」と言いたい場合
> も，many で修飾せず，a lot of または much で修飾する。

He <u>became</u> **conscious** after he was taken to the hospital.	彼は病院に運ばれてから<u>意識を取り戻した</u>。
I hope you have <u>a</u> **pleasant** <u>journey</u>.	あなたが<u>楽しい旅</u>をすることを願っています。
He became <u>a</u> **successful** <u>artist</u> in his sixties.	彼は60代で<u>成功した芸術家</u>となった。
<u>It</u> <u>is</u> <u>not</u> **realistic** for us <u>to</u> <u>buy</u> a big house in Tokyo.	私たちにとって東京に大きな家<u>を買うことは</u> <u>現実的</u>ではない。
This is <u>a</u> very **comfortable** <u>sofa</u>. I can relax easily on it.	これはとても<u>心地よいソファー</u>だ。私はその上で容易にくつろげる。
<u>It</u> <u>is</u> now **certain** <u>that</u> Germany will get a medal for ski jumping.	いまやドイツがスキージャンプでメダルを取ること<u>は間違いない</u>。
This coat <u>is</u> **available** <u>in</u> <u>six</u> <u>colors</u>.	このコートは<u>6色で入手可能だ</u> [<u>6色取りそろえられている</u>]。

We need to <u>buy</u> some more **furniture** for our new house.	私たちは新しい家にもう少し<u>家具を買う</u>必要がある。
You are allowed to take only <u>one piece of</u> **baggage** on this flight.	この航空便には<u>手荷物を1つ</u>だけ持ち込むことが許されている。
If you go to Finland, take some <u>warm</u> **clothing**.	フィンランドに行くなら、<u>暖かい衣類</u>をいくつか持って行きなさい。

☞ I have <u>a lot of [much]</u> furniture in my room.
「私の部屋にはたくさんの家具がある。」

同じジャンルで覚える㉒　ポジティブな意味を持つ形容詞（1）

315 **ideal**
[aɪdíː(ə)l] アク
形 理想的な
the **ideal** age
理想的な年齢

316 **proper**
[prá(:)pər]
形 適切な，ちゃんとした
proper clothes
適切な服装

317 **suitable**
[súːtəb(ə)l]
形 適切な
⇨ suit 動 ①…に似合う　②…に適する（→151）
a **suitable** title
適切な題名

318 **appropriate**
[əpróupriət] 発音
形 適切な
反 inappropriate 不適切な
it is **appropriate** to *do*
〜することは適切だ

319 **confident**
[ká(:)nfɪd(ə)nt]
形 自信がある，確信した
⇨ confidence 名 自信，信頼
a **confident** speaker
自信に満ちた話者

320 **essential**
[ɪsénʃ(ə)l] アク
形 不可欠の，きわめて重要な
類 necessary 必要な（→70）
water is **essential**
水は不可欠だ

321 **valuable**
[vǽljəb(ə)l]
形 価値のある，役に立つ
関 invaluable 形 非常に貴重な
⇨ value 名 価値，価格
a **valuable** ring
価値のある指輪

似ていて紛らわしい語をセットで覚える⑤　〈形が似ている〉

322 **employer**
[ɪmplɔ́ɪər]
名 雇い主
⇨ employ 動 …を雇う
a good **employer**
良い雇い主

323 **employee**
[ɪmplɔ́ɪiː]
名 従業員
a young **employee**
若い従業員

324 **staff**
[stǽf]
名 （ある組織の）（全）スタッフ，職員
※集合名詞
sales **staff**
営業スタッフ

325 **stuff**
[stʌf]
名 物，事
※不可算名詞
lots of **stuff**
たくさんの物

What is your **ideal** age to get married?	あなたにとって結婚する**理想的な年齢**は何歳ですか。
You should wear **proper** clothes when you go to an expensive restaurant.	高級レストランに行くときは，**適切な服装**をすべきです。
Choose the most **suitable** title for the story.	その物語に最も**適切な題名**を選びなさい。
It is not **appropriate** to wear jeans to a job interview.	仕事の面接にジーンズ**をはいて行くのは適切ではない**。
Mariko is a very **confident** speaker of English.	真理子はとても**自信に満ちた**英語**話者**だ [**自信を持って**英語を**話す**]。
Clean water is **essential** for our life.	きれいな**水は**私たちの生活に**不可欠だ**。
My sister got a very **valuable** diamond ring from her fiancé.	私の姉は婚約者からとても**価値のある**ダイヤの**指輪**をもらった。
If you have good **employers**, you can enjoy working for them.	**良い雇い主**がいたら，彼らのために働くのを楽しめるだろう。
There are many young **employees** in this company.	この会社には多くの**若い従業員**がいる。
My uncle is a member of the sales **staff** at ABC company.	私のおじは ABC 社の**営業スタッフ**の一員だ。
My sister has lots of **stuff** in her schoolbag.	私の姉は通学かばんの中に**たくさんの物**を入れている。

似ていて紛らわしい語をセットで覚える⑥　〈形が似ている〉

326 daily
[déɪli]
形 毎日の, 日々の
同 everyday
a **daily** delivery
毎日の配達

327 dairy
[déəri] 発音
形 乳製品の, 牛乳から作られる
名 乳製品
dairy foods
乳製品

328 economy
[ɪká(ː)nəmi] アク
名 経済
the Japanese **economy**
日本経済

329 economic
[ìːkəná(ː)mɪk] アク
形 経済の
派 económics アク 名 経済学(→687)
an **economic** problem
経済問題

330 economical
[ìːkəná(ː)mɪk(ə)l] アク
形 経済的な, 節約になる
it is **economical** to do
〜することは経済的だ

331 rise [raɪz]
活 rise-rose-risen
動 上がる
名 増加, 上昇
prices **rise**
物価が上がる

332 arise [əráɪz]
活 arise-arose-arisen
動 生じる, 発生する
a problem **arises**
問題が発生する

333 raise
[reɪz]
動 ①…を上げる
②〈米〉(子ども)を育てる
raise one's hand
手を上げる

334 law
[lɔː] 発音
名 法律
⇨ lawyer 名 弁護士
a new **law**
新しい法律

335 raw
[rɔː] 発音
形 生の, 加工されていない
a **raw** vegetable
生野菜

336 row
[roʊ]
名 (人や物の横に並んだ)列, 座席の列
※縦に並んだ列は line と言う
in the second **row**
2列目で

There is a **daily** delivery of fresh vegetables to the store.	その店には**毎日**新鮮な野菜の**配達**がある。
I like **dairy** foods, such as cheese and yogurt.	私はチーズやヨーグルトなどの**乳製品**が好きだ。
Do you think the Japanese **economy** is getting better?	**日本経済**は良くなっていると思いますか。
It is usually very difficult to solve **economic** problems.	**経済**問題を解決することは，たいていとても難しい。
To go to Tokyo, it is more **economical** to take a bus than a train.	東京へ行くのに，電車を使うよりもバスを使うほうがより**経済的だ**。
Prices rose by 2% last year.	昨年は**物価が** 2 ％**上がった**。
Problems can **arise** between neighbors.	隣人間で問題が**発生する**こともある。
I **raised** my hand and asked a question.	私は**手を上げて**質問をした。
New **laws** are necessary to protect children.	子どもたちを守るために，新しい**法律**が必要だ。
Raw vegetables contain more vitamins than cooked vegetables.	**生**野菜は加熱調理された野菜よりもより多くのビタミンを含んでいる。
My seat was in the second **row** on the plane.	その飛行機での私の座席は 2 列目だった。

| 073 |

似ていて紛らわしい語をセットで覚える⑦ 〈発音が同じ〉

337 ☐	**mail** [meɪl]	名 郵便物 〈英〉post 動 …を郵便で送る 〈英〉post	foreign **mail** 国際郵便
338 ☐	**male** [meɪl]	形 男性の，雄の 名 男性，雄 ⊗ female 形 女性の，雌の 名 女性，雌	a **male** teacher 男性の先生
339 ☐	**principle** [prínsəp(ə)l]	名 ①主義 ②原理，原則	on **principle** 主義として

引き出し ☐ be against *one's* principle 「…の主義に反する」

340 ☐	**principal** [prínsəp(ə)l]	形 最も重要な，主要な 名 校長	a **principal** character 主要な登場人物
341 ☐	**sow** [soʊ] ⓐ sow-sowed-sown	動 …(の種)をまく	**sow** carrots ニンジンの種をまく
342 ☐	**sew** [soʊ] 発音 ⓐ sew-sewed-sewn	動 …を縫う，…を縫いつける	**sew** a dress ドレスを縫う
343 ☐	**bare** [beər]	形 裸の，むき出しの ⓢ naked ⇨ barely 副 かろうじて	in **bare** feet 素足で
344 ☐	**bear** [beər] ⓐ bear-bore-borne[born]	動 ①…に耐える ②(子)を産む ※②の意味では過去分詞は born	**bear** the smell そのにおいに耐える

同じジャンルで覚える㉓ 頻度を表す副詞

345 ☐	**constantly** [ká(:)nst(ə)ntli]	副 絶えず，いつも ⇨ constant 形 絶え間ない	be **constantly** eating いつも食べている
346 ☐	**frequently** [frí:kwəntli]	副 頻繁に ⇨ frequency 名 頻度 ⇨ frequent 形 頻繁な	**frequently** ask questions 頻繁に質問する
347 ☐	**occasionally** [əkéɪʒ(ə)n(ə)li]	副 時々 ⇨ occasion 名 (特定の)時，機会	**occasionally** eat out 時々外食する

constantly → frequently → occasionally の順に頻度が下がる。他に rarely (→406 **rare**)などがある。

All the post offices deal with <u>foreign</u> **mail**.	すべての郵便局は**国際郵便**を扱っている。
There are more **male** teachers at my school.	私の学校では，**男性の先生**の方が多い。
I never borrow money from others <u>on</u> **principle**.	私は**主義として**，決して他人からお金を借りない。
Jo is one of <u>the</u> **principal** <u>characters</u> in *Little Women*.	ジョーは『若草物語』の**主要な登場人物**の1人だ。
Now is the time to **sow** <u>carrots</u>.	今が**ニンジンの種をまく**時期だ。
My grandmother **sewed** <u>this dress</u> by hand.	私の祖母は手で**このドレスを縫って**くれた。
I love walking on the beach <u>in</u> **bare** <u>feet</u>.	私はビーチを**素足で**歩くことが大好きだ。
I can't **bear** <u>the smell</u> of vinegar.	私は酢の**においに耐え**られない。
Sheep <u>are</u> usually **constantly** <u>eating</u>.	ヒツジはたいてい**いつも食べている**。
I **frequently** <u>ask questions</u> in English classes.	私は英語の授業中**頻繁に質問をします**。
My family **occasionally** <u>eats out</u>.	私の家族は**時々外食する**。

文法・語法との関連で覚える⑩　目的語に動名詞を取る動詞(1)

348 □ **mind** [maɪnd]	動 (〜すること)**を気にする・いやだと思う**(doing)　名 **精神, 心**	**mind paying** 支払うのがいやだ
349 □ **consider** [kənsídər] **アク**	動 (〜すること)**をよく考える**(doing) ⇨ consideration 名 考慮	**consider becoming** a cook 料理人になることを考える
350 □ **avoid** [əvɔ́ɪd]	動 (〜すること)**を避ける**(doing)	**avoid eating** salt 塩分の摂取を避ける
351 □ **practice** [prǽktɪs]	動 (〜すること)**を練習する**(doing) 名 ①(反復)**練習**　②**実践** 成 in practice (→1987)	**practice speaking** English 英語を話す練習をする

> これらの動詞は動名詞の他に名詞も目的語に取る。
> ☞ My father always **avoids** the rush hour when he goes to work.
> 「私の父は通勤の際いつもラッシュアワーを避ける。」
> 同様の動詞には enjoy / finish / stop などがある。

文法・語法との関連で覚える⑪　目的語に不定詞を取る動詞

352 □ **promise** [prɑ́(:)məs]	動 (〜すること)**を約束する**(to do) 名 **約束**	**promise to return** 帰ってくると約束する
353 □ **expect** [ɪkspékt]	動 ①【expect to do】**〜することを予想する, 〜するつもりだ** ⇨ expectation 名 期待, 予期	**expect to see** him 彼に会うと予想する
	動 ②【expect A to do】**Aが〜することを期待する・予期する**	**expect** A **to invite** me Aが私を招待するのを期待する
354 □ **decide** [dɪsáɪd]	動 (〜すること)**を決める**(to do) ⇨ decision 名 決定, 決心	**decide to buy** a car 車を買うと決める

> promise, expect, decide は目的語に that 節を取ることもできる。

355 □ **mean** [mi:n] 活 mean-meant-meant	動 ①【- to do】**〜するつもりである** ②**…を意味する**	**mean to surprise** you あなたを驚かせるつもりだ
356 □ **manage** [mǽnɪdʒ]	動 ①【- to do】**何とかして〜する** ②**…を管理する** ⇨ management 名 経営, 管理	**manage to arrive** 何とか到着する
357 □ **afford** [əfɔ́:rd]	動 (金銭的・時間的に)(〜する)**余裕がある**(to do)　※ can を伴って	can't **afford to travel** 旅行する余裕がない

I don't **mind** **paying** a little more for a better hotel.	より良いホテルにもう少し<u>支払うのはいやでは</u>ない。
Have you ever **considered** **becoming** <u>a cook</u>?	あなたは今までに<u>料理人になろうと考えた</u>ことはありますか。
My father **avoids** **eating** too much <u>salt</u>.	父は過度な<u>塩分の摂取を避けている</u>。
I must **practice** **speaking** <u>English</u> for the TOEFL test.	私は TOEFL 試験のために<u>英語を話す練習をし</u>なければならない。

He **promised** **to return** the next morning.	彼は翌朝に<u>帰ってくると約束した</u>。
I **expected** **to see** <u>him</u> at the party, but he didn't come.	私はパーティで<u>彼に会うと予想していた</u>が，彼は来なかった。
I **expect** <u>Tom</u> **to invite** <u>me</u> to his wedding.	私は<u>トムが私を</u>彼の結婚式に<u>招待してくれるのを期待している</u>。
I have **decided** **to buy** <u>a</u> used <u>car</u>.	私は中古<u>車を買うと決めた</u>。

☞ I promise <u>that</u> I will clean my room this week. 「今週部屋の掃除をすると約束するよ。」

I didn't **mean** **to surprise** <u>you</u>.	私は<u>あなたを驚かせるつもりは</u>ありませんでした。
They **managed** **to arrive** on time.	彼らは<u>何とか</u>時間通りに<u>到着した</u>。
I <u>can't</u> **afford** **to travel** abroad this summer.	私はこの夏に海外<u>旅行をする余裕がない</u>。

似ていて紛らわしい語をセットで覚える⑧　〈意味が似ている〉

358 **act**
[ǽkt]

動 行動する　名 ①行為　②法律
⇨ action 名 行動

act quickly
すばやく行動する

359 **behave**
[bɪhéɪv]

動 ふるまう
⇨ behavior 名 ふるまい，行儀

behave nicely
行儀良くふるまう

360 **hate**
[héɪt]

動 (～すること)をひどく嫌う
(to do/doing)

hate cleaning
掃除をひどく嫌う

361 **dislike**
[dɪsláɪk]

動 …を嫌う
反 like …が好きだ

dislike dogs
イヌを嫌う

362 **hurry**
[hə́ːri]

動 急ぐ　名 急ぎ

have to **hurry**
急ぐ必要がある

363 **rush**
[rʌ́ʃ]

動 (Aに)大急ぎで向かう(to A)
名 あわただしさ

rush to school
大急ぎで学校に行く

364 **excuse**
[ɪkskjúːz] 発音

動 (Aのことで)(人)を許す(for A)
名 [ɪkskjúːs] 言い訳
熟 make an excuse (→525)

excuse me for A
Aのことで私を許す

365 **forgive** [fərgív]
活 forgive-forgave-forgiven

動 (Aのことで)(人)を許す(for A)

forgive me for A
Aのことで私を許す

> excuse は些細な失敗や無礼を許す場合に使うのに対して，forgive は深刻な過失や罪を許す場合に用いる。

スペリングに注目して覚える③　「…に向けて伸ばす」の意味の -tend を含む動詞

366 **intend**
[ɪnténd]

動 【- to do】～するつもりだ
⇨ intention 名 意図

intend to go to bed early
早く寝るつもりだ

367 **pretend**
[prɪténd]

動 【- to do】～するふりをする

pretend to be studying
勉強しているふりをする

> tend は「…に向けて伸ばす」の意味。intend は「心の中(= in)で…に向けて伸ばす」→「…を意図する」，pretend は「…を前方(= pre)に向けて伸ばす」→「(人前で)…を装う・ふりをする」と考えるとよい。他に extend (→894)がある。

When he saw the fire, he **acted** very quickly and called 119.	火事を見たとき，彼はとても<u>すばやく行動し</u>119番に電話した。
His child always **behaves** nicely.	彼の子どもはいつも<u>行儀良くふるまう</u>。
I **hate** cleaning, but I know I should do it.	私は<u>掃除が大嫌い</u>だが，それをすべきだとはわかっている。
I don't **dislike** dogs, but they are not my favorite animals.	私は<u>イヌが嫌い</u>ではないが，大好きな動物でもない。
We don't have to **hurry**. There is plenty of time.	私たちは<u>急ぐ必要は</u>ありません。十分な時間があります。
I **rushed** to school, but I was late for the first class.	私は<u>大急ぎで学校に行った</u>が，最初の授業に遅れてしまった。
Excuse me for calling you so late.	こんなに遅くに電話した<u>ことを許してください</u>。
Please **forgive** me for being late for this important meeting.	この大切な会議に遅刻した<u>ことを許して</u>ください。

| I **intended** to go to bed early last night, but I was too busy. | 私は昨夜<u>早く寝るつもりだった</u>が，忙し過ぎた。 |
| I often **pretend** to be studying in my room. | 私はよく自分の部屋で<u>勉強しているふりをする</u>。 |

同じジャンルで覚える㉔ 提案・要求を表す動詞

368 ☐	**recommend** [rèkəménd] アク	動 …を勧める ⇨ **recommendation** 名 勧め	**recommend** (that) S+原形 Sが〜することを勧める
369 ☐	**suggest** [səgdʒést]	動 …を提案する ⇨ **suggestion** 名 提案	**suggest** (that) S+原形 Sが〜することを提案する
370 ☐	**demand** [dɪmǽnd]	動 …を要求する 名 需要，要求 熟 be in demand(→1980) /on demand(→1438)	**demand** (that) S+原形 Sが〜することを要求する
371 ☐	**request** [rɪkwést]	動 …を要請する 名 (Aを求める)要請・依頼(for A)	**request** that S+原形 Sが〜することを要請する
372 ☐	**insist** [ɪnsíst]	動 …を強く主張する・要求する 熟 insist on *doing* [名詞] (→1133)	**insist** (that) S+原形 Sが〜することを強く主張する

これらの動詞に続く that 節の中では，動詞は原形にするのが普通(それぞれの例文を参照)。

373 ☐	**propose** [prəpóuz]	動 …を提案する ⇨ **proposal** 名 提案，結婚の申し込み	**propose** to *do* 〜することを提案する
374 ☐	**advise** [ədváɪz] 発音	動 …に助言する・忠告する ⇨ **advice**[ədváɪs] 名 助言 ※不可算名詞	**advise** A to *do* 〜するようAに助言する
375 ☐	**require** [rɪkwáɪər]	動 …を必要とする・要求する ⇨ **requirement** 名 必要なもの	**require** A to *do* 〜するようAに要求する

同じジャンルで覚える㉕ 助ける・守るの意味を持つ語

376 ☐	**support** [səpɔ́ːrt]	動 ①…を支持する，…を支援する ②…を養う ③(説明など)を裏付ける 名 支持，支援	always **support** you いつでも君を支持する
377 ☐	**assist** [əsíst]	動 …を手伝う，…を援助する ⇨ **assistance** 名 援助 ⇨ **assistant** 名 助手，アシスタント	**assist** A in *doing* Aが〜するのを手伝う
378 ☐	**aid** [eɪd]	名 援助，補助具 動 …を援助する，…を支援する	foreign **aid** 外国からの援助
379 ☐	**protect** [prətékt]	動 …を保護する，…を守る ⇨ **protection** 名 保護	**protect** *one's* young 子どもを守る

I **recommend** (that) you eat *okonomiyaki* if you go to Hiroshima.

もしあなたが広島に行くならお好み焼きを食べることをお勧めします。

The doctor **suggested** (that) he eat more vegetables.

その医者は彼にもっと野菜を食べるよう提案した。

Some people **demand** (that) rich people pay more tax.

裕福な人がもっと税金を払うことを要求する人もいる。

The police officer **requested** that I show my driving license.

その警察官は私が運転免許証を提示することを要請した。

My parents **insist** (that) I study law at university.

私の両親は私が大学で法律を学ぶことを強く主張している。

What did he **propose** to do to solve the problem?

彼はその問題を解決するために何をすることを提案しましたか。

The doctor **advised** me to walk more.

その医者はもっと歩くよう私に助言した。

The hotel **requires** us to check out before 10 tomorrow morning.

ホテルは明日の朝10時より前にチェックアウトするよう私たちに求めている。

If you become the class leader, I'll always **support** you.

君が学級委員長になったら, 私はいつでも君を支持するよ。

His coach **assisted** him greatly in preparing for the Olympics.

彼のコーチは彼がオリンピックへの準備をするのを大いに手助けした。

After the big earthquake, a lot of foreign **aid** arrived.

その大きな地震のあと, 多くの外国からの援助が届いた。

Animals will attack in order to **protect** their young.

動物は子どもを守るために攻撃する。

似ていて紛らわしい語をセットで覚える⑨ 〈意味が似ている〉

380 remember
[rimémbər]

動 …を覚えている，…を思い出す

remember the first day
初日を思い出す

381 memorize
[méməràiz]

動 …を(努めて)暗記する
⇨ **memory** 名 記憶(力)，思い出す(→42)

memorize 100 words
100単語を暗記する

remember は覚えている「状態」を表すのが原則だが，memorize は学習等で

382 agree
[əgríː]

動 意見が一致する，同意する
反 **disagree** 意見が異なる，反対する
⇨ **agreement** 名 同意，協定

agree to *one's* idea
意見に同意する

383 approve
[əprúːv]

動 ①(Aに)賛成する(of A)
　②(公式に)…を承認する
⇨ **approval** 名 賛成，承認

approve of *one's* marriage
結婚に賛成する

agree to A は「(提案など)に同意する」ことを意味し，Aに「人」は取らない。
「人」と意見が一致し，賛成の意を表す場合は前置詞は to ではなく with を使う。

384 beat [biːt]
過 beat-beat-beaten

動 …を打ち負かす，…に勝利する

beat Germany
ドイツに勝利する

385 defeat
[dɪfíːt]

動 …を打ち負かす
名 敗北

hate to be **defeated**
負かされるのを嫌う

386 explain
[ɪkspléɪn]

動 …を説明する
⇨ **explanation** 名 説明

explain how to *do*
～するやり方を説明する

387 describe
[dɪskráɪb]

動 …を描写する，…の特徴を説明する
⇨ **description** 名 描写，説明

describe *one's* life
～の暮らしを描写する

explain が物事のやり方や出来事などをわかりやすく説明することを意味する

文法・語法との関連で覚える⑫ 品詞による意味の違いに注意すべき語(2)

388 face
[feɪs]

動 (困難など)に直面する
名 顔，顔面

face a problem
問題に直面する

389 head
[hed]

動 (Aへと)向かう(for A)
名 頭，頭部

head for Florida
フロリダに向かう

390 train
[treɪn]

動 …を訓練する，トレーニングする　名 列車

train a dog to *do*
～するようイヌを訓練する

Can you **remember** your first day at elementary school?

あなたは小学校の初日を思い出せますか。

I need to **memorize** 100 words for our English test tomorrow.

明日の英語のテストのために100単語を暗記する必要がある。

何かを努力して「記憶する」ことを意味する。

We **agreed** to the teacher's idea of going to Okinawa as a school trip.

私たちは沖縄に修学旅行に行くという先生の意見に同意しました。

Did her parents **approve** of her marriage?

彼女の両親は彼女の結婚に賛成したのですか。

☞ I agree with you. 「私はあなたに賛成です。」

Brazil **beat** Germany 2−0 in the Soccer World Cup.

サッカーワールドカップで，ブラジルは2−0でドイツに勝利した。

I'll try again, because I hate to be **defeated**.

私は負かされるのが嫌いなので，もう一度挑戦する。

Can you **explain** how to use this word?

この単語の使い方を説明してくれますか。

This movie **describes** people's lives during the First World War.

この映画は第一次世界大戦中の人々の暮らしを描いている。

のに対し，describe は物事の特徴や様子を言葉などで描写することを意味する。

People usually **face** many problems in life.

人は普通，一生のうちに多くの問題に直面する。

The hurricane is **heading** for Florida.

そのハリケーンはフロリダに向かっている。

Some dogs can be **trained** to guide blind people.

目が不自由な人を導くよう訓練することができるイヌもいる。

文法・語法との関連で覚える⑬　２つの異なる意味に注意すべき語(1)

391 □ **appear**
[əpíər]

動 ①【appear (to be) C】…**に見える・思える** ⑩ **seem**

appear (to be) rich
金持ち<u>のように思える</u>

動 ②**現れる**　⇔ **disappear** 消える
⇨ **appearance** 图 ①外見　②出現(→299)

appear from behind A
Aの後ろから<u>現れる</u>

392 □ **miss**
[mɪs]

動 ①(人・物)**がいなくて[なくて]寂しく思う**

miss my parents
両親<u>がいなくて寂しい</u>

動 ②(好機・電車など)**を逃す**

miss the chance
チャンス<u>を逃す</u>

393 □ **attend**
[əténd]

動 ①…**に出席する**
⇨ **attendance** 图 出席

attend a meeting
会議<u>に出席する</u>

動 ②【- to A】A**を扱う・処理する**
⑯ **work on** A　Aに取り組む(→1421)

attend to many things
多くのこと<u>を処理する</u>

同じジャンルで覚える㉖　「最近」の意味の副詞

394 □ **recently**
[ríːs(ə)ntli]

副 **最近**　※過去形・現在完了形で用いる
⇨ **recent** 形 最近の

visited Guam **recently**
<u>最近</u>グアムを訪れた

395 □ **lately**
[léɪtli]

副 **最近**　※主に現在完了形で用いる

have seen a movie **lately**
<u>最近</u>映画を見た

396 □ **nowadays**
[ná(ʊ)ədèɪz]

副 **近頃**　※現在形で用いる
⑩ **these days** (→241)

send e-mails **nowadays**
<u>近頃</u>はメールを出す

それぞれ使用される時制に注意。現在時制の文では普通 recently や lately は

同じジャンルで覚える㉗　時に関する副詞(1)

397 □ **gradually**
[grǽdʒu(ə)li]

副 **徐々に，だんだんと**
⇨ **gradual** 形 徐々の

gradually get better
<u>だんだん</u>うまくなる

398 □ **immediately**
[ɪmíːdiətli]

副 **直ちに**
⇨ **immediate** 形 即座の

immediately after …
…の<u>すぐ</u>あとに

399 □ **instantly**
[ínst(ə)ntli]

副 **即座に**
⇨ **instant** 图 瞬間　形 即座の

disappear **instantly**
<u>即座に</u>消える

| She **appeared** to be very rich because she had a big diamond ring. | 大きなダイヤの指輪を持っていたので、彼女はとても金持ちのように思えた。 |

| A car suddenly **appeared** from behind the building. | 建物の後ろから突然車が現れた。 |

| It has been two months since I came to New York. I **miss** my parents so much. | 私がニューヨークに来て2カ月がたった。両親がいなくてとても寂しい。 |

| I **missed** the chance to go to the concert because I was ill in the hospital then. | 私はその時病気で入院していたので、コンサートに行くチャンスを逃した。 |

| I have to **attend** two meetings tomorrow. | 私は明日2つの会議に出席しなければならない。 |

| Teachers have to **attend to** many things as well as preparing lessons. | 教師は授業の準備だけでなく、多くのことを処理しなければならない。 |

| I visited Guam on a group tour **recently**. | 私は最近団体旅行でグアムを訪れた。 |

| I haven't seen any movies **lately** because I have been too busy. | 忙しすぎるので、最近何も映画を見ていない。 |

| We usually send e-mails **nowadays**, not letters. | 近頃では、手紙ではなくメールを出すのが普通です。 |

用いず、nowadays を用いる。

| I'm **gradually** getting better at playing the piano. | 私はだんだんピアノを弾くのがうまくなっている。 |

| I didn't start to work **immediately** after I finished university. I studied abroad. | 私は大学卒業後すぐに働き始めませんでした。留学したのです。 |

| My headache disappeared **instantly** when I took the medicine. | その薬を飲むと私の頭痛は即座に消えた。 |

コロケーションで覚える⑧

400 scientific
[sà(ɪ)əntífɪk] アク
形 科学の，科学的な
⇨ science 名 科学
a scientific experiment
科学的実験

401 experiment
[ɪkspérɪmənt]
名 実験
⇨ experimental 形 実験的な

402 technical
[téknɪk(ə)l]
形 ①専門的な
②技術上の
a technical term
専門用語

403 term
[təːrm]
名 ①(専門)用語
②(学校の)学期

404 electronic
[ɪlèktrá(ː)nɪk] アク
形 電子工学の，電子の
⑩ eléctric 形 電気の，電動の
electronic equipment
電子機器

405 equipment
[ɪkwípmənt]
名 装置，機器
※数えられない集合名詞
⇨ equip 動 …を備えつける

406 rare
[reər]
形 まれな，希少価値のある
⇨ rarely 副 めったに～しない
a rare metal
希少金属 [レアメタル]

407 metal
[mét(ə)l]
名 金属

同じジャンルで覚える㉘　調査や分析に関する語

408 examine
[ɪgzǽmɪn]
動 …を調べる，…を診察する
⇨ examination 名 調査，試験
examine a patient
患者を診察する

409 analyze
[ǽnəlàɪz]
動 …を分析する
⇨ análysis 名 分析(結果) (→1475)
⇨ ánalyst 名 分析者
analyze the data
データを分析する

410 record
[rɪkɔ́ːrd] アク
動 …を記録する，…を録音・録画する　名 [rékərd] 記録
record an earthquake
地震を記録する

411 measure
[méʒər] 発音
動 …をはかる　名 【-s】対策
⇨ measurement 名 測定
measure the noise level
騒音レベルをはかる

412 weigh
[weɪ] 発音
動 【weigh C】…の重さがある
⇨ weight 名 重さ
weigh 20 kilograms
20キロの重さがある

They learned some interesting facts through their **scientific** **experiments**.

彼らは自分たちの<u>**科学的実験**</u>を通じていくつか面白い事実を知った。

His explanation was very easy to understand because he avoided using **technical terms**.

<u>**専門用語**</u>を使うのを避けていたので，彼の説明はとても理解しやすかった。

Do you think **electronic equipment** can make our lives better?

<u>**電子機器**</u>は私たちの生活をより良くすると思いますか。

Rare metals are used in your phone and computer.

<u>**レアメタル**</u>はあなたの電話やコンピューターに使われている。

The doctor **examined** the patient.

その医者は<u>患者を診察した</u>。

We have to **analyze** the data carefully.

私たちは注意深く<u>データを分析し</u>なければならない。

Even a very small earthquake can be **recorded** by this machine.

この機械を使えば非常に小さい<u>地震</u>でさえも<u>記録する</u>ことができる。

Noise levels are often **measured** around airports.

空港の周りではよく<u>騒音レベルがはかられる</u>。

My suitcase may **weigh** over 20 kilograms.

私のスーツケースは<u>20キロ</u>以上の<u>重さがある</u>かもしれない。

コロケーションで覚える⑨　〈情報〉

413 information
[ìnfərméɪʃ(ə)n]

名 情報
⇨ inform 動 …に知らせる(→1716)

information technology
情報技術

414 technology
[teknά(:)lədʒi]

名 科学技術，テクノロジー
⇨ technological 形 科学技術の

information technology は頭文字を取って IT と言うことが多い。
☞ IT industry「IT 産業」

415 access
[ǽkses]

動 …にアクセスする・接続する
名 アクセス，接近(方法)
⇨ accessible 形 行ける，利用できる

access a website
ウェブサイトにアクセスする

416 website
[wébsàɪt]

名 ウェブサイト
類 site ①(ウェブ)サイト　②場所(→915)
関 homepage 名 サイトのトップページ

417 attach
[ətǽtʃ]

動 …をつける，…を添付する
⇨ attachment 名 付属品，添付書類

an attached document
添付された文書

418 document
[dά(:)kjəmənt]

名 文書，書類
⇨ documentary 名 記録作品，ドキュメンタリー

引き出し　I am attaching the document.「文書を添付します。」

スペリングに注目して覚える④　「広い」の意味の broad を含む語

419 broad
[brɔːd]

形 幅の広い，広範囲に及ぶ
反 narrow 狭い(→112)
⇨ broaden 動 …を広くする

a broad mind
広い心

broad「広い」⇔ narrow「狭い」の関係も覚えておきたい。

420 abroad
[əbrɔ́ːd]

副 外国へ，外国で
類 overseas 海外へ(→505)

go abroad
外国に行く

abroad は名詞ではなく副詞なので前置詞は不要だが，×go to abroad とする誤りが見られるので注意。

421 broadcast [brɔ́ːdkæ̀st]
活 broadcast-broadcast-broadcast

動 …を放送する
※ cast は「投げる」の意味

broadcast a game
試合を放送する

Information technology has made our lives more convenient.

情報技術は私たちの生活をより便利にした。

また, information は数えられない名詞なので × an information や × informations としない点に注意。

For more information, please **access** the following **website**.

さらに詳しい情報については, 次のウェブサイトにアクセスしてください。

Please see the **attached document**.

添付の文書をご覧ください。

Attached (to this e-mail) is my report. 「(このメールに)私のレポートを添付します。」

We need to keep a **broad** mind when we meet new people.

私たちは新しい人々に会うとき, 広い心を保たなければいけない。

I was ten years old when I first went **abroad**.

初めて外国に行ったとき, 私は10歳だった。

The soccer game will be **broadcast** live.

そのサッカーの試合は生放送される。

同じジャンルで覚える㉙　進歩を表す語

422 □ **progress**
[prá(:)grəs]

名 進歩，進展
動 進歩する

make **progress**
進展する

423 □ **development**
[dɪvéləpmənt] アク

名 ①発達，発展
②(製品などの)開発

the **development** of science　科学の発展

424 □ **advance**
[ədvǽns]

名 進歩，前進
⇨ **advanced** 形 先進的な
熟 **in advance** (→1733)

the **advance** of science
科学の進歩

似ていて紛らわしい語をセットで覚える⑩　〈意味が似ている〉

425 □ **lie** [laɪ]
活 ① lie-lay-lain; lying
② lie-lied-lied; lying

動 ①横になる，寝ころぶ
②うそをつく　名 うそ

lie on the sofa
ソファーに横になる

426 □ **lay** [leɪ]
活 lay-laid-laid

動 …を横たえる，
…を(横にして)置く

lay a baby
赤ちゃんを寝かせる

lie は「うそをつく」の意味にも注意。☞ After I **lied** to my sister, I felt sorry.「姉にうそをついたあとで，私は申し訳なく感じた。」

427 □ **contain**
[kəntéɪn]

動 …を含む
⇨ **container** 名 容器

contain sugar
砂糖を含む

428 □ **include**
[ɪnklúːd]

動 …を含む
反 **exclude** …を除外する(→1089)
⇨ **including** 前 …を含めて

include lunch
昼食を含む

一般的に，contain は成分や内訳など，具体的な中身として何かを含んでいる場合に主に用いられ，include は何かが全体の一部として含まれているか

スペリングに注目して覚える⑤　「～の方へ」の意味の -ward で終わる副詞

429 □ **forward**
[fɔ́ːrwərd]

副 前方へ，前に向かって
熟 **look forward to** *doing*[名詞](→540)

move **forward**
前方に移動する

430 □ **backward**
[bǽkwərd]

副 ①後方へ，後ろ向きに
②逆に

skate **backward**
後ろ向きに滑る

431 □ **afterward**
[ǽftərwərd]

副 あとで，そのあと

feel sick **afterward**
あとで気分が悪くなる

〈英〉ではそれぞれ forwards, backwards, afterwards を用いる。

I've <u>made</u> great **progress** in my work today.	今日私の仕事は大いに<u>**進展した**</u>。
We talked about <u>the</u> **development** of <u>science</u> in the 21st century.	私たちは21世紀の<u>科学の**発展**</u>について話した。
I am amazed at <u>the</u> **advance** of <u>science</u> in recent years.	私は近年の<u>科学の**進歩**</u>に驚いている。

I often see my cat **lying** <u>on</u> <u>the</u> <u>sofa</u>.	私はうちのネコが<u>**ソファーに横になっている**</u>のをよく見る。
She **laid** <u>the</u> <u>baby</u> on the bed.	彼女はベッドに<u>赤ちゃん**を寝かせた**</u>。

また，lay には「卵を産む」の意味もある。

This orange juice **contains** a lot of <u>sugar</u>.	このオレンジジュースには多くの<u>砂糖**が含まれている**</u>。
This tour **includes** <u>lunch</u> at a five-star hotel.	このツアーには5つ星ホテルの<u>昼食**が含まれている**</u>。

どうかに関心がある場合に主に用いられる。contain は「物理的」，include は「概念的」と大まかにまとめることができる。

Could you <u>move</u> **forward** a little, please?	少し<u>**前方に移動して**</u>いただけますか。
Figure skaters <u>skate</u> **backward** before they jump.	フィギュアスケート選手は，ジャンプする前に<u>**後ろ向きに滑る**</u>。
She ate three cakes and she <u>felt</u> <u>sick</u> **afterward**.	彼女はケーキを3つ食べて，<u>**あとで気分が悪くなった**</u>。

同じジャンルで覚える㉚ 交通・旅行に関する語（1）

432 wheel
[(h)wíːl]

名 ①車輪 鬩 tire タイヤ〈英〉tyre
②【the -】（自動車の）ハンドル

have three **wheels**
車輪が３つある

433 lane
[léin]

名 車線，小道

a bus **lane**
バス専用車線

434 path
[pǽθ]

名 (小)道，進路
鬩 way 道，道筋／street 通り

walk along the **path**
小道に沿って歩く

435 vehicle
[víːək(ə)l] 発音

名 乗り物，車

no **vehicle** is allowed
車両の進入は禁止されている

436 delay
[diléi]

動 …を遅らせる，…を延期する
名 遅れ，延期

my flight was **delayed**
私の便は遅れた

437 depart
[dipáːrt]

動 出発する
⇨ departure 名 出発

depart from platform 3
３番ホームから出発する

438 board
[bɔ́ːrd]

動 …に乗り込む，…に搭乗する
⇨ aboard 副 (乗り物に)乗って(= on board)

board a plane
飛行機に搭乗する

439 crew
[krúː]

名 乗組員，乗務員 ※集合名詞

cabin **crew**
客室乗務員

> crew は一人ひとりの「乗組員」を指すのではなく，family などと同様集合
> 名詞で，ある飛行機の乗組員全体を指す場合でも単数形で用いるのが原則
> （× crews のようにしない）。

440 passenger
[pǽsɪn(d)ʒər]

名 乗客，旅客

a first-class **passenger**
ファーストクラスの乗客

文法・語法との関連で覚える⑭ 複数の異なる意味に注意すべき語

441 character
[kǽrəktər]

名 ①性格 ②登場人物
③(漢字などの)文字

a strong **character**
(意志が)強い性格

442 figure
[fígjər]

名 ①数値，数字 ②姿
③図

the **figure** shows A
その数字はＡを示す

443 plant
[plǽnt]

名 ①植物 ②工場(= factory)
動 …を植える

a wild **plant**
野生の植物[山菜]

"Tri" means "three." For example, a tricycle <u>has three</u> **wheels**.	"tri" は "3" を意味する。たとえば，三輪車には**車輪が3つある**。
Our city has more <u>bus</u> **lanes** now.	今私たちの街にはより多くの<u>バス専用車線</u>があります。
We <u>walked along the</u> **path** around the lake.	私たちは湖の周りの<u>小道に沿って歩いた</u>。
<u>No</u> **vehicle** <u>is allowed</u> beyond this point.	ここから先，<u>車両の進入は禁止されている</u>。
<u>My</u> flight <u>was</u> **delayed** by over three hours.	<u>私の便は</u>3時間以上<u>遅れた</u>。
The train for Tokyo will **depart** <u>from platform 3</u> at 10 : 25.	東京行きの電車は10時25分に<u>3番ホームから</u>**出発する**。
I couldn't **board** <u>the plane</u> because the gate had already closed.	ゲートがすでに閉まっていたので，私は<u>飛行機に</u>**搭乗**できなかった。
<u>Cabin</u> **crew**, take your seats. ※飛行機が離着陸する前のアナウンス	<u>客室乗務員</u>は座席についてください。
Only <u>first-class</u> **passengers** can use the lounge.	<u>ファーストクラスの乗客</u>だけがそのラウンジを利用できる。
He was a successful leader because of his <u>strong</u> **character**.	彼はその<u>強い</u>**性格**のおかげで成功を収めた指導者だった。
<u>The</u> **figure** <u>shows</u> the number of people traveling abroad last year.	<u>その</u>**数字**は昨年海外旅行をした人の数<u>を示している</u>。
We sometimes eat <u>wild</u> **plants** in spring in Japan.	日本では春に<u>山菜</u>を食べることがある。

コロケーションで覚える⑩

444 **traffic**
[trǽfɪk]

名 交通

a traffic jam
交通渋滞

445 **jam**
[dʒǽm]

名 込み合い，混雑
動 ①…を詰め込む　②群がる

446 **confirm**
[kənfə́ːrm]

動 …を確認する
⇨ confirmation 名 確認

confirm *one's* **reservation**
予約を確認する

447 **reservation**
[rèzərvéɪʃ(ə)n]

名 予約
⇨ reserve 動 …を予約する

> 「予約する(行為)」は make a reservation と言う(→529)。また「予約している(状態)」は have a reservation と言う(→516)。

448 **safety**
[séɪfti]

名 安全
⇨ safe 形 安全な

the safety standards
安全基準

449 **standard**
[stǽndərd]

名 基準，規範

> この意味での「基準」は複数ある場合が多いので，standards と複数形にするのが普通。

文法・語法との関連で覚える⑮　後ろの前置詞とともに覚える動詞(1)〈to〉

450 **object**
[əbdʒékt] アク

動 (Aに)反対する(to A)
⇨ objection 名 反対(意見)

object to *one's* **idea**
…の考えに反対する

451 **react**
[riǽkt]

動 (Aに)反応する(to A)
⇨ reaction 名 反応

react to the news
知らせに反応する

452 **reply**
[rɪpláɪ]

動 (Aに)返事をする(to A)
名 返事

reply to an e-mail
メールに返事をする

453 **respond**
[rɪspá(ː)nd]

動 (Aに)応じる・応答する(to A)
⇨ response 名 反応，応答

respond to a request
要請に応じる

454 **contribute**
[kəntríbjuːt] アク

動 (Aに)貢献する(to A)
⇨ contribution 名 貢献

contribute to a study
研究に貢献する

Traffic jams on this street are always serious in the morning.

この通りでは朝はいつも**交通渋滞**が深刻だ。

I'd like to **confirm** my **reservation** for the 20th of this month.

今月20日の**予約を確認し**たいのですが。

Many drivers are conscious about the **safety standards** for cars nowadays.

近頃では多くのドライバーが車の**安全基準**について気にしている。

My parents **objected to** my idea of becoming a singer.

両親は歌手になりたいという**私の考えに反対した**。

How did your family **react to** your news?

家族は**あなたの知らせに**どう**反応した**のですか。

He usually **replies to** my e-mails very quickly.

彼はたいてい早急に**私のメールに返事をくれる**。

He didn't **respond to** my request for help.

彼は助けを求める**私の要請に応じ**なかった。

Dr. Jones has **contributed to** the study of the brain.

ジョーンズ博士は脳の**研究に貢献し**てきた。

同じジャンルで覚える㉛　「個別」を表す形容詞

455 **individual**
[ìndəvídʒu(ə)l] アク
形 個々の，一人ひとり[一つひとつ]の
名 個人

individual students
一人ひとりの生徒

456 **separate**
[sép(ə)rət] 発音
形 別々の，離れた
動 [sépərèit] …を引き離す

two **separate** islands
2つの別々の島

457 **specific**
[spəsífik] アク
形 ①特定の　②具体的な
⇨ specifically 副 特に，明確に

a **specific** age group
特定の年齢層

458 **private**
[práivət] 発音
形 私的な，個人的な
⇨ privacy 名 プライバシー
成 in private (→1985)

他に personal (→300) がある。

a **private** life
私生活

同じジャンルで覚える㉜　物の一部分を表す名詞

459 **surface**
[sə́:rfəs] 発音
名 表面
形 表面の

the earth's **surface**
地球の表面

460 **edge**
[edʒ] 発音
名 ①端，ふち　②(刃物の)刃
関 frame 名 枠，(額などの)ふち(→1643)

the **edge** of the cliff
崖のふち

461 **corner**
[kɔ́:rnər]
名 (町)かど，すみ

in the **corner**
すみに

462 **tip**
[tip]
名 (尖った物・長い物の)先，先端

the **tip** of its tail
しっぽの先端

463 **side**
[said]
名 側，側面

the other **side**
裏側

464 **top**
[tɑ(:)p]
名 [the -] 一番上，上部

the **top** of the mountain
山頂

465 **bottom**
[bɑ́(:)təm]
名 [the -] 一番下，底

the fifth line from the
bottom　下から5行目

Individual students in my class need to make presentations.	私のクラスでは**一人ひとりの生徒**がプレゼンテーションをしなければならない。
New Zealand is made up of two **separate** islands.	ニュージーランドは2つの**別々の島**から成る。
Toys are often designed for **specific** age groups.	おもちゃはしばしば**特定の年齢層**に向けてデザインされる。
The magazine reported on the **private life** of the singer.	その雑誌はその歌手の**私生活**について報道した。

Only 30% of the earth's **surface** is land.	**地球の表面**のうち，陸地はほんの30%しかない。
Please keep away from the **edge** of the cliff.	**崖のふち**に近寄らないでください。
Could we sit at that table in the **corner**?	**すみにある**あのテーブルに座ってもいいですか。
My cat is white, but the **tip** of its tail is black.	私のネコは白いが，**しっぽの先端**は黒い。
There are more questions on the other **side** of the paper.	紙の**裏側**にさらに問題があります。
The **top** of the mountain was in the clouds.	**山頂**は雲の中だった。
Look at the fifth line from the **bottom**.	**下から5行目**を見てください。

反対の意味を持つ語をセットで覚える② 〈形容詞〉

466 **awake**
[əwéɪk]

形 目が覚めて，起きていて
⇨ wake 動 目を覚ます

be still **awake**
まだ起きている

467 **asleep**
[əslíːp]

形 眠って
⇨ sleep 動 眠る

fall **asleep**
眠りに落ちる

> awake, asleep のいずれも名詞の前に置いて修飾することはできない。
> たとえば「眠っている子ども」は × an asleep child とすることはできない。

468 **tight**
[taɪt]

形 きつい，窮屈な

a **tight** schedule
詰まったスケジュール

469 **loose**
[luːs] 発音

形 ゆるい，ゆるんだ

jeans are **loose**
ジーンズがゆるい

470 **major**
[méɪdʒər]

形 主要な　名〈米〉専攻（科目）
⇨ majority 名 大多数，多数（派）（→730）
熟 major in A（→1386）

a **major** city
主要な都市

471 **minor**
[máɪnər]

形 比較的重要でない，小さな
⇨ minority 名 少数（派）（→2198）

a **minor** mistake
小さな間違い

似ていて紛らわしい語をセットで覚える⑪ 〈意味が似ている〉

472 **quantity**
[kwá(ː)ntəti]

名 量
反 quality 質（→1060）

quantity is important
量が重要である

473 **amount**
[əmáʊnt]

名 ①量　②【the -】総額

the **amount** of snow
雪の量

474 **sorrow**
[sɔ́ːroʊ]

名 悲しみ

great **sorrow**
大きな悲しみ

475 **despair**
[dɪspéər]

名 絶望，失望

be in **despair**
絶望して

476 **gift**
[gɪft]

名 ①（Aに対する）（生まれつきの）才能
(for[of] A)　②贈り物

a **gift** for art
芸術の才能

477 **talent**
[tǽlənt]

名 （Aに対する）（生まれつきの）才能
(for A)

a **talent** for music
音楽の才能

My mother <u>was</u> <u>still</u> **awake** when I came home very late.	私がとても遅くに帰宅したとき，母は まだ**起きていた**。
I <u>fell</u> **asleep** while watching TV last night.	私は昨夜テレビを見ている間に**眠りに** **落ちてしまった**。
I have <u>a</u> **tight** <u>schedule</u> for the next two weeks.	今後2週間は**スケジュール**が**詰まっ** **て**いる。
These <u>jeans</u> <u>are</u> a little **loose**, so I need to wear a belt.	この**ジーンズ**は少し**ゆるい**ので，私は ベルトをしなければならない。
Auckland is <u>a</u> **major** <u>city</u> in New Zealand.	オークランドはニュージーランドの**主** **要な都市**です。
There were a few **minor** <u>mistakes</u> in the report.	報告書には**小さな間違い**が少しあっ た。
I drink a lot of coffee. **Quantity** <u>is</u> more <u>important</u> than quality to me.	私はたくさんコーヒーを飲む。私に とっては質よりも**量が重要**だ。
I was very surprised at <u>the</u> **amount** <u>of</u> <u>snow</u> that fell yesterday.	私は昨日降った**雪の量**にとても驚い た。
Many people felt <u>great</u> **sorrow** at the actress's death.	多くの人々が，その女優の死に**大きな** **悲しみ**を感じた。
Emily <u>was</u> <u>in</u> **despair** when her dog died.	エミリーは彼女のイヌが死んだときに **絶望した**。
He showed <u>his</u> **gift** <u>for</u> <u>art</u> when he was very young.	彼はとても若いときに**芸術の才能**を示 した。
She has <u>a</u> great **talent** <u>for</u> <u>music</u>.	彼女にはすばらしい**音楽の才能**があ る。

反対の意味を持つ語をセットで覚える③

478 **lift**
[lɪft]
動 …を持ち上げる

lift a child
子どもを持ち上げる

479 **drop**
[drɑ(:)p]
動 ①…を落とす，落ちる
②…を減らす，減少する

drop a wallet
財布を落とす

480 **float**
[floʊt]
動 浮く
名 (釣りなどに使う)浮き

float in water
水に浮く

481 **sink** [sɪŋk]
活 sink-sank-sunk
動 沈む

sink in water
水に沈む

482 **freeze** [friːz]
活 freeze-froze-frozen
動 凍る
⇒ **freezer** 名 冷凍庫

freeze in winter
冬に凍る

483 **melt**
[melt]
動 溶ける

butter **melts**
バターが溶ける

484 **hide** [haɪd]
活 hide-hid-hidden[hid]
動 …を隠す，隠れる

hide from his parents
彼の両親から隠れる

485 **seek** [siːk]
活 seek-sought-sought
動 …を(探し)求める
※フォーマル

seek safety
安全な場所を探し求める

> 「かくれんぼ」 のことを英語では hide-and-seek と言う。

文法・語法との関連で覚える⑯ 〈a+名詞+of ...〉の形でよく用いる名詞(1)

486 **series**
[síəriːz]
名 ①連続，【a – of A】一連の A
②(テレビなどの)シリーズ(もの)

a series of books
一連の書物

487 **couple**
[kʌ́p(ə)l]
名 ①2人[2つ]
②カップル，恋人同士

a couple of crackers
2枚のクラッカー

> a couple of は「2」に限定せず「2，3の」の意味で用いられることもある（「2」なのか，「2，3の」なのかは文脈による場合が多い）。

488 **quarter**
[kwɔ́ːrtər]
名 4分の1，15分

a quarter of an hour
4分の1時間 ［15分］

> 単に quarter だけでも「15分」の意味で使うことができる。

He **lifted** his child onto his shoulders.	彼は彼の子どもを持ち上げて肩に乗せた。
Excuse me. I think you **dropped** this wallet.	すみません。あなたがこの財布を落としたと思うのですが。
Do you think a potato can **float** in water?	ジャガイモは水に浮くと思いますか。
I've heard that fresh eggs **sink** in water.	新鮮な卵は水に沈むと聞いたことがある。
The lake near our house always **freezes** in winter.	私たちの家の近くの湖は，冬にはいつも凍る。
After the butter **melts**, fry the mushrooms for a few minutes.	バターが溶けたら，マッシュルームを数分いためてください。
The child **hid** from his parents because he thought he would be scolded.	しかられると思ったので，その子は彼の両親から隠れた。
People **sought** safety in the hills when the river flooded.	川が氾濫したとき，人々は丘に安全な場所を探し求めた。

The writer wrote **a series of** books about the Silk Road.	その著者はシルクロードに関する一連の書物を著した。
I ate only **a couple of** crackers for lunch today.	私は今日の昼食に2枚のクラッカーを食べただけだ。

また more や less と合わせて使う場合は of は省略する。
☞ I need a couple more minutes. 「もう2，3分必要だ。」

The program will start in **a quarter of** an hour.	その番組はあと15分で始まる。

☞ It's (a) **quarter** past two. 「2時15分だ。」

同じジャンルで覚える㉝　物に変化を及ぼす意味を持つ動詞

489 **fold**
[foʊld]

動 ①…を折りたたむ
②(腕・手など)を組む

fold the paper in half
紙を半分に折る

> 折り紙を使って鶴などの作り方を説明する際によく用いられる。また fold だけで「(折り紙)を折って作る」の意味で用いることができる。

490 **tie** [taɪ]
進行形 tying

動 …を結びつける，…を結ぶ・束ねる　名 ネクタイ

tie one's hair back
髪を後ろで束ねる

491 **bend** [bend]
過 bend-bent-bent

動 ①…を曲げる
②身をかがめる

bend one's knees
ひざを曲げる

492 **reverse**
[rɪvə́ːrs]

動 …を反対にする，…を覆す

reverse a decision
決断を覆す

493 **press**
[pres]

動 …を押す，…を押しつける
⇨ **pressure** 名 圧力，プレッシャー

press a button
ボタンを押す

494 **stretch**
[stretʃ]

動 …を伸ばす，…を引き伸ばす
名 (土地などの)広がり

stretch one's legs
足を伸ばす

495 **polish**
[pá(ː)lɪʃ]

動 ①(物)を磨く
②(能力など)に磨きをかける

polish one's shoes
靴を磨く

496 **scratch**
[skrætʃ]

動 ①(爪などで)…をかく
②…にひっかき傷をつける

scratch one's head
頭をかく

497 **bury**
[béri] 発音

動 …を埋める，…を埋葬する

bury nuts
木の実を埋める

スペリングに注目して覚える⑥　-th で終わる名詞

498 **truth**
[truːθ]

名 真実
⇨ **true** 形 真実の，正しい

tell the **truth**
真実を話す

499 **growth**
[groʊθ]

名 ①成長，発展　②増加
⇨ **grow** 動 成長する，…を栽培する(→1076)

an economic **growth**
経済成長

500 **strength**
[streŋθ]

名 ①力　②強度　③強さ
⇨ **strengthen** 動 …を強化する

show one's **strength**
力を示す

> 他に length「長さ」，width「幅」などがある(→ Unit 127)。

Fold the paper in half like this.

このように紙を半分に折ってください。

☞ fold a paper crane「折り鶴を作る」

I **tied** my hair back before cooking.

料理の前に私は髪を後ろで束ねた。

My grandfather can't **bend** his knees easily now.

私の祖父は今は簡単にひざを曲げられない。

My boss has **reversed** his decision to move our office to Tokyo.

私の上司は東京にオフィスを移すという彼の決断を覆した。

Can you **press** the button for the seventh floor, please?

7階行きのボタンを押してもらえますか。

There wasn't enough room to **stretch** my legs in the movie theater.

その映画館では足を伸ばす十分な空間がなかった。

My son sometimes **polishes** my shoes.

時々息子が私の靴を磨いてくれる。

Oliver often **scratches** his head when he is thinking.

考え事をしているとき，オリバーはよく頭をかく。

Squirrels often **bury** nuts in the ground.

リスはよく地面に木の実を埋める。

Do you think he is telling the **truth**?

彼は真実を話していると思いますか。

A 2% economic **growth** is expected next year.

来年は2％の経済成長が期待される。

The weightlifter showed his **strength** and got a silver medal.

その重量挙げ選手は彼の力を示し，銀メダルを獲得した。

同じジャンルで覚える㉞　液体に関する動詞(1)

501 absorb
[əbzɔ́ːrb]

動 ①(液体など)を吸収する
②…を夢中にさせる
熟 be absorbed in A (→1687)

absorb water
水を吸収する

502 pour
[pɔːr] 発音

動 ①(液体など)を注ぐ・つぐ
②(雨が)激しく降る

pour a glass of water
グラスに水をつぐ

503 spill [spɪl]
変 spill-spilled[spilt]-spilled[spilt]

動 (液体など)をこぼす

spill coffee
コーヒーをこぼす

504 soak
[souk]

動 (液体に)(物など)を浸す
⇨ soaked 形 ずぶぬれで

soak beans in water
水に豆を浸す

スペリングに注目して覚える⑦　「超えて・覆って」の意味の over- で始まる語

505 overseas
[óuvərsìːz]

形 海外(から)の　副 海外へ
反 domestic 国内の (→1037)

overseas news
海外のニュース

506 overall
[óuv(ə)rɔ̀ːl]

形 全体(として)の
副 総計で，全体として

the **overall** test results
全体的なテスト結果

507 overcome [òuvərkʌ́m]
変 overcome-overcame-overcome

動 …を克服する，
…を乗り越える

overcome difficulties
困難を乗り越える

508 overtake [òuvərtéik]
変 overtake-overtook-overtaken

動 …を追い抜く
関 catch up (with) A (Aに)追いつく(→1126)

overtake a car
車を追い抜く

文法・語法との関連で覚える⑰　注意すべき前置詞・副詞

509 besides
[bɪsáɪdz]

前 ①…に加えて
②【否定文・疑問文】…を除き
副 (接続詞的に)さらに，その上

besides English
英語に加えて

510 beside
[bɪsáɪd]

前 …のそばに
関 next to A Aの隣に(→251)

beside the window
窓のそばに

511 otherwise
[ʌ́ðərwàɪz]

副 ①(接続詞的に)さもないと
②他の点では

do it now, **otherwise** …
今しなさい，そうしないと…

512 via
[vá(ɪ)ə]

前 ①…経由で　②…の媒介で
同 by way of A (→1710)

via Paris
パリ経由で

This towel can **absorb** water very well.	このタオルは非常によく<u>水を吸収</u>できる。
Shall I **pour** you a glass of water?	<u>グラスに水をつぎ</u>ましょうか。
I **spilled** coffee on my white skirt.	私は白いスカートに<u>コーヒーをこぼしてしまった</u>。
Soak the beans in water overnight.	一晩<u>水に豆を浸してください</u>。

This newspaper has a lot of **overseas news**.	この新聞はたくさん<u>海外のニュース</u>を扱っている。
This year, the **overall** test results are higher than last year.	今年，<u>全体的なテスト結果</u>は去年より高い。
He **overcame** many difficulties to become a famous actor.	彼は有名な俳優になるために多くの<u>困難を乗り越えた</u>。
A very fast sports car **overtook** my car.	とても速いスポーツカーが<u>私の車を追い抜いた</u>。

Besides English, he also speaks French.	<u>英語に加えて</u>，彼はフランス語も話す。
We sat at the table **beside** the window in the restaurant.	私たちはレストランで<u>窓のそばの</u>テーブルに座った。
Do your homework now, **otherwise** you can't watch TV later.	<u>今宿題をしなさい，そうしないと</u>あとでテレビが見られないよ。
We flew to Dublin **via** Paris to visit my Irish friend.	アイルランドの友達を訪ねるため，私たちは<u>パリ経由で</u>ダブリンに飛んだ。

基本動詞で表す表現 〈have を用いた表現〉

513 **have a dream**
夢を見る，夢[目標]を抱く
※ × see a dream とする誤りが見られるので注意

514 **have a wonderful time**
すばらしい時間を過ごす
⊘ **have a hard time** つらい時期を過ごす

> spend にも「(時間)を過ごす」の意味があるが，
> × spend a wonderful[hard] time のようには言わないので注意したい。

515 **have a baby**
子どもが生まれる
㊟ **give birth to** A A(子ども)を生む ※フォーマル

516 **have a reservation**
予約している ⇨ reservation 图 予約(→447)
㊟ **make a reservation** 予約を入れる(→529)

517 **have a cold**
風邪をひいている
㊟ **catch a cold** 風邪をひく

518 **have no idea**
まったくわからない
㊟ **have an idea** 考えがある
⇨ **idea** 图 考え

519 **have a lot in common (with** A**)**
(Aと)多くの共通点がある ※ a lot の他に，
something「何らかの」，nothing「何も～ない」などが入る

520 **have something to do with** A
Aと何らかの関係がある ※ something の他に，a lot [much]「多くの」，nothing「何も～ない」などが入る

基本動詞で表す表現 〈turn を用いた表現〉

521 **turn on/off** A [A **on/off**]
A(機械・電気など)のスイッチを入れる／切る
㊟ **switch on/off** A[A **on/off**]

522 **turn up/down** A [A **up/down**]
A(テレビ・ラジオなどの音)を大きくする／小さくする

> 目的語を取らない turn up は意味が異なることに注意(下参照)。
> また，turn down A [A down]は「(申し出など)を断る」の意味もある(→1401)。

523 **turn up**
姿を現す

I **had a** very strange **dream** last night.	私は昨夜とても奇妙な**夢を見た**。
We **had a wonderful time** when we went skiing in France.	フランスにスキーに行ったとき，私たちは**すばらしい時間を過ごした**。
Mark and Kelly **had a baby** last month.	マークとケリーには先月**子どもが生まれた**。
We **have a reservation** for dinner at eight o'clock.	私たちは8時にディナーの**予約をしている**。
I **have a** bad **cold** and my nose is running.	私はひどい**風邪をひいていて**鼻水が出ます。
I **have no idea** where I lost my keys. ※ I don't know ... よりインフォーマルな表現。	私はどこで鍵をなくしたか**まったくわからない**。
My girlfriend and I **have a lot in common**.	ガールフレンドと僕は**多くの共通点がある**。
His job **has something to do with** IT.	彼の仕事は IT **と何らかの関係がある**。
My mother always tells me to **turn off** the TV while I'm not watching.	私の母はいつも，私が見ていない間はテレビ**を消す**ようにと言う。
Turn down the TV. Your mother is talking on the phone.	テレビの音**を小さく**しなさい。お母さんが電話で話しているから。
He didn't **turn up** at the meeting.	彼は会議に**姿を現さな**かった。

基本動詞で表す表現 〈make を用いた表現〉（1）

524
☐ **make a speech**
スピーチをする
㊷ **make a presentation** プレゼンテーションをする

525
☐ **make an excuse**
言い訳をする
⇨ **excuse** 图 言い訳 (→364)

526
☐ **make an effort**
努力する
※ make efforts とも言う

527
☐ **make a decision**
決める，決心する
⇨ **decide** 動 （〜すること）を決める (to do)（→354）

528
☐ **make an appointment**
（正式に）会う約束をする，（病院などの）予約をする
㊷ **make an arrangement** （人と個人的に）約束をする

make an appointment は正式な約束について言う。個人的な約束について言う場合は make an arrangement を使う。

529
☐ **make a reservation**
予約を入れる　㊀ **book** 動 …を予約する
㊶ **have a reservation** 予約している (→516)

530
☐ **make an impression**
印象を与える
⇨ **impress** 動 …に感銘を与える (→967)

531
☐ **make a difference**
違いを生む，重要である
⇨ **difference** 图 違い

make a difference は「重要である」と訳されることも多いが，基本の意味は「（良い）違いを生む」なのでこれをベースに覚えよう。

532
☐ **make a mistake**
間違える
⇨ **mistake** 图 誤り (→119)

533
☐ **make friends** (with A)
（Aと）友達になる

534
☐ **make sense**
意味が通る，（人の言動などが）筋が通る
⇨ **sense** 图 ①感覚 (→886)　②意味

make は「何かを作り出す」が基本的な意味。他に make a plan「計画を立てる」，make coffee「コーヒーを入れる」などの表現もある。

When we visited a school in Korea, I **made a speech** in English.

私たちが韓国の学校を訪れたとき，私は英語で**スピーチをした**。

Sam **made an excuse** for being late to school.

サムは学校に遅刻した**言い訳をした**。

She **made an effort** to learn 10 new words every day.

彼女は毎日10個の新しい単語を覚える**努力をした**。

We need to **make a decision** about which course to take next year.

私たちは来年どの講座をとるか**決め**なければならない。

I**'ve made an appointment** to see the dentist.

私は歯医者の診察の**予約を取った**。

What time shall I **make a reservation** for dinner for tomorrow evening?

明日の晩のディナーは何時に**予約を取る**べきでしょうか。

In a job interview, try to **make a** good **impression**.

就職の面接では，良い**印象を与える**ように心がけましょう。

Will it **make a difference** if I take a bus instead of a train?

電車の代わりにバスを使ったら(何か良い)**違いが生まれる**だろうか。

I **made a mistake** and took the wrong train to the airport.

私は**間違って**空港に向かうのに違う電車に乗った。

When I changed schools, I quickly **made friends with** my new classmates.

転校したとき，私はすぐに新しいクラスメイト**と友達になった**。

Direct translations sometimes do not **make sense**.

直訳は**意味が通ら**ないときがある。

〈動詞＋A＋前置詞＋B〉の形を取る表現（2）

535
☐ **treat** A **as** B
Aを B として扱う
圏 **treat** A **like** B　A を B のように扱う
⇨ **treatment** 图 治療(法)，取り扱い(→755)

536
☐ **order** A **from** B
A を B に注文する

> order A from B は「A(注文品)が B から送られる」ことに
> なるので from を用いる。

537
☐ **compare** A **with**[**to**] B
A と B を比べる
⇨ **comparison** 图 比較

538
☐ **share** A **with** B
A を B と分け合う，A を B と共有する

539
☐ **connect** A **with**[**to**] B
A を B につなぐ・接続する
⇨ **connection** 图 関係，接続

基本動詞で表す表現　〈look を用いた表現〉

540
☐ **look forward to** *doing*[名詞]
～するのを楽しみにする
※会話では進行形で用いることが多い

541
☐ **look up** A[A **up**]
① A (未知の単語など)を調べる
② A (知人)を訪ねる

542
☐ **look into** A
A (問題・事件など)を調査する

543
☐ **look through** A[A **through**]
A に目を通す

544
☐ **look over** A[A **over**]
A にざっと目を通す

545
☐ **look up to** A
A を尊敬する　⇄ **look down on** A　A を見下す
圏 **respect** (人)を尊敬する(→638)
圏 **admire** (人やその業績)を称賛する(→1722)

My mother still **treats** me **as** a child, even though I'm now 30.	私は今30歳なのに，母はいまだに私**を**子ども**として扱う**。
You can **order** the book **from** the store, or from a website.	本**を**店かウェブサイト**で注文する**ことができます。
Please **compare** your answers **with** the model answers.	あなたの答え**と**模範解答**を比べて**ください。
Max, did you **share** the chocolate **with** your sister?	マックス，あなたはチョコレート**を**妹**に分けてあげた**の？
The tunnel **connects** Britain **with** France.	そのトンネルはイギリス**と**フランス**をつないでいる**。
I**'m** really **looking forward to seeing** you again.	私はまたあなたに**会えるのを**本当に**楽しみにしています**。
If you don't know these words, **look** them **up** in your dictionary.	もしこれらの単語がわからなければ，辞書で**それを調べ**なさい。
The police **are looking into** the accident.	警察はその事故**を調査している**。
I found this photo when I **was looking through** some old letters.	古い手紙**に目を通していた**ときに私はこの写真を見つけた。
Could you **look over** my report by the end of this week?	今週末までに私のレポート**にざっと目を通して**いただけますか。
He always **looked up to** his older brother.	彼は彼の兄をいつも**尊敬していた**。

111

〈動詞＋前置詞／副詞〉の表現（1）

546
□ **pick up** A[A **up**]
①Aを車で迎えに行く　②Aを拾い上げる
⇨ **pick** 動 ①…を選ぶ　②…を摘む
日本語では「選ぶ」の意味で「ピックアップする」と言うが，

547
□ **bring up** A[A **up**]
Aを育てる　同〈米〉**raise**（→333）
反 **grow up** 大人になる，成長する

548
□ **stay up**
（寝ずに）起きている
up は「上へ向かう」の基本の意味から，「人が起きた状態」

549
□ **let down** A[A **down**]
Aをがっかりさせる

550
□ **break down**
（乗り物・システムなどが）故障して動かなくなる
類 **be out of order**（公共の機器が）故障している
down は「下に向かう」の基本の意味から，「機械が故障して

551
□ **get over** A
Aから立ち直る・回復する　※ over は「越えて」
同 **recover from** A（→591 **recover**）

552
□ **run away**
（Aから）逃げる（from A）　※ away は「離れて」

553
□ **throw away** A[A **away**]
Aを捨てる
⇨ **throw** 動 …を投げる　活 throw-threw-thrown

2語が1つの前置詞として働く語句（句前置詞）

554
□ **instead of** A
Aの代わりに
※Aに動名詞がくることも多い

555
□ **according to** A
Aによると

556
□ **along with** A
Aに加えて，Aと一緒に
同 **together with** A

557
□ **because of** A
Aが原因で，Aのせいで
類 **due to** A　Aのせいで（→2023）　※フォーマル

What time shall I **pick** you **up** tomorrow morning?

その意味では pick または pick out を用いる。

明日の朝，何時に<u>あなたを車で迎えに行き</u>ましょうか。

I would like to **bring up** my children in the countryside.

私は田舎で子ども<u>を育て</u>たい。

The children wanted to **stay up** late on Christmas Eve.

の意味にもなる。

子どもたちはクリスマスイブに遅くまで<u>起きてい</u>たかった。

Taro didn't want to **let** his team **down**, so he practiced very hard.

太郎はチーム<u>をがっかりさせ</u>たくなかったので，一生懸命練習した。

The car **broke down** halfway up the mountain.

いる状態」の意味にもなる。

車は山の中腹で<u>故障して動かなくなった</u>。

The queen never **got over** the death of her husband.

女王が夫の死<u>から立ち直る</u>ことはなかった。

The man tried to **run away** from the police, but they caught up with him.

その男は警察から<u>逃げ</u>ようとしたが，彼ら（警察）は彼に追いついた。

Don't **throw** the newspaper **away**. I haven't read it yet.

その新聞<u>を捨て</u>ないで。私はまだ読んでいないから。

I went shopping **instead of** studying after school yesterday.

昨日の放課後，私は勉強する<u>代わりに</u>買い物に行った。

It's nine o'clock? **According to** my watch, it is only 8:52.

9時なの？　私の時計<u>によると</u>，まだ8時52分なのに。

Along with all my homework, I have to write a book report. ※ a book report 読書感想文

すべての宿題<u>に加えて</u>，読書感想文を書かないといけない。

Because of the snow, many flights were canceled.

<u>雪のせいで</u>，多くのフライトが運休になった。

提案・依頼・許可を表す表現

558
☐ **How[what] about** *doing* [名詞]?

〜するのはどうですか

about の後ろには(動)名詞がくることが多いが，(if) S+V がくることもある。

559
☐ **Why don't you** *do*?

〜してはどうですか　※何かを提案するくだけた表現
㊥ **Why don't we** *do*? 〜しませんか

560
☐ **Would you like to** *do*?

〜なさいませんか，〜したいですか
※ Do you want to *do*? より丁寧

561
☐ **Would you mind if** S+V?

S が〜しても構わないでしょうか
㊦ **Do you mind if** S+V? ※インフォーマル

V には過去形を用いることもあり，そちらの方がより丁寧。

562
☐ **Would you mind** *doing*?

〜していただいて構いませんか

563
☐ **I was wondering if you could[would]** *do*

〜していただけないでしょうか
※遠回しで極めて丁寧な表現

意思や気持ちを伝える表現

564
☐ **I hope (that)** S+V

S が〜するといいなと思う
※くだけた会話では代わりに hopefully が使用される傾向がある

565
☐ **I wish (that)** S+V
※ V には過去形を用いる

(実際はそうではないが) S が〜であればいいのにと思う
㊦ **if only** S+V (→2274)

wish (that) S+V の形では動詞は過去形を用いるのが基本だが，これを仮定法と呼び，「実際はそうではない(だろう)が」

566
☐ **would rather** *do* **(than** *do*)

(〜するよりも) むしろ〜したい
㊦ **rather** A **than** B　B よりもむしろ A

567
☐ **I'm glad (that)** S+V

S が〜してうれしい，S が〜してよかった

568
☐ **I'm sorry (that)** S+V

S が〜して残念だ，S が〜してすまないと思う

It's a nice day. **How about having** lunch in the garden?

〈例文＝〉How about（if）we have lunch in the garden?

天気の良い日ですね。庭で昼ご飯**を食べるのはどうですか**。

Why don't you try "fish and chips" when you go to Britain?

イギリスに行ったら「フィッシュアンドチップス」**を食べてみてはどうですか**。

Would you like to have a starter?
※ starter 前菜

前菜**を召し上がりませんか**。

Would you mind if I close the window?

窓を閉めても**構わないでしょうか**。

Would you mind waiting for a while outside my office?

私のオフィスの外で少し**お待ちいただいても構いませんか**。

I was wondering if you could help me with my work.

私の仕事**を手伝っていただけないでしょうか**。

I hope you can come to our party.

あなたが私たちのパーティーに来られ**たらいいなと思う**。

I wish I could come to your party, but I'm afraid I can't.

あなたのパーティーに行け**たらいいのですが**，残念ながら行けません。

という気持ちが入ることを示す。なお，hope，wish とも，不定詞を用いた hope to *do*「〜することを望む」，wish to *do*「〜することを希望する」の形もある（目的語は不定詞で動名詞は不可）。

I **would rather read** a book **than watch** TV.

テレビ**を見るよりむしろ**本**を読みたい**。

I'm glad（**that**）I brought my coat. It's so cold today.

コートを持ってきて**よかった**。今日はとても寒い。

I'm sorry（**that**）James can't come to our wedding.

ジェームスが私たちの結婚式に来られなくて**残念だ**。

フォーマルな表現と インフォーマルな表現（1）

　皆さんは，友達や家族と話すときにはくだけた（＝インフォーマルな）表現を使い，目上の人と話す際や小論文などを書くときは改まった（＝フォーマルな）表現を使いますね。こうした使い分けは日本語だけでなく英語にもあります。以下の例を見てください。

EXAMPLE（1）　フォーマルな表現は丁寧！

(a) Would you mind helping me?「手伝っていただけないでしょうか。」（フォーマル）
(b) Can you help me, please?「手伝ってもらえるかな。」（インフォーマル）

　(a)は相手に何かを依頼する際のとても丁寧な表現です。一方の(b)はかなりくだけた表現で，親しい間柄で用います。こうした例からわかるように，インフォーマルな表現を目上の人に使ってしまうと，多くの場合不都合が生じます。フォーマル／インフォーマルの違いを意識しておくことは，コミュニケーションを取る上でとても重要なのです。

EXAMPLE（2）　フォーマルな表現は書き言葉に向く！

(a) The population of Tokyo is larger than that of Osaka.（フォーマル）
　　「東京の人口は大阪のそれ（人口）より大きい。」
(b) There are more people in Tokyo than (in) Osaka.（インフォーマル）
　　「東京には大阪より多くの人がいる。」

　(a)にある population「人口」という語は日常会話に用いるとはややかたい響きになります。しかも(a)には that of …「…のそれ」というかなりフォーマルな表現が含まれているためにかたい文になっていて，文章を書く際に向くスタイルになっています。そのためくだけた会話ではそれらを使わない(b)の文の方がよく使われます。

EXAMPLE（3）　句動詞はインフォーマル！

(a) It took a week to extinguish the forest fire.（フォーマル）
(b) It took a week to put out the forest fire.（インフォーマル）

　ここでは文の意味（森林火災を消すのに1週間かかった。）も文の形も同じで使用する語句だけを変えています。(a)で用いた extinguish はややフォーマルな語です。それに対して(b)では put out という句動詞を用いています。句動詞は簡単な単語の組み合わせでできていて，一般的にインフォーマルです。ネイティブスピーカーの子どもたちはこうした句動詞を身につけることでコミュニケーション能力を高めますが，難しい単語を覚えなくても日常会話に必要な語彙力が身につくという点で，句動詞は皆さんにとっても大いに役立つものです。

STAGE 2

STAGE 2では，STAGE 1よりもフォーマルでやや難しい英単語・熟語を中心に扱っています。STAGE 1が話し言葉寄りだとすると，STAGE 2は書き言葉寄りで，文章を書く（＝Writing）際に役に立つ語句が多くなっていると言えるでしょう。会話でも自由に使いこなせるようになることが最終目標ですが，まずはしっかりと書けるように，「意味」と「つづり」をマスターしましょう。

同じジャンルで覚える㉟　学校・大学に関する語

569 **academic**
[ækədémik] **アク**

形 学問の，学問的な
反 **practical** 実践的な，実際の（→2054）

academic studies
学問的な研究

570 **elementary**
[èlimént(ə)ri]

形 小学校の，初歩的な
類 **primary** 第一の，最も重要な

an **elementary** class
初歩的なクラス

571 **lecture**
[léktʃər]

名 講義，講演
動 講義［講演］をする

give a **lecture**
講義をする

572 **department**
[dipáːrtmənt]

名 ①部門，学科
②（百貨店の）売り場
類 **faculty**（大学の）学部（→2034）

the French **department**
フランス語学科

573 **semester**
[səméstər]

名 （主に大学の）学期
類 **term**（学校の）学期（→403）

a **semester** starts
学期が始まる

semester は主に2学期制のものをいい，term は3学期制のものをいう。

574 **professor**
[prəfésər]

名 （大学の）教授

a **professor** of history
歴史学の教授

反対の意味を持つ語をセットで覚える④

575 **senior**
[síːnjər]

形 地位が上の，先輩の

be **senior** to him
彼の先輩だ

576 **junior**
[dʒúːnjər]

形 地位が下の，後輩の

be **junior** to her
彼女の後輩だ

「年上の［年下の］」の意味で senior［junior］を用いるのは現代英語ではまれ。

577 **youth**
[juːθ]

名 ①【the -】若者たち（=young
people）　②青年期

the **youth** of today
今日の若者たち

578 **elderly**
[éldərli]

形 ①【the -】（名詞的に）年配の人たち
②高齢の，年配の
関 **elder** 形 年上の（= older）

be free for the **elderly**
お年寄りは無料だ

579 **introduction**
[intrədʌkʃ(ə)n]

名 ①序論，前置き　②紹介，導入
⇨ **introduce** 動 …を紹介・導入する

the **introduction** of a book
本の序論

580 **conclusion**
[kənklúːʒ(ə)n]

名 結論，結び
⇨ **conclude** 動 …と結論を下す
熟 **in conclusion**（→1151）

end with a **conclusion**
結論で締めくくられる

As well as **academic** studies, we need experience.	**学問的な研究**だけでなく，私たちには経験が必要である。
My mother is attending an **elementary** Spanish class.	私の母は，**初歩の**スペイン語**クラス**に通っている。
Mr. Ogawa gives interesting **lectures** on mathematics.	小川先生は数学についておもしろい**講義をする**。
He is a teacher in the French **department**.	彼は**フランス語学科**の教師だ。
The first **semester** starts in September in many countries.	多くの国で9月に1**学期が始まる**。
Mr. Tanaka is a **professor** of history.	田中先生は**歴史学の教授**だ。
Aki was two years **senior** to him at university.	亜樹は大学で**彼の**2年**先輩だった**。
Lucy's husband was **junior** to her in the company.	ルーシーの夫は会社で**彼女の後輩だった**。
The **youth** of today find it difficult to live without smartphones.	**今日の若者たち**はスマートフォンなしで生活するのに困難を感じる。
Buses are free for the **elderly** in this city.	この都市では**お年寄り**はバスが**無料だ**。
The **introduction** of this book is interesting.	この本の**序論**は面白い。
His speech ended with a good **conclusion**.	彼のスピーチは上手な**結論で締めくくられた**。

コロケーションで覚える⑪ 〈教育〉

581 □ **educational**
[èdʒəkéiʃ(ə)n(ə)l]

形 教育の
⇨ **educate** 動 …を教育する
⇨ **education** 名 教育

one's educational background
教育の経歴 [学歴]

582 □ **background**
[bǽkgràʊnd]

名 ①経歴
②背景

583 □ **average**
[ǽv(ə)rɪdʒ] 発音

形 平均の 名 平均
類 **total** 形 総計の 名 合計
成 **on average** (→1436)

the average score
平均点

584 □ **score**
[skɔːr]

名 (合計)得点
類 **point** 名 (1点刻みの)点数
類 **grade** 名 (5段階などの)成績

585 □ **kindergarten**
[kíndərgàːrt(ə)n]

名 幼稚園

a kindergarten pupil
幼稚園児

586 □ **pupil**
[pjúːp(ə)l]

名 ①児童, 生徒
②ひとみ, 瞳孔

スペリングに注目して覚える⑧ 「再び」の意味の re- で始まる語(1)

587 □ **review**
[rivjúː]

動 〈米〉…を復習する, …を見直す
名 ①〈米〉復習, 見直し
②(書物等の)論評 ※ re+見る

review what I learned
学んだこと**を復習する**

588 □ **regret**
[rigrét]

動 ①(〜したこと)を後悔する (*doing*)
②[- to *do*]残念ながら〜する
※ re+悲しむ cf. grief「悲しみ」(→1541)

regret not learning A
Aを学ばなかったこと**を後悔する**
※ not は動名詞の前に置く

589 □ **remove**
[rimúːv]

動 …を取り除く
※ re+動かす

remove a sentence
文**を取り除く**

remove は置いたものを「再び(re)動かす(move)」ことから,「取り除く」

590 □ **reform**
[rifɔ́ːrm]

動 …を改革する
※ re+形作る

reform the system
システム**を改革する**

日本では家を「改築する」ことを「リフォームする」と言うが, その意味では

591 □ **recover**
[rikʌ́vər]

動 (Aから)回復する (from A)
※ re+ (欠けたところを)覆う

recover from the flu
インフルエンザから**回復する**

re で始まる語は多いが, re-「再び」の意味を知っていると簡単に推測できる

<u>Your</u> **educational background** is important when applying for this job.	この仕事に応募するときは**学歴**が重要です。
<u>The</u> **average score** on the English test was 57.	英語のテストの**平均点**は57点だった。
Kindergarten pupils can learn languages very quickly.	**幼稚園児**はとても早く言葉を覚えることができる。

STAGE **2**

As homework, I **reviewed** <u>what</u> <u>I learned</u> in today's English lesson.	宿題として，私は今日の英語の授業で**学んだこと**を**復習した**。
I **regret** <u>not learning</u> another foreign language when I was young.	私は若いときに他の外国語**を学ばなかったこと**を**後悔している**。
Your paper will be better if you **remove** <u>this</u> <u>sentence</u>.	<u>この文を取り除け</u>ばあなたの論文はもっと良くなります。

の意味になると考えるとよい。

<u>The</u> education <u>system was</u> **reformed** recently.	近年教育<u>システムが改革された</u>。

renovate や refurbish を用いる。

Kate is **recovering** <u>from the flu</u>, so she will be back at school next week.	ケイトは<u>インフルエンザから回復</u>しつつあるので来週学校に戻ってくる。

ものが多い。〈例〉rebuild「建てなおす」，reuse「再利用する」など。

コロケーションで覚える⑫

592 outline
[áutlàın]
名 ①概略，概要　②輪郭
an outline of an essay
小論文の概略

593 essay
[éseı]
名 小論文，レポート
園 report 名 レポート 動 …を報告する

594 follow
[fá(:)lou]
動 …に従う，…の後ろについて行く
類 obey …に従う (→35)
⇨ following 形 次の，その後ろに続く
follow the instructions
指示に従う

595 instruction
[ınstrʌ́kʃ(ə)n]
名 【-s】①指示　②取扱説明書
⇨ instruct 動 …に指示する
⇨ instructor 名 指導者，教官

596 previous
[prí:viəs] 発音
形 (時間・順序が)前の，直前の
反 following 次の，その後ろに続く
the previous paragraph
前の段落

597 paragraph
[pǽrəgræf]
名 段落

598 common
[ká(:)mən]
形 ①共通の
②ありふれた (→936)
a common language
共通の言語

599 language
[lǽŋgwıdʒ] 発音
名 言語
園 linguistics 名 言語学 (→688)

600 typical
[típık(ə)l] 発音
形 ①典型的な　②普通の
a typical example
典型的な例

601 example
[ıgzǽmp(ə)l]
名 例

602 capital
[kǽpət(ə)l]
形 大文字の
名 ①首都　②資本(金)
a capital letter
大文字
※「小文字」は a small letter

603 letter
[létər]
名 ①文字　②手紙
園 word 名 単語

I have made <u>an</u> **outline** of my **essay**.	私は**小論文の概略**を作成した。
Follow <u>the</u> **instructions** and answer the questions.	**指示に従って**質問に答えなさい。
In <u>the</u> **previous paragraph**, I wrote about the good points of watching TV.	**前の段落**で，私はテレビを見ることの良い点について書いた。
English is <u>a</u> **common language** for international communication.	英語は国際コミュニケーションのための**共通の言語**である。

international communication は最近使用されるようになった表現で，「異なる国の人同士が行うコミュニケーション」の意味。

What is <u>a</u> **typical example** of errors Japanese students make?	日本の生徒がする**典型的な**間違いの**例**は何ですか。
The name of a month has to start with <u>a</u> **capital letter**.	月の名前は**大文字**で始まらなければならない。

STAGE **2**

同じジャンルで覚える㊱　エッセイ（小論文）に関連する語

604 summarize
[sʌ́məràɪz]

動 …を要約する
⇨ **summary** 名 要約

summarize a story
物語を要約する

605 theme
[θiːm] 発音

名 テーマ，主題

an interesting **theme**
興味深いテーマ

606 logical
[lɑ́(ː)dʒɪk(ə)l]

形 論理的な，理にかなった
⇨ **logic** 名 論理

a **logical** essay
論理的な小論文

607 phrase
[freɪz]

名 ①表現，言い回し
　②句

a useful **phrase**
便利な表現

608 passage
[pǽsɪdʒ]

名 ①(本の)一節，(まとまりのある)文章
　②通行，通路
関 **sentence** 名 (1つの)文(→1666)

a difficult **passage**
難しい文章

文法・語法との関連で覚える⑱　程度を表す副詞(1)

609 relatively
[rélətɪvli]

副 比較的
⇨ **relative** 形 比較上の 名 親戚(→49)

be **relatively** easy
比較的容易だ

610 nearly
[níərli]

副 危うく〜するところで，
　ほとんど (= almost)

a car **nearly** hit me
車が危うく私をひきかけた

611 completely
[kəmplíːtli]

副 完全に
⇨ **complete** 動 …を完成させる
　形 完全な(→959)

be **completely** exhausted
完全に疲れ果てて

612 rather
[rǽðər]

副 かなり
成 **would rather** do (than do)(→566)

be **rather** difficult
かなり難しい

文法・語法との関連で覚える⑲　品詞の違いに注意すべき語

613 unless
[ənlés]

接 …でない限りは，もし…でなければ
類 **if ... not** 〜 もし〜でなければ

unless it snows
雪が降らなければ

614 unlike
[ʌ̀nláɪk]

前 …とは違って，…に似ていない

unlike my brother
兄とは違って

> 形が似ていることから両者の混同が見られるが，前置詞と接続詞で品詞が異なるので注意。

Today's homework is to **summarize** the story in 100 words.	今日の宿題は100語で<u>その物語を要約する</u>ことだ。
You should choose an interesting **theme** for your essay.	小論文には<u>興味深いテーマ</u>を選んだほうがよい。
In this class, we learn how to write a **logical** essay.	このクラスでは私たちは<u>論理的な小論文</u>の書き方を学ぶ。
I learned some useful Spanish **phrases** before I went to Peru.	ペルーに行く前にスペイン語の<u>便利な表現</u>をいくつか学んだ。
In the entrance exams, we have to read difficult **passages**.	入学試験で私たちは<u>難しい文章</u>を読まなければならない。

Learning German is **relatively** easy for Americans, because it's similar to English.	英語と似ているので，アメリカ人にとってドイツ語を学ぶことは<u>比較的容易</u>だ。
A car **nearly** hit me when I was crossing a street.	道を渡っているときに<u>車が危うく私をひきかけた</u>。
After the marathon, I was **completely** exhausted.	マラソンのあと，私は<u>完全に疲れ果てていた</u>。
This math problem is **rather** difficult.	この数学の問題は<u>かなり難しい</u>。

| **Unless** it snows soon, the ski resorts will not be able to open for Christmas. | すぐに<u>雪が降らなければ</u>，スキー場はクリスマスにオープンできないだろう。 |
| **Unlike** my brother, I'm not good at math. | <u>兄とは違って</u>，私は数学が苦手だ。 |

同じジャンルで覚える㊲　エッセイライティングで用いる語

615 therefore
[ðéərfɔ̀ːr]

副 従って，ゆえに
熟 thus 従って，このようにして（→2064）
※会話では so を使うことが多い

.... **Therefore**, S+V
(…だ。)従って，Sは〜する

616 moreover
[mɔːróuvər]

副 さらに，その上

.... **Moreover**, S+V
(…だ。)その上，Sは〜する

617 furthermore
[fɔ́ːrðərmɔ̀ːr]

副 さらに，しかも

.... **Furthermore**, S+V
(…だ。)しかも，Sは〜する

618 however
[hauévər]

副 しかしながら
※接続詞的に文と文をつなぐ。会話では but を使うことが多い

.... **However**, S+V
(…だ。)しかし，Sは〜する

619 nevertheless
[nèvərðəlés] アク

副 それにもかかわらず，それでも
同 nonetheless

.... **Nevertheless**, S+V
(…だ。)にもかかわらず，Sは〜する

同じジャンルで覚える㊳　言語・文学に関する語

620 pronounce
[prənáuns]

動 …を発音する
⇨ pronunciation 名 発音

pronounce the "L" sound
Lの音を発音する

621 vocabulary
[voukǽbjəlèri]

名 語彙

a large **vocabulary**
豊富な語彙

622 meaning
[míːnɪŋ]

名 意味
⇨ mean 動 …を意味する（→355）
⇨ meaningful 形 意味のある

have two **meanings**
2つの意味を持つ

623 native
[néɪtɪv]

形 生まれた土地の，母国の

one's **native** language
母国語

624 fluent
[flúː(ː)ənt]

形 流暢な，達者な
⇨ fluency 名 流暢さ

a **fluent** speaker
流暢に話す人

625 formal
[fɔ́ːrm(ə)l]

形 正式な，フォーマルな，
改まった　反 informal くだけた

a **formal** speech
正式なスピーチ

626 fiction
[fíkʃ(ə)n]

名 (架空の)小説　※集合名詞
類 novel (長編)小説（→945）
反 nonfiction ノンフィクション

science **fiction**
空想科学小説（ＳＦ）

引き出し　□ detective story　「探偵［推理］小説」

Breakfast is a very important meal. **Therefore,** we should not skip it.	朝食はとても重要な食事だ。**従って,** 私たちはそれを抜くべきではない。
Kazuo Ishiguro is a famous writer. **Moreover,** he is a Nobel prize winner.	カズオ・イシグロは有名な作家だ。**その上,** 彼はノーベル賞受賞者だ。
His essay is well written. **Furthermore,** it is easy to read.	彼の小論文はよく書けている。**しかも,** 読み易い。
The Internet is useful. **However,** there is a lot of wrong information there, too.	インターネットは便利だ。**しかし,** そこには間違った情報も多くある。
He knows that smoking is bad. **Nevertheless,** he smokes.	彼は喫煙は有害だと知っている。**それにもかかわらず,** 彼は煙草を吸う。

I learned how to **pronounce** the "L" sound and the "R" sound today.	私は今日 L の音と R の音を発音するやり方を習った。
My sister has a very large English **vocabulary**.	私の姉はとても豊富な英語の語彙を持っている。
Many words have two **meanings** or more.	単語の多くは 2 つ以上の意味を持つ。
Our new ALT is from Jamaica. What is her **native** language?	私たちの新しい ALT はジャマイカ出身だ。彼女の母国語は何だろう。
I want to be a **fluent** speaker of English.	私は英語を流暢に話す人になりたい。
We are learning how to make a **formal** speech.	私たちは正式なスピーチの仕方を学んでいる。
Do you like reading science **fiction** books?	空想科学小説の本を読むのは好きですか。

☐ mystery 「推理小説」 ☐ romance 「恋愛小説 [映画]」

同じジャンルで覚える㊴　頭の働きを表す語

627 doubt
[dáut] 発音
動 ①…を疑う　②【- that …】…ではないと思う　名 疑い
熟 no doubt (→2030)

doubt if …
…かどうか疑う

628 wonder
[wʌ́ndər]
動 …だろうかと思う，…を不思議に思う

wonder if …
…だろうかと思う

629 interpret
[ɪntə́:rprət] アク
動 ①(…を)通訳する　②…を解釈する
⇒ interpretation 名 解釈
⇒ intérpreter 名 通訳(者)

interpret for you
あなたの通訳をする

630 recognize
[rékəgnàɪz]
動 …が(それと)わかる，…を認識する　〈英〉recognise
⇒ recognítion 名 認識

recognize his voice
彼の声がわかる

631 realize
[rí:əlàɪz]
動 ①(頭で考えて)…に気づく
②…を実現させる　〈英〉realise
類 notice (感覚的に)…に気づく(→37)

realize (that) …
…ということに気づく

【recognize と realize】recognize は「以前の経験からそれとわかる」，

同じジャンルで覚える㊵　主張・訴えを表す動詞

632 claim
[kleɪm]
動 ①…を主張する　②…を要求する
名 主張

claim (that) …
…と主張する

633 argue
[á:rgju:]
動 ①…と主張する
②(Aと)論争する(with A)
⇒ argument 名 言い争い(→710)

argue that …
…と主張する

634 appeal
[əpí:l]
動 (人の心に)訴える(to+人)，【- to A to do】Aに～するよう訴える
名 訴え，魅力

appeal to women
女性の心に訴える

635 complain
[kəmpléɪn]
動 (Aのことで)不平を言う・クレームをつける(about / of A)
⇒ complaint 名 不平，クレーム

complain about *one's* meal
食事にクレームをつける

complain は complain about[of] A「Aにクレームをつける」の他にも，

文法・語法との関連で覚える⑳　目的語に動名詞を取る動詞(2)

636 deny
[dɪnáɪ]
動 (～したこと)を否定する(*doing*)
※ deny that S+V の形もある

deny taking money
金を取ったことを否定する

637 postpone
[pous(t)póun]
動 (～するの)を延期する(*doing*)
同 put off A[A off] (→286)

postpone going fishing
釣りに行くのを延期する

I **doubt** if he told the truth.	私は彼が真実を話した<u>かどうか</u><u>疑っている</u>。
I **wonder** if there is enough snow in Hakuba.	白馬には十分な雪がある<u>だろうか</u>。
I'll **interpret** for you, so you can speak in English.	私が<u>あなたの通訳をする</u>ので，あなたは英語で話していいですよ。
I couldn't **recognize** his voice on the phone because he had a cold.	彼は風邪をひいていたので，私は電話で<u>彼の声がわから</u>なかった。
When I got to school, I **realized** (that) I had left my homework at home.	学校に着いたとき，私は宿題を家に置いてきた<u>ことに気づいた</u>。

realize は「頭で考えて気づく」が基本の意味。

He **claimed** (that) he had not stolen the money.	彼はそのお金を盗んでいない<u>と主張した</u>。
He **argues** that early English education is very important.	彼は早期英語教育はとても重要だ<u>と主張している</u>。
Do action movies usually **appeal** to women?	アクションムービーは普通<u>女性の心に訴えます</u>か。
He **complained** about his meal in the restaurant.	彼はレストランで<u>食事にクレームをつけた</u>。

complain（to+人）＋that ...「（人に）…だとクレームをつける」の形でも用いられる。

My brother **denied** **taking** some money from my wallet.	兄は私の財布から<u>金を取ったことを否定した</u>。
We had to **postpone** **going** fishing because of the typhoon.	台風のせいで私たちは<u>釣りに行くのを延期し</u>なければならなかった。

STAGE 2

反対の意味を持つ語をセットで覚える⑤ 〈動詞〉

638 ☐ **respect** [rispékt]	動 (人)を尊敬する, (意見や権利など)を尊重する 名 尊敬	**respect** my aunt おばを尊敬する
639 ☐ **despise** [dıspáız]	動 …を軽蔑する	**despise** selfish people 身勝手な人を軽蔑する
640 ☐ **criticize** [krítəsàız]	動 ①(Aのことで)(人)を批判する(for A) ②…を批評する 〈英〉criticise ⇨ **criticism** 名 批判, 批評	**criticize** me for *doing* ～したことで私を批判する
641 ☐ **praise** [preız]	動 (Aのことで)(人)を賞賛する・ほめる(for A) ⊛ **admire** …を称賛する(→1722)	**praise** me for *doing* ～したことで私をほめる
642 ☐ **appreciate** [əprí:ʃièıt]	動 …に感謝する, …を正しく評価する ⇨ **appreciation** 名 感謝, 鑑賞(力)	I'd **appreciate** it if … …だとありがたいのですが
	appreciate は目的語に人を取らないので ×I appreciate you としない	
643 ☐ **apologize** [əpá(:)lədʒàız]	動 (Aについて)(人に)謝罪する(to+人)(for A) 〈英〉apologise ⇨ **apology** 名 謝罪	**apologize** for being late 遅れたことを謝る

文法・語法との関連で覚える㉑ 自動詞と他動詞で意味の違いに注意すべき動詞(1)

644 ☐ **lead** [li:d] 活 lead-led-led	動 【自動詞】(Aに)つながる・至る(to A)	**lead** to poor health 不健康につながる
	動 【他動詞】(～するよう)(人)を導く(to *do*) ⇨ **leader** 名 指導者, リーダー	**lead** me to believe that … …と信じるよう私を誘導する
645 ☐ **apply** [əplái]	動 ①【自動詞】(Aに/を)申し込む(to/for A) ②(Aに)当てはまる(to A) ⇨ **application** 名 申し込み, 応募	**apply** for a job 仕事に応募する
	動 【他動詞】…を(Aに)適用する・当てはめる(to A)	can be **applied** to A Aに当てはまる
646 ☐ **decline** [dıkláın]	動 【自動詞】減少する, 衰退する 名 減少, 衰退	the number **declines** 数が減少する
	動 【他動詞】(～すること)を丁寧に断る(to *do*)	**decline** to be a captain キャプテンになるのを丁寧に断る

I **respect** my aunt. She speaks English and Russian.	私はおばを尊敬している。彼女は英語とロシア語が話せるのだ。
I **despise** selfish people who do not think of others.	私は他人のことを考えない身勝手な人を軽蔑する。
My father **criticized** me for spending too much money on clothes.	父は服にあまりに多くのお金を使ったことについて私を批判した。
My mother **praised** me for helping an old lady cross the street.	母は年配の女性が道を渡るのを手伝ったことについて私をほめた。
I'd **appreciate** it if you could translate this for me.	これを私のために翻訳していただけるとありがたいのですが。

| STAGE 2 |

(○ Thank you.)。また，I'd [I would] appreciate it if ... は目的語として it が必要であることに注意。

I **apologized** for being late for the class.	私は授業に遅れたことを謝った。

Working too much may **lead** to poor health.	働き過ぎると不健康につながるかもしれない。
He **led** me to believe that I would receive a lot of money.	彼は私が大金をもらえると信じるよう私を誘導した（がそれは本当ではなかった）。
Sarah **applied** for the job and got it.	セーラはその仕事に応募して職を得た。
This rule cannot be **applied** to all English verbs.	このルールは英語の動詞すべてには当てはまらない。
The number of young people is **declining** in Japan.	日本では若者の数が減少している。
He **declined** to be the captain of our team.	彼は私たちのチームのキャプテンになるのを丁寧に断った。

同じジャンルで覚える㊶　人をだます意味の動詞

647 ☐ **cheat**
[tʃíːt]

動 ①…をだます，…をあざむく
②カンニングをする

cheat her out of A
彼女をだましてAを取る

648 ☐ **trick**
[trík]

動 …をだます
名 ①たくらみ ②いたずら

be **tricked** into *doing*
だまされて〜する

649 ☐ **deceive**
[dɪsíːv]

動 …をだます

be **deceived** into *doing*
だまされて〜する

> trick と deceive は意味と使い方がほぼ同じだが，deceive は trick よりも
> フォーマルで，より深刻な文脈で用いられる。

650 ☐ **betray**
[bɪtréɪ]

動 …を裏切る

betray *one's* friend
友達を裏切る

同じジャンルで覚える㊷　予想する・想像するの意味を持つ語

651 ☐ **suppose**
[səpóʊz]

動 …だろうと思う
熟 be supposed to *do* (→1113)

suppose（that）...
…だろうと思う

652 ☐ **guess**
[ges]

動 ①…を推測する
②【I guess ...】(何となく)…と思う

guess what ...
…は何か推測する

653 ☐ **imagine**
[ɪmǽdʒɪn]

動 …を想像する
⇨ imagination 名 想像(力)

imagine *one's* life
生活を想像する

654 ☐ **predict**
[prɪdíkt]

動 …を予測する，…を予言する
⇨ prediction 名 予測，予言
⇨ predictable 形 予測可能な

predict a lot of snow
大雪を予測する

同じジャンルで覚える㊸　拒否・抵抗を表す動詞

655 ☐ **refuse**
[rɪfjúːz]

動 （〜すること）を断る・拒否する (to *do*) 類 reject …を断る (→54)
⇨ refusal 名 拒絶

refuse to lend me A
Aを私に貸すのを拒否する

656 ☐ **resist**
[rɪzíst]

動 …を我慢する，…に抵抗する
⇨ resistance 名 抵抗
⇨ resistant 形 抵抗力のある

resist buying A
Aを買うのを我慢する

657 ☐ **protest**
[prətést] アク

動 ①(Aに)抗議する (against A)
②【- that ...】…を主張する
名 [próʊtest] 抗議

protest against the war
戦争に抗議する

The man who **cheated** her out of money was caught by the police.	彼女からお金をだまし取った男は警察に捕まった。
Do not be **tricked** into giving your personal information online.	だまされて個人情報をオンラインで提供してはいけない。
She was **deceived** into believing that he would marry her.	彼女はだまされて，彼が彼女と結婚すると信じた。
I can't **betray** my friend by telling her secrets.	秘密を話して友達を裏切ることはできない。
I **suppose** (that) we should stop working now. It's six p.m.	私たちはもう仕事を止めるべきだろうと思う。6時だ。
Can you **guess** what is in this box?	この箱に入っているのは何か推測できますか。
It is difficult to **imagine** my life without books.	本のない生活を想像するのは難しい。
The weather forecast **predicts** a lot of snow during the next week.	天気予報は来週中の大雪を予測している。
My brother **refused** to lend me his bicycle.	兄は私に自転車を貸すのを拒否した。
I couldn't **resist** buying the shoes.	私はその靴を買うのを我慢できなかった。
Many people **protested** against the Vietnam War.	たくさんの人がベトナム戦争に抗議した。

STAGE 2

同じジャンルで覚える㊹ 人の心の動きを表す形容詞(2)

658 jealous
[dʒéləs]

形 (Aを)ねたんで・嫉妬して (of A)
⇨ jealousy 名 ねたみ，嫉妬

be **jealous** of A
Aをねたんでいる

659 upset
[ʌpsét]

形 取り乱した，腹を立てた

be **upset** by the news
その知らせに取り乱している

660 amused
[əmjú:zd]

形 面白がって
⇨ amusing 形 面白い
⇨ amusement 名 面白さ

no one looks **amused**
誰も面白そうでない

661 thrilled
[θrɪld]

形 (人が)わくわくして
⇨ thrilling 形 (物事が)わくわくさせる

be **thrilled** by a trip
旅行にわくわくしている

662 delighted
[dɪláɪtɪd]

形 大変うれしく思って
⇨ delight 名 大喜び

be **delighted** to pass A
Aに合格してとても喜んでいる

663 ashamed
[əʃéɪmd]

形 (道徳的に) (Aを)恥じて (of A)
⇨ shame 名 ①残念なこと ②恥(→80)

be **ashamed** of my behavior
自分の行為を恥じている

ashamed のように -ed で終わる人の心の動きを表す形容詞については，
UNIT 9「人の心の動きを表す形容詞(1)」も参照のこと。

同じジャンルで覚える㊺ 気持ちに関する名詞

664 emotion
[ɪmóʊʃ(ə)n]

名 (強い)感情，感動
⇨ emotional 形 感情的な

show *one's* **emotions**
感情を表に出す

665 mood
[mu:d]

名 ①気分，機嫌
　　②雰囲気

be in a bad **mood**
機嫌が悪い

666 temper
[témpər]

名 ①(怒りっぽい)気質，機嫌
　　②平静な気分

have a bad **temper**
機嫌が悪い

temper は特に「怒りっぽい気質［短気］」の意味で用いられることが多い。
☞ control *one's* **temper**「かんしゃくを抑える」

667 desire
[dɪzáɪər]

名 欲望，願望
動 …を望む

a **desire** to become A
Aになりたいという願望

The queen <u>was</u> **jealous** <u>of</u> Snow White's beauty.	女王は白雪姫の美しさ<u>をねたんでいた</u>。
I <u>was</u> very **upset** <u>by</u> <u>the</u> sad <u>news</u>.	その悲しい<u>知らせ</u>に私はとても**取り乱した**。
<u>No</u> <u>one</u> <u>looked</u> **amused** when I told a joke.	私が冗談を言ったとき<u>誰も</u>**面白そうではなかった**。
I <u>was</u> **thrilled** <u>by</u> our school <u>trip</u> to Taiwan.	私は台湾への修学<u>旅行</u>に**わくわくしていた**。
My brother <u>was</u> **delighted** <u>to</u> <u>pass</u> the entrance exam.	私の弟は入学試験<u>に合格して</u>とても**喜んでいた**。
<u>I</u>'m **ashamed** <u>of</u> <u>my</u> foolish <u>behavior</u>.	私は<u>自分の</u>愚かな<u>行為を</u>**恥じている**。

He usually doesn't <u>show</u> <u>his</u> **emotions** on his face.	彼はたいてい**感情**を顔に<u>出さ</u>ない。
Tom <u>is</u> <u>in</u> <u>a</u> <u>bad</u> **mood** today. I wonder why.	トムは今日**機嫌が悪い**。なぜなんだろう。
He often <u>had</u> <u>a</u> <u>bad</u> **temper** when he was a teenager.	10代のころ彼は**機嫌が悪い**ことが多かった。

また②の「平静な気分」の意味にも注意。☞ lose *one's* **temper** 「かっとする」

I had <u>a</u> strong **desire** <u>to</u> <u>become</u> an actor when I was young.	若いころ私は俳優<u>になりたいという</u>強い**願望**があった。

同じジャンルで覚える㊻　驚きや不満に関する形容詞

668 amazed
[əméɪzd]

形 びっくりして
⇨ amaze 動 …をびっくりさせる

be **amazed** at A
Aにびっくりしている

669 astonished
[əstá(:)nɪʃt]

形 非常に驚いて
⇨ astonish 動 …を非常に驚かす
⇨ astonishment 名 大変な驚き

be **astonished** to *do*
〜して非常に驚いている

670 annoyed
[ənɔ́ɪd]

形 いらだって
⇨ annoy 動 …をいらいらさせる

be **annoyed** by A
Aにいらだっている

671 frustrated
[frʌ́streɪtɪd]

形 欲求不満で
⇨ frustrate 動 …を欲求不満にさせる
⇨ frustration 名 欲求不満

be **frustrated** by A
Aに不満である

これらは動詞の過去分詞から派生した形容詞である。現在分詞(-ing 形)から

同じジャンルで覚える㊼　人に困惑を与える意味の動詞

672 disturb
[dɪstə́ːrb]

動 …を邪魔する
⇨ disturbing 形 不安にさせる

I'm sorry to **disturb** you
お邪魔してすみません

673 interrupt
[ìntərʌ́pt]

動 …をさえぎる，…を邪魔する

interrupt you
あなたを邪魔する

674 bother
[bá(:)ðər]

動 …を悩ませる，
　　…をわずらわせる

bother my friend
友達をわずらわせる

675 irritate
[írɪtèɪt]

動 …をいらいらさせる
⇨ irritated 形 いらいらして

irritate me by *doing*
〜して私をいらいらさせる

676 ignore
[ɪɡnɔ́ːr]

動 …を無視する
⇨ ígnorance 名 無知

ignore what he says
彼の言うことを無視する

同じジャンルで覚える㊽　不安・恐怖に関する名詞

677 fear
[fɪər]

名 (Aへの)恐怖(心)・不安(of A)
動 …を恐れる，…を心配する
※ horror の方が強い恐怖を表す

a **fear** of flying
飛行機への恐怖

678 terror
[térər]

名 ①(強い)恐怖　②テロ(= terrorism)
⇨ terrify 動 …をおびえさせる

run in **terror**
恐怖を感じて逃げる

679 horror
[hɔ́ːrər]

名 (ぞっとするような)恐怖
⇨ horrible 形 ひどいいやな(→64)

a **horror** film
恐怖 [ホラー] 映画

We were all **amazed** at how well Sarah played the piano.	私たちはみなセーラのピアノの上手さ**にびっくりした。**
Everyone was **astonished** to hear the results of the election.	誰もがその選挙の結果**を聞いて非常に驚いていた。**
I'm often **annoyed** by the sound of trains passing near my house.	私はよく家の近くを通る電車の音**にいらいらする。**
I was **frustrated** by the sudden change of plans.	私は計画の急な変更**に不満だった。**

派生した形容詞 (amazing, astonishing, annoying, frustrating) もある。

I'm sorry to **disturb** you, but you shouldn't park your car here.	**お邪魔して**すみませんが，ここに駐車してはいけません。
I hope I'm not **interrupting** you.	**あなたのお邪魔**でなければいいのですが。
I didn't want to **bother** my friend, so I did it all by myself.	**友達をわずらわせ**たくなかったので，私はそれをすべて自分でやった。
Tom **irritates** me by playing games all the time.	トムは四六時中ゲーム**をして私をいらいらさせる。**
You should **ignore** what he said to you.	あなたは彼があなたに言ったこと**を無視する**べきだ。

He always travels by train because of his **fear** of flying.	**飛行機への恐怖**のために彼はいつも電車で旅行する。
When the volcano erupted, people living in Pompeii ran in **terror**. ※ erupt 噴火する	火山が噴火したとき，ポンペイに住む人々は**恐怖を感じて逃げた。**
I couldn't sleep well after watching a **horror** film.	**ホラー映画**を見たあと，私はよく眠れなかった。

同じジャンルで覚える㊾　学問名

680 **chemistry**
[kémɪstri]

名 化学
⇨ **chemist** 名 化学者

a **chemistry** lesson
化学の授業

---

681 **astronomy**
[əstrá(:)nəmi] アク

名 天文学
⇨ **astrónomer** 名 天文学者

a book on **astronomy**
天文学に関する本

---

682 **philosophy**
[fəlá(:)səfi] アク

名 哲学
⇨ **philosóphical** 形 哲学の

Greek **philosophy**
ギリシャ哲学

---

683 **geography**
[dʒiá(:)grəfi] アク

名 地理学，地理

a **geography** test
地理のテスト

---

684 **psychology**
[saɪká(:)lədʒi] 発音

名 心理学，心理
⇨ **psychológical** 形 心理学の，心理的な
⇨ **psychólogist** 名 心理学者

psychology is popular
心理学は人気がある

---

685 **biology**
[baɪá(:)lədʒi] アク

名 生物学
⇨ **biologist** 名 生物学者

a **biology** teacher
生物学の先生

引き出し 【-y で終わる学問名】　□ sociology 「社会学」

---

686 **physics**
[fízɪks] 発音

名 物理学
⇨ **physical** 形 身体の，物理的な（→1253）

be good at **physics**
物理学が得意だ

---

687 **economics**
[ì:kəná(:)mɪks] アク

名 経済学
⇧ **economic** 形 経済の（→329）

teach **economics**
経済学を教える

---

688 **linguistics**
[lɪŋgwístɪks]

名 言語学
⇨ **linguistic** 形 言語（学）の

Japanese **linguistics**
日本語（言語）学

Japanese linguistics は「日本語学」と訳すのが一般的。

---

689 **literature**
[lít(ə)rətʃər]

名 文学
⇨ **literary** 形 文学の（→1940）

American **literature**
アメリカ文学

---

690 **architecture**
[á:rkətèktʃər] 発音

名 建築学，建築
⇨ **architect** 名 建築家

study **architecture**
建築学を学ぶ

We have **chemistry** lessons twice a week.	私たちは週に2回**化学の授業**がある。
My teacher wants to write a book on **astronomy**.	私の先生は**天文学に関する本**を書きたがっている。
I'm interested in Greek **philosophy**.	私は**ギリシャ哲学**に興味がある。
We have a **geography** test next week.	私たちは来週**地理のテスト**がある。
Psychology is very popular among students now.	**心理学**は今生徒の間でとても**人気だ**。
My father is a **biology** teacher.	私の父は**生物学の先生**だ。

□ anthropology 「人類学」

My sister is very good at **physics**.	私の姉は**物理学**が大の**得意だ**。
My uncle teaches **economics** at college.	私のおじは大学で**経済学を教えている**。
Mark is studying Japanese **linguistics**.	マークは**日本語（言語）学**を勉強している。
Mrs. Akiyama is a specialist in American **literature**.	秋山先生は**アメリカ文学**の専門家だ。
My cousin is studying **architecture** at university.	私のいとこは大学で**建築学を学んでいる**。

コロケーションで覚える⑬ 〈学問・研究〉

691 ☐	**favorite** [féɪv(ə)rət]	形 お気に入りの，大好きな	**my favorite subject** 私の大好きな科目
692 ☐	**subject** [sʌ́bdʒekt]	名 ①科目 ②主題 ③主語	

> favorite 自体に「最も」の意味が含まれるので，× very favorite などと very をつけないのが原則。

693 ☐	**general** [dʒén(ə)r(ə)l]	形 一般的な，全体的な ⇨ **generally** 副 一般的に	**general knowledge** 一般知識
694 ☐	**knowledge** [nɑ́(ː)lɪdʒ] 発音	名 知識	
695 ☐	**achieve** [ətʃíːv]	動 …を達成する，…を獲得する ⇨ **achievement** 名 達成，業績	**achieve a goal** 目標を達成する
696 ☐	**goal** [goʊl]	名 目標 類 **purpose** 目的 / **aim** 目的	
697 ☐	**improve** [ɪmprúːv]	動 …を向上させる，向上する ⇨ **improvement** 名 改善，進歩	**improve one's skills** 能力を向上させる
698 ☐	**skill** [skɪl]	名 (学んで身につける特殊な)技術， 能力 ⇨ **skilled** 形 熟練した	
699 ☐	**submit** [səbmít]	動 …を提出する 同 **hand in** A[A in] (→840)	**submit one's assignment** 課題を提出する
700 ☐	**assignment** [əsáɪnmənt] 発音	名 ①課題 ②任務 ⇨ **assign** 動 …を割り当てる (→2284) 関 **paper** 名 論文，レポート (→719)	
701 ☐	**effective** [ɪféktɪv]	形 効果的な ⇨ **effect** 名 影響，効果 (→747)	**an effective method** 効果的な方法
702 ☐	**method** [méθəd]	名 (組織的な)方法，方式	

Math and English are <u>my</u> **favorite subjects**.

数学と英語は<u>私の**大好きな科目**</u>だ。

Learning **general knowledge** is important for students.

<u>**一般知識**</u>を学ぶことは生徒にとって大切だ。

We have **achieved** <u>the</u> **goal** of our project.

私たちはプロジェクトの<u>**目標を達成した**</u>。

I often watch movies in English to **improve** <u>my</u> listening **skills**.

リスニング<u>**能力を向上させる**</u>ために私はよく英語で映画を見る。

I need to **submit** <u>my</u> **assignment** before the end of this week.

私は今週末までに<u>**課題を提出する**</u>必要がある。

Everyone wants to know **effective methods** for memorizing new words.

誰もが新しい単語を覚える<u>**効果的な方法**</u>を知りたい。

似ていて紛らわしい語をセットで覚える⑫ 〈意味が似ている〉

703 □ **factor**
[fǽktər]
名 要因, 要素
an important **factor**
重要な要素

704 □ **element**
[élɪmənt]
名 要素, 要因
類 **component** (構成)要素
a key **element**
重要な要素

705 □ **area**
[éəriə] 発音
名 ①面積 ②地域 ③分野
※「地域」の意味では最も一般的
the **area** of Tokyo Dome
東京ドームの面積

706 □ **volume**
[vá(:)ljəm]
名 容量, 容積
the **volume** of water
水の容積

707 □ **region**
[rí:dʒ(ə)n]
名 (比較的広い)地域・地方
⇨ **regional** 形 地域の(→2201)
a hot **region**
暑い地域

708 □ **district**
[dístrɪkt]
名 (比較的狭い)地域・地区
in our school **district**
私たちの学区に

709 □ **debate**
[dɪbéɪt]
名 (公式な)討論(会)
動 …を討論する
have a **debate**
討論をする

710 □ **argument**
[á:rgjəmənt]
名 ①議論 ②口論 ③主張
⇨ **argue** 動 …と主張する(→633)
have an **argument**
口論する

711 □ **refer**
[rɪfə́:r] アク
動 【refer to A】①Aに言及する
②Aを示す ③Aを参照する
⇨ **réference** 名 言及, 参照
refer to the problem
その問題に言及する

712 □ **mention**
[ménʃ(ə)n]
動 …に言及する, …を話に出す
mention the time
時間に言及する

713 □ **stress**
[stres]
名 ①強勢, アクセント ②重点
動 …を強調する
the **stress** in this word
この単語のアクセント

714 □ **emphasize**
[émfəsàɪz]
動 …を強調する
⇨ **emphasis** 名 強調
emphasize the need
必要性を強調する

715 □ **found**
[faʊnd]
動 …を設立する
be **founded** in 1636
1636年に設立される

716 □ **establish**
[ɪstǽblɪʃ]
動 …を設立する
UNICEF was **established**
ユニセフが設立された

Sleeping is <u>an important</u> **factor** for brain function.	睡眠は脳の機能の<u>重要な**要素**</u>である。
One <u>key</u> **element** in data collection is its quantity.	データ収集におけるひとつの<u>重要な**要素**</u>はその量である。
<u>The</u> **area** <u>of Tokyo Dome</u> is about 47,000 square meters.	<u>東京ドームの**面積**</u>は約 47,000 平方メートルだ。
What is <u>the</u> **volume** of 1 kilogram of <u>water</u>?	1 キログラムの<u>水の**容積**</u>はどれくらいですか。
Some insects from <u>hot</u> **regions** are found in Japan nowadays.	近頃<u>暑い**地域**</u>の昆虫が日本で見られる。
There are five high schools <u>in our school</u> **district**.	<u>私たちの**学区**</u>には 5 つの高校があります。
If class sizes were smaller, we could <u>have</u> more **debates**.	クラスの規模がもっと小さかったらもっと**討論をする**ことができるのに。
I <u>had an</u> **argument** with my girlfriend about our wedding.	僕はガールフレンドと結婚式について**口論**した。
Did he **refer to** <u>the problem</u> in his speech?	彼はスピーチの中で<u>その**問題に言及**し</u>ましたか。
Did he **mention** <u>the time</u> of the meeting?	彼は会議の<u>**時間について言及**</u>しましたか。
Where is <u>the</u> **stress** <u>in this word</u>?	<u>この単語の**アクセント**</u>はどこですか。
Doctors **emphasize** <u>the need</u> for exercise to remain healthy.	医者は健康でいるために運動の<u>**必要性を強調**している</u>。
Harvard University <u>was</u> **founded** in <u>1636</u>.	ハーバード大学は<u>1636 年に**設立**された</u>。
Do you know when <u>UNICEF was</u> **established**?	<u>ユニセフが</u>いつ**設立**されたか知っていますか。

コロケーションで覚える⑭ 〈研究〉

717 challenge
[tʃǽlɪn(d)ʒ]
動 (意見)に異議を唱える，(人)に挑戦する 名 (やりがいのある)課題
⇨ **challenging** 形 (困難だが)やりがいのある

challenge the theory
学説に異議を唱える

718 theory
[θíːəri] 発音
名 理論，学説
⇨ **theorétical** 形 理論(上)の(→2055)
熟 **in theory** (→1986)

日本語では「何か新しいことをやってみる」の意味で「チャレンジする」と言うが，英語ではその場合は try を使う。

719 paper
[péɪpər]
名 ①論文，レポート
②紙

the paper is due …
論文は…が締め切りだ

720 due
[djúː]
形 ①(提出物などの)期限が来て
②予定されて
熟 **due to** A (→2023)

paper は「紙」の意味では原則数えられないので，数えるときは a piece of paper などと言う。

721 conduct
[kəndʌ́kt] アク
動 (調査など)を実施する・行う
名 [kɑ́(ː)ndʌkt] 行為
⇨ **condúctor** 名 指揮者

conduct a survey
調査を実施する

722 survey
[sə́ːrveɪ] アク
名 調査
動 [sərvéɪ] …を調査する

723 hold [hoʊld]
活 hold-held-held
動 ①(会議・パーティーなど)を開く
②…をつかんでいる

a conference is held
会議が開かれる

724 conference
[kɑ́(ː)nf(ə)r(ə)ns]
名 (公式で大規模な)会議

同じジャンルで覚える㊿ 研究に関する語

725 research
[ríːsəːrtʃ]
名 研究 動 …を研究する
⇨ **reséarcher** 名 研究者

do research on A
Aについての研究を行う

do research on A は conduct a survey on A とほぼ同じ意味。

726 laboratory
[lǽb(ə)rətɔ̀ːri]
名 実験室，研究所
略 **lab**

in the laboratory
実験室で

727 prove
[prúːv]
動 …を証明する
⇨ **proof** 名 証拠，証明
熟 **prove (to be)** C (→2032)

prove (that) …
…ということを証明する

The results of the study **challenge the theory** that coffee is bad for you.	その研究結果はコーヒーは体に良くないという**説に異議を唱えている**。

STAGE **2**

The **paper** is **due** at the end of this month.	**論文**は今月末が**締め切り**だ。
We **conducted** a **survey** on the use of the school library.	私たちは学校図書館の使用についての**調査を実施した**。
The **conference** will be **held** in Osaka this year.	今年は大阪で**会議**が**開かれる**予定だ。
I want to do **research** on students' eating habits.	私は生徒の食習慣についての**研究を行いたい**。
We often do experiments in the **laboratory**.	私たちはよく**実験室**で実験を行う。
I need to **prove** (that) what is written in this report is right.	私はこのレポートに書いてあることが正しいということを証明する必要がある。

同じジャンルで覚える(51) 統計やデータ集計に関する語

728 □ **statistics** [stətístɪks]
名 統計 ※複数扱い
statistics show that ...
統計は…を示している

729 □ **percentage** [pərséntɪdʒ] アク
名 百分率，割合
類 **percent** パーセント(%)
What **percentage** of people
何パーセントの人

percent は単位として数字の後ろに置く。percentage は percent で示した「割合」，つまり全体を100としたときの割合のこと。

730 □ **majority** [mədʒɔ́:rəti]
名 大多数，多数(派)
反 **minority** 少数(派) (→2198)
the **majority** of the class
クラスの大多数

731 □ **exception** [ɪksépʃ(ə)n]
名 例外
⇨ **except** 前 …を除いて
⇨ **exceptional** 形 例外的な
with the **exception** of A
Aは例外として

732 □ **ratio** [réɪʃiou] 発音
名 (2者間の)比率・比
類 **rate** 割合，率(→1044)
the **ratio** of A to B
AとBの比率

733 □ **chart** [tʃɑ:rt]
名 図表，グラフ
類 **graph** グラフ / **table** 表
be shown on the **chart**
図表に示されている

引き出し □a bar chart「棒グラフ」 □a pie chart「円グラフ」

734 □ **item** [áɪtəm]
名 (表などの)項目，品物
the first **item**
最初の項目

同じジャンルで覚える(52) 計算に関する語

735 □ **calculate** [kǽlkjəlèɪt]
動 …を計算する
⇨ **calculation** 名 計算
calculate the amount
量を計算する

736 □ **equal** [í:kw(ə)l] アク
形 (Aに)等しい(to A)
動 …に等しい
A is **equal** to B
AはBに等しい

737 □ **multiply** [mʌ́ltəplàɪ]
動 (数)を掛ける，…を増やす
⇨ **multiple** 形 多数の
5 **multiplied** by 4
5掛ける4

738 □ **divide** [dɪváɪd]
動 (数)を割る，…を(Aに)分ける(into A)
⇨ **division** 名 分割，割り算，部門
51 **divided** by 17
51割る17

「足す」は add(→278 **add** A **to** B)(「足し算」は addition)，「引く」は subtract(→1721 **subtract** A **from** B)(「引き算」は subtraction)。

Statistics show that one-fifth of the population of Japan is over 70.

統計は日本の人口の5分の1が70歳を超えていることを示している。

What percentage of people die of heart attacks every year?

毎年何パーセントの人が心臓発作によって死亡しているのですか。

また，「何パーセントの…が～ですか」は ○ What percentage of ...? とし，× What percent of ... や，× How much percentage of ...は誤り。

The majority of the class said "yes" to the first question.

最初の質問にクラスの大多数は「はい」と言った。

No dogs are allowed, with the exception of guide dogs.

盲導犬は例外として，イヌの持ち込みは禁じられている。

The ratio of boys to girls at my school is two to one.

私の学校の男子と女子の比率は2対1だ。

The number of university students for the last 30 years is shown on the chart.

ここ30年の大学生の数が図表に示されている。

The first item in the table is the listening test score.

表の最初の項目はリスニングテストの点数です。

I usually calculate the amount of money I spend each month.

私はたいてい各月に使った金額を計算する。

One mile is nearly equal to 1.6 kilometers.

1マイルは1.6キロメートルにほぼ等しい。

5 multiplied by 4 is 20.

5掛ける4は20。

51 divided by 17 is 3.

51割る17は3。

STAGE 2

3＋2＝5は3 plus 2 is [equals] 5，5－2は5 minus 2 is [equals] 3と言う。

コロケーションで覚える⑮　〈健康・医療〉

739 **sore**
[sɔːr]

形 (炎症などで)痛い
関 **itchy** 形 かゆい

have a sore throat
のどが痛い

740 **throat**
[θroʊt]

名 のど

741 **relieve**
[rilíːv]

動 ①(苦痛など)を和らげる　②(人)を安心させる　⇨ **relief** 名 安堵
⇨ **relieved** 形 安心した

relieve the pain
痛みを和らげる

742 **pain**
[peɪn]

名 痛み，苦痛

743 **cure**
[kjuər]

動 (人や病気)を治療する，(問題など)を取り除く　名 治療

cure the disease
その病気を治す

744 **disease**
[dɪzíːz] 発音

名 病気
関 **illness** 病気(の状態)

cure は cure A of B「AのBを治療する」の形でもよく用いられる。

似ていて紛らわしい語をセットで覚える⑬　〈意味が似ている〉

745 **alike**
[əláɪk]

形 似ている，同様な

the houses are **alike**
家が似ている

746 **similar**
[sím(ə)lər]

形 よく似た，類似した
⇨ **similárity** 名 類似(点)

have **similar** tastes
好みが似ている

意味は似ているが，alike は名詞の前に置いて修飾できない点が大きな違い。

747 **effect**
[ɪfékt]

名 ①影響，効果[効用]　②結果
⇨ **effective** 形 効果的な(→701)

have an **effect** on A
Aに影響を与える

748 **impact**
[ímpækt]

名 影響，衝撃

make an **impact** on A
Aに影響を与える

effect は②の「結果」の意味にも注意(右ページ参照)。

749 **influence**
[ínfluəns] アク

動 (間接的に思想や芸術など)に影響を与える　名 影響(力)
⇨ **influéntial** 形 影響力の強い

be **influenced** by A
Aの影響を受ける

750 **affect**
[əfékt]

動 (直接的に物事)に影響する
関 **effect** 名 影響，効果(→747)

be **affected** by A
Aの影響を受ける

I've <u>had a</u> **sore throat** for a couple of days.	私はここ２，３日**のどが痛い**。
Put some ice on your foot. It will **relieve** <u>the</u> **pain**.	氷を足の上に当ててみてください。**痛みを和らげて**くれるでしょう。
Doctors are looking for new ways to **cure** <u>the</u> **disease**.	医師たちは**その病気を治す**新しい方法を探している。

STAGE **2**

<u>The houses are</u> all **alike** on that road.	あの道にある**家は皆似ている**。
My brother and I <u>have</u> **similar** <u>tastes</u> in music.	弟と私は音楽の**好みが似ている**。

☞ My brother and I have × alike tastes in music.

Eating well will <u>have a</u> positive **effect** <u>on</u> your health.	しっかり食べることは健康**に良い影響を与える**でしょう。
Computers <u>have made a</u> huge **impact** <u>on</u> modern life.	コンピューターは現代の生活**に非常に大きな影響を与えてきた**。

☞ a cause and **effect** relationship「因果関係」

His painting style <u>was</u> **influenced** <u>by</u> Monet.	彼の絵画様式はモネ**の影響を受けていた**。
Many tents were sent to the area which <u>was</u> **affected** <u>by</u> the hurricane.	ハリケーン**の影響を受けた**地域にたくさんのテントが送られた。

同じジャンルで覚える㊙　病気・けが・治療に関する語

751 □ fever
[fíːvər]

名 ①(病気による)熱，発熱　②熱狂
〈英〉temperature

have a **fever**
熱がある

752 □ injure
[índ(ʒ)ər]

動 (人や身体の一部)にけがをさせる，
【be -d】けがをする

my brother was **injured**
弟がけがをした

753 □ hurt [hə́ːrt] 発音
屈 hurt-hurt-hurt

動 ①(身体や心)を傷つける
②痛む

hurt one's leg
足をけがする

754 □ symptom
[sím(p)təm]

名 症状

a **symptom** of a cold
風邪の症状

755 □ treatment
[tríːtmənt]

名 ①治療(法)　②取り扱い
⇨ treat 動 …を扱う(→535 treat A as B)

treatment for a cold
風邪の治療法

756 □ medicine
[méds(ə)n]

名 ①薬　⑩ drug　②医学
⇨ medical 形 医学の(→780)

take **medicine**
薬を飲む

> 「薬を飲む」という日本語に引きずられて × drink medicine としないこと。
> また，medicine は特定の薬について言うとき以外は原則不可算名詞。

757 □ operation
[à(ː)pəréiʃ(ə)n]

名 ①手術　②活動　③操作
⇨ óperate 動 …を操作する(→133)

have an **operation**
手術を受ける

同じジャンルで覚える㊙　体の部位に関する語

758 □ muscle
[mÁs(ə)l] 発音

名 筋肉
⇨ muscular 形 筋肉の

my leg **muscles** ache
足の筋肉が痛い

759 □ nerve
[nə́ːrv]

名 神経，【-s】神経過敏

pull out the **nerve**
神経を抜く

760 □ stomach
[stÁmək] 発音

名 胃，腹部
屈 stomachache 名 腹痛

on an empty **stomach**
空腹で

761 □ foot
[fút]

名 ①(くるぶしから下の)足
②(長さの単位)フット　※約30cm　屈 feet
屈 leg 名 くるぶしまでの足

cold hands and **feet**
冷たい手足

762 □ tooth
[túːθ]

名 歯
屈 teeth

brush one's **teeth**
歯を磨く

> 引き出し 【体の部位】　□ wrist「手首」　□ ankle「足首，くるぶし」

I think I <u>have a</u> **fever**, so I want to go to bed soon.	私は**熱がある**と思うのですぐにベッドで休みたい。
<u>My</u> <u>brother</u> <u>was</u> hit by a car and **injured** this morning.	<u>弟は</u>今朝車にひかれて**けがをした**。
I **hurt** <u>my</u> leg when I fell off my bike.	私は自転車でこけたときに<u>足</u>**をけがした**。
Do you have any **symptoms** <u>of</u> <u>a</u> <u>cold</u>?	何か<u>風邪の</u>**症状**はありますか。
What is the best **treatment** <u>for</u> <u>a</u> <u>cold</u>?	<u>風邪の</u>最善の**治療法**は何ですか。
<u>Take</u> this **medicine** three times a day after meals.	1日に3回食後にこの**薬を飲みなさい**。

I <u>had</u> <u>an</u> **operation** after I broke my arm. ※ take an operation という誤りが多い	腕を骨折したあと私は**手術を受けた**。

After a long walk, <u>my</u> <u>leg</u> **muscles** <u>ached</u>. ※ muscle は複数あるので複数形を用いる	長い散歩のあとで, <u>足の</u>**筋肉**が痛かった。
The dentist <u>pulled</u> <u>out</u> <u>the</u> **nerve** from the tooth.	歯医者は歯から**神経を抜いた**。
Some people think that you shouldn't drink coffee <u>on</u> <u>an</u> <u>empty</u> **stomach**.	<u>空腹</u>でコーヒーを飲まない方がよいと考える人もいる。
I often have <u>cold</u> <u>hands</u> <u>and</u> **feet** in winter.	私は冬によく**手足が冷える**。
Some people <u>brush</u> <u>their</u> **teeth** three times a day.	1日に3回**歯を磨く**人もいる。

□ knee「ひざ」　shoulder「肩」　□ waist「腰, ウエスト」　□ chest「胸(部)」(→1260)

コロケーションで覚える⑯ 〈健康・医療〉

763 □ **identify** [aɪdéntəfàɪ]
動 …が誰か[何か]を確認[特定]する
⇨ identity 名 身元，アイデンティティ
⇨ identical 形 まったく同じの

764 □ **cause** [kɔːz]
名 原因，（正当な）理由
動 …を引き起こす
成 cause A to *do* (→1410)

identify the cause
原因を特定する

765 □ **stable** [stéɪb(ə)l]
形 安定した
反 unstable 不安定な

766 □ **condition** [kəndíʃ(ə)n]
名 ①状態，[-s]状況 ②条件

in stable condition
容態が安定して

767 □ **lung** [lʌŋ]
名 肺

768 □ **cancer** [kǽnsər]
名 がん

lung cancer
肺がん

引き出し □ skin cancer 「皮膚がん」 □ stomach cancer 「胃がん」

769 □ **lack** [læk]
名 不足 同 shortage(→976)
動 …を欠く 似 luck 名 幸運

770 □ **exercise** [éksərsàɪz]
名 ①運動 ②練習(問題)
動 運動をする

lack of exercise
運動不足

同じジャンルで覚える(55) 呼吸・息に関する語

771 □ **breathe** [briːð] 発音
動 呼吸する
⇨ breath [breθ] 名 息

breathe deeply
深く息を吸う

772 □ **cough** [kɔ(ː)f] 発音
動 せきをする
名 せき

can't stop **coughing**
せきが止まらない

773 □ **sneeze** [sniːz]
動 くしゃみをする
名 くしゃみ

sneeze many times
何度もくしゃみをする

「せき［くしゃみ］を止める」と言う場合，stop *doing* を用い，stop coughing [sneezing] と言えばよい。

<u>The</u> **cause** of the disease has not <u>been</u> **identified** yet.	その病気の**原因**はいまだに**特定されて**いない。

He is now <u>in</u> **stable condition** after having an operation.	手術のあと，彼は今**容態が安定してい**る。

It is widely known that smoking can lead to **lung cancer**.	喫煙が**肺がん**を引き起こしうるということは広く知られている。

□ have [get] cancer 「がんにかかっている [になる]」

Lack of **exercise** can result in many diseases.	**運動不足**は多くの病気の原因になることがある。

The doctor told me to **breathe** <u>deeply</u> and stop.	医者は私に**深く息を吸って**止めるように言った。

I <u>can't stop</u> **coughing**, so I need to see a doctor.	私は**せきが止まらない**ので，医者に診てもらう必要がある。

I **sneezed** <u>many times</u> today. Maybe I have caught a cold.	私は今日**何度もくしゃみが出た**。ひょっとすると風邪をひいたのかもしれない。

STAGE **2**

コロケーションで覚える⑰ 〈健康・医療〉

774 □ **source**
[sɔ:rs]

名 源, 情報源
㉘ **sauce** 名 (調味料の)ソース

a source of protein
たんぱく(質)源

775 □ **protein**
[próuti:n] 発音

名 たんぱく質

引き出し □ carbohydrate 「炭水化物」(→1161) □ fat 「脂肪」

776 □ **brain**
[breɪn]

名 脳

brain function
脳の機能

777 □ **function**
[fʌŋ(k)ʃ(ə)n]

名 機能 動 (正常に)機能する
⇨ **functional** 形 機能の

778 □ **flu**
[flu:]

名 インフルエンザ
※ influenza を短くした形

flu spreads
インフルエンザが広がる

779 □ **spread** [spred]
㉘ spread-spread-spread

動 広まる, …を広げる

一般的に influenza を短くした flu が使われることが多い。また have the flu とは言うが, have a flu とは言わないので注意。

780 □ **medical**
[médɪk(ə)l]

形 医療の, 医学の
⇨ **medicine** 名 薬, 医学 (→756)

medical insurance
医療保険

781 □ **insurance**
[ɪnʃúər(ə)ns]

名 保険

782 □ **donate**
[dóuneɪt]

動 ①(血液など)を提供する
②(物・金など)を寄付する
⇨ **donor** 名 寄付者, (臓器の)提供者

donate blood
献血する

783 □ **blood**
[blʌd] 発音

名 血液
⇨ **bleed** 動 出血する

784 □ **wound**
[wu:nd] 発音

名 傷, けが ※特に武器による外傷を指す
㉘ **injury** (事故などによる)負傷

the wound heals
傷が治る

785 □ **heal**
[hi:l]

動 (傷が)治る, (傷)を治す
㉘ **heel** [同音] 名 かかと

Tofu is a cheap but very good **source** of **protein**.

豆腐は安いがとても良い**たんぱく源**だ。

□ vitamin 「ビタミン」

The amount of sleep affects **brain function**.

睡眠の量は**脳の機能**に影響する。

Flu can **spread** quickly in crowds.

人ごみの中では**インフルエンザ**がすぐに**広がる**ことがある。

The government reformed the **medical insurance** system for the elderly.

政府は高齢者のための**医療保険**制度を改革した。

Have you ever **donated blood**?

献血したことはありますか。

His **wound** did not **heal** quickly after the operation.

彼の**傷は**手術後すぐには**治ら**なかった。

似ていて紛らわしい語をセットで覚える⑭ 〈意味が似ている〉

786 □ part
[pɑːrt]

名 ①部分，一部 ②役割
⇨ partial 形 不完全な

this **part** of my arm
腕のこの部分

787 □ section
[sékʃ(ə)n]

名 ①区間，(分けられた)部分 ②(会社などの)部門

two **sections** of the road
道路の2つの区間

788 □ complicated
[kɑ́(:)mpləkèɪtɪd]

形 複雑な

a **complicated** character
複雑な文字

789 □ complex
[kɑ̀(:)mpléks]

形 複雑な，込み入った

a **complex** problem
複雑な問題

790 □ benefit
[bénɪfɪt]

名 (さまざまな意味の)利益，恩恵
⇨ benefícial 形 有益な(→1564)

the health **benefit**
健康上の利益

791 □ advantage
[ədvǽntɪdʒ] アク

名 利点，強み
反 disadvantage 不利な点

it is an **advantage** to *do*
～することは強みである

792 □ form
[fɔːrm]

名 ①形，形式 ②用紙
動 …を形作る
⇨ formation 名 構成，編成

in electronic **form**
電子形式で

793 □ shape
[ʃeɪp]

名 ①形 ②状態，調子

in the **shape** of A
Aの形をした

794 □ opportunity
[à(:)pərtjúːnəti] アク

名 (良い)機会，好機
類 chance 機会，可能性

give A an **opportunity** to *do*
Aに～する機会を与える

795 □ occasion
[əkéɪʒ(ə)n]

名 ①(特定の)時，機会 ②行事
⇨ occasionally 副 たまに (→347)

have an **occasion** to *do*
～する機会がある

文法・語法との関連で覚える㉒ 準否定語

796 □ hardly
[hɑ́ːrdli]

副 ほとんど～ない

can **hardly** sleep
ほとんど眠れない

797 □ scarcely
[skéərsli]

副 ほとんど～ない ※フォーマル
⇨ scarce 形 不足して

can **scarcely** eat
ほとんど食べられない

798 □ seldom
[séldəm]

副 めったに～ない ※フォーマル

seldom see *one's* son
息子にめったに会わない

This **part** of my arm hurts.	腕のこの**部分**が痛むのです。
Two **sections** of the road are still closed after the heavy snow.	大雪のあと，その道路の２つの**区間**がいまだに閉鎖されている。
This **complicated** Chinese character means "dragon."	この**複雑な**漢字は「龍」を意味する。
Global warming is a **complex** problem.	地球温暖化は**複雑な**問題だ。
The health **benefits** of eating vegetables are well known.	野菜を食べることの健康上の利益はよく知られている。
It is an **advantage** to be able to speak foreign languages.	外国語を話せることは**強み**だ。
We can now read many books in electronic **form**.	私たちは今では多くの本を電子形式で読むことができる。
Tasmania is an island in the **shape** of an apple.	タスマニアはリンゴの形をした島だ。
Students are given the **opportunity** to study abroad in their second year.	生徒は２年生のときに留学する**機会**が与えられる。
Do you have many **occasions** to wear a kimono?	着物を着る機会はたくさんありますか。
I could **hardly** sleep last night after drinking too much coffee.	コーヒーをたくさん飲んだあと，私は昨夜**ほとんど眠れなかった**。
People could **scarcely** eat enough during the war.	戦争中，人々は十分に**食べられることがほとんどなかった**。
Carole **seldom** sees her son because he lives abroad.	キャロルは息子に**めったに会わない**。彼は海外に住んでいるから。

STAGE **2**

〈動詞＋前置詞／副詞〉の表現(2)

799
☐ **take off**

(飛行機が)離陸する
圏 **take off** A[A **off**]　Aを脱ぐ

800
☐ **see** A **off**

Aを見送る

必ず【see A off】の形で用い, ×【see off A】の形では用いない。

801
☐ **keep off** A[A **off**]

①Aを遠ざけておく, A(雨・風など)を防ぐ
②Aに立ち入らない　※ keep off A の形のみ

off は「接している状態から離れる」が基本の意味。

802
☐ **go with** A

Aに合う, Aと調和する
※ go well with のように well が入ることが多い

803
☐ **deal with** A

A(事柄)を扱う, A(仕事・問題)を処理する
圏 **deal-dealt-dealt**　※ dealt の発音は [delt]

804
☐ **cope with** A

A(問題・課題など)にうまく対処する

with は「(人や物)とともにある」が基本の意味。

〈be＋(形容詞化した)過去分詞＋前置詞〉の表現(1)

805
☐ **be filled with** A

Aで満たされている
圏 **be full of** A　Aでいっぱいの

806
☐ **be worried about** A

(今)Aを心配している
圏 **worry about** A　(常に)Aが心配だ
⇒ **worry** 動 …を心配させる, 心配する　图 心配

常に心配していることには worry about A を使う。

807
☐ **be crowded with** A

Aで混雑している
⇒ **crowd** 動 …に群がる　图 群衆, 観衆(→122)

808
☐ **be caught in** A

A(雨・渋滞など)にあう・に巻き込まれる

809
☐ **be based on** A

Aに基づく
⇒ **base** 图 基礎, 土台　動 …の基礎を置く

The plane **took off** on time despite the fog.	霧にもかかわらず，その飛行機は時間通りに**離陸した**。
Can you come to **see** me **off** at the airport when I leave Tokyo?	私が東京を発つとき，空港に**私を見送り**に来てくれますか。
☞ ○ see my friend off　× see off my friend	
I often wear a hat in summer to **keep** the sun **off**.	私は日差し**を防ぐ**ために夏にはよく帽子をかぶる。
This wine **goes** well **with** fish.	このワインは魚に**よく合う**。
Our company tries to **deal with** requests from customers immediately.	我が社は迅速に顧客からの要望**を処理する**よう努めています。
Jack found it hard to **cope with** the large amount of work at college.	ジャックは大学で大量の課題**にうまく対処する**のが難しいと感じた。

She **was filled with** joy on her wedding day.	彼女は結婚式の日，喜び**で満たされていた**。
The students **are worried about** next week's exams.	生徒たちは来週の試験**について心配している**。
☞ I always **worry about** earthquakes. 「私はいつも地震が心配です。」	
The station **was crowded with** people going to the soccer match.	駅はサッカーの試合に行く人々**で混雑していた**。
I **was caught in** the rain on my way home from school and got soaked.	私は学校からの帰宅途中に雨**にあい**，ずぶぬれになった。
The movie **was based on** a true story.	その映画は実話**に基づいていた**。

〈動詞＋前置詞／副詞〉の表現（3）

810
☐ **think over** A[A **over**]　　Aを熟考する

811
☐ **run over** A[A **over**]　　（車・運転者が）Aをひく

812
☐ **turn over** A[A **over**]　　Aをひっくり返す，Aをめくる

813
☐ **ask for** A　　Aを求める　※【ask＋人＋for A】の形もある
　　　　　　　　　㉞ **call for** A　Aを要求する・必要とする　※フォーマル

814
☐ **feel for** A　　Aに同情する

似た意味の表現（1）

815
☐ **apart from** A　　①Aを除いて，Aはさておき　②Aの他に
　　　　　　　　　㉞ **aside from** A

816
☐ **other than** A　　Aの他に，A以外に

817
☐ **in spite of** A　　Aにもかかわらず
　　　　　　　　　㉞ **despite**　※フォーマル

818
☐ **regardless of** A　　Aに関係なく

〈前置詞＋all〉の表現

819
☐ **for all** A　　Aにもかかわらず
　　　　　　　　　㉞ **in spite of** A　Aにもかかわらず（→817）

820
☐ **after all**　　①結局，やはり　②何しろ…だから

821
☐ **above all**　　とりわけ

This book gives lots of new ideas to **think over**.	この本は**熟考す**べき新しいアイデアをたくさん提供してくれる。
The dog was **run over** by a car and got injured.	そのイヌは車に**ひかれて**けがをした。
I forgot to **turn over** the page in the exam, so I missed several questions.	私は試験でページ**をめくる**のを忘れたので，数問を解きそこなった。
He **asked for** a glass of water.	彼はグラス1杯の水**を求めた**。
I really **felt for** the skater when he fell over in the competition.	彼が競技中に転んだとき，私は本当にそのスケーター**に同情した**。
I like all vegetables **apart from** onions.	私はタマネギ**を除いて**すべての野菜が好きだ。
Which languages **other than** German can you speak?	ドイツ語**の他に**何語が話せますか。
The show continued **in spite of** the storm.	嵐**にもかかわらず**，そのショーは続いた。
Greg goes skiing **regardless of** the weather.	グレッグは天候**に関係なく**スキーに行く。
She still loved him, **for all** his faults.	彼には欠点がある**にもかかわらず**，彼女はそれでも彼を愛していた。
She trained hard, but she wasn't chosen for the team **after all**.	一生懸命練習したが，**結局**彼女はチームに選ばれなかった。
I like Japanese food and, **above all**, I like tempura.	私は日本食が好きで，**とりわけ**天ぷらが好きだ。

〈動詞＋前置詞／副詞〉の表現(4)

822
☐ **belong to** A
(人が) A に所属する，(物などが) A のものである

823
☐ **occur to** A
(考えなどが) A (人)の頭に浮かぶ
⇨ **occur** 動 発生する，起こる (→187)

> 形式主語を用いた It occurs to A that ... 「…ということが A の頭に浮かぶ」の形もある (形式主語の It は that 節の内容を指す)。

824
☐ **graduate from** A
A を卒業する
⇨ **graduation** 名 卒業

825
☐ **suffer from** A
A (病気など) を患う，A に苦しむ
⟮関⟯ **suffer** 動 (苦難) を経験する〈他動詞〉

826
☐ **result from** A
A の結果として起こる

827
☐ **result in** A
A という結果に終わる
※ A に動名詞がくることも多い

828
☐ **fill in** A[A in]
(書類・空欄などに) A を書き込む

反対の意味の表現(1)

829
☐ **put on weight**
太る　　⟮同⟯ gain weight
⇨ **put on** A　A を身につける
⇨ **weight** 名 重さ

830
☐ **lose weight**
やせる

831
☐ **up to date**
最新の
⇨ **date** 名 日付，時代

832
☐ **out of date**
時代遅れの

| I **belonged to** the chess club in high school. | 私は高校でチェス部**に所属していた**。 |
| A very good idea **occurred to** me, and my company decided to use it. | とても良い案が私**の頭に浮かび**, 私の会社はそれを使うことを決めた。 |

He **graduated from** a medical college.	彼は医科大学**を卒業した**。
Many people **suffer from** hay fever in spring in Japan.　※ hay fever 花粉症	日本では春になるとたくさんの人が花粉症**に苦しむ**。
The decrease in the average salary **resulted from** the bad economy.	平均給与の減少は不景気**の結果として起こった**。
The difficulty of the exam **resulted in** more people failing.	試験の難しさのため, より多くの人が不合格**という結果になった**。
Fill in the missing words in these sentences.	これらの文中に, 抜けている語**を書き込みなさい**。

Taro **put on weight** when he studied abroad.	留学したとき, 太郎は**太った**。
I've **lost weight** by jogging on weekends.	私は週末にジョギングをして**やせた**。
This phone is not **up to date**, but it's good enough for me.	この電話は**最新で**はないが, 私には十分だ。
Even if you buy a new phone, it'll be **out of date** soon.	たとえ新しい電話を買ったとしても, それはすぐに**時代遅れに**なる。

〈動詞＋前置詞／副詞〉の表現 (5)

833
☐ **check out**

(ホテルなどで) **チェックアウトする**
⊠ **check in** チェックインする
⇨ **check** 動 …を調べる 图 検査

834
☐ **make out** A[A **out**]

A (文字など) **を判読する，A を見分ける**

835
☐ **figure out** A[A **out**]

A **を解決する，A を理解する**
⇨ **figure** 图 ①数値，数字 ②姿 ③図 (→442)

> make out A は主に視覚的に「わかる」ことについて用い，
> figure out A は考えた結果「理解・解決する」ことを表す

836
☐ **give out** A[A **out**]

A **を配る**

837
☐ **wear out** A[A **out**]

A (靴や服など) **を使い古す，A (人) を疲れ果てさせる**
※受動態で用いることが多い
⇨ **wear** 動 …を身につけている 活 wear-wore-worn

> 「人を疲れ果てさせる」の意味にも注意。

838
☐ **point out** A[A **out**]

A **を指摘する**
⇨ **point** 動 …を指し示す

839
☐ **believe in** A

A **の存在を信じる，A の価値を信じる**
⇨ **believe** 動 …を信じる

840
☐ **hand in** A[A **in**]

A (書類・答案など) **を提出する**
圓 **submit** (→699) ※ややフォーマル

3 語が 1 つの前置詞として働く語句 (句前置詞)

841
☐ **in place of** A

A **の代わりに**

842
☐ **in case of** A

A **の場合には，A に備えて**
熟 **in case** S+V S が〜するといけないので
⇨ **case** 图 ①(犯罪) 事件 ②場合，事例 ③事実，真相 (→43)

843
☐ **in addition to** A

A **に加えて** 熟 **in addition** さらに，その上
類 A **as well as** B B だけでなく A も，B に加えて A も

844
☐ **in connection with** A

A **に関連して**
類 **in relation to** A A に関連して

We have to **check out** of the hotel by 10 a.m.	私たちは午前10時までにホテルを**チェックアウトし**ないといけない。
I cannot **make out** what is written here.	私はここに書かれていること**を判読**できない。
I can't **figure out** how to do this puzzle.	このパズルのやり方**が理解**できない。

（figure は「数字」を意味することから，「計算の結果何かがわかる」が元の意味）。

Please **give out** the exam papers to each student.	それぞれの生徒に試験用紙**を配って**ください。
My favorite shoes are almost **worn out**.	私のお気に入りの靴はほぼ**履き古されて**いる。

☞ We were **worn out** after walking all day. 「私たちは一日中歩いて**へとへとに**なった。」

The teacher **pointed out** the mistakes in my report.	先生は私のレポートの間違い**を指摘した**。
Do you still **believe in** Santa Claus?	あなたは今でもサンタクロース**の存在を信じて**いますか。
When do we have to **hand in** our homework?	私たちはいつ宿題**を提出し**なければなりませんか。

Tom went to the meeting **in place of** the boss.	トムは上司**の代わりに**会議に行った。
In case of an earthquake, you should not use the elevators.	地震**の場合には**，エレベーターを使うべきではありません。
In addition to plays, Shakespeare also wrote poetry.	劇**に加えて**，シェイクスピアは詩も書いた。
A man has been arrested **in connection with** the car accident.	その自動車事故**に関連して**男が逮捕された。

〈動詞＋前置詞／副詞〉の表現（6）

845
☐ **clear up** — 晴れ上がる

846
☐ **cheer up** A[A **up**] — Aを励ます，Aを元気づける
⇨ **cheerful** 形 快活な，明るい

> 目的語を伴わない cheer up「（人が）元気を出す」の形でもよく用いる。

847
☐ **depend on** A — A（人）を頼る，A次第である
類 **be dependent on** A　Aに頼っている

848
☐ **rely on** A — Aを頼る，Aを当てにする
⇨ **reliable** 形 信頼できる
⇨ **reliance** 名 依存，信頼

849
☐ **count on** A — Aを頼りにする　※インフォーマル
⇨ **count** 動 ①重要である　②数える（→867）

> count on A to *do*「A（人）が～するのを頼る」の形でよく用いる。

850
☐ **focus on** A — Aに焦点を合わせる，Aに集中する
類 **concentrate on** A（→862 **concentrate**）
⇨ **focus** 名 焦点

> focus A on B「AをBに集中させる」の形でも用いられる。

比較を用いた表現（1）

851
☐ **more or less** — ①大体，ほとんど　②多かれ少なかれ

852
☐ **sooner or later** — 遅かれ早かれ，いずれ

853
☐ **no longer** — もはや～でない

854
☐ **at least** — 少なくとも

855
☐ **at (the) most** — 多くとも，せいぜい
類 **at best** よくても

It will rain tomorrow morning, but should **clear up** in the afternoon.	明日の朝は雨だが，午後には**晴れ上がる**はずだ。
My friends tried to **cheer** me **up** when I was in the hospital.	私が入院していたとき，私の友達は**私を励まそう**としてくれた。
Try not to **depend** too much **on** your dictionary in English classes.	英語の授業では辞書**を頼り**すぎないようにしましょう。
I **rely on** my mother to wake me up for school every day.	私は母が毎日学校のために私を起こしてくれるの**を当てにしている**。
We can always **count on** Ken to have a good idea.	私たちはいつでもケンが良いアイデアを出してくれるの**を頼りにする**ことができる。
The movie **focuses on** the final years of the writer's life.	その映画はその作家の人生の最後の数年**に焦点を合わせている**。
That sentence is **more or less** right. Only one word needs changing.	その文は**大体**正しい。1語だけ変更する必要がある。
Sooner or later they will find out the truth about him.	**遅かれ早かれ**，彼らは彼についての真実を知るだろう。
Max is **no longer** living in Tokyo. He's now in Singapore.	マックスは**もはや**東京には住んで**いない**。彼は今シンガポールだ。
We need **at least** four people for the team.	私たちは**少なくとも**チームに4人必要だ。
It will take an hour **at most** to the top of the mountain.	山頂まで**せいぜい**1時間しかかからないだろう。

STAGE 2

167

反対の意味を持つ語をセットで覚える⑥

856 cooperate
[kouɑ́(:)pərèit]
動 協力する
⇨ **cooperation** 名 協力
cooperate with each other
お互いに協力する

857 compete
[kəmpíːt]
動 (Aと)競う (with A/against A)
⇨ **competítion** 名 競争
⇨ **compétitive** 形 競争的な
compete with each other
お互いに競い合う

858 capture
[kǽptʃər]
動 (人・動物)を捕える
類 **arrest** (人)を逮捕する (→986)
people are **captured**
人々が捕えられる

859 release
[rilíːs]
動 ①…を解き放す・自由にする
　②…を発売する
the man is **released**
男性が釈放される

860 increase
[ínkriːs] アク
動 増える，…を増やす
名 [ínkriːs] 増加
⇨ **increasingly** 副 ますます
one's salary **increases**
給料が増える

861 decrease
[dìːkríːs] アク
動 減る，…を減らす
名 [díːkriːs] 減少
the price **decreases**
価格が下がる

862 concentrate
[kɑ́(:)ns(ə)ntrèit]
動 (Aに)集中する (on A)
類 **focus** 集中する (→850 focus on A)
concentrate on my studies
勉強に集中する

863 distract
[dɪstrǽkt]
動 (注意など)をそらす
the noise **distracts** me
騒音が私の気を散らす

文法・語法との関連で覚える㉓　2つの異なる意味に注意すべき語(2)

864 company
[kʌ́mp(ə)ni]
名 ①仲間　※この意味では不可算
　②会社
good **company**
楽しい仲間

865 respect
[rispékt]
名 点　⇨ **respectively** 副 それぞれ
動 …を尊敬する (→638)
in some **respects**
いくつかの点で

866 object
[ɑ́(:)bdʒekt] アク
名 ①物体　②対象
動 [əbdʒékt] 反対する (→450)
a flying **object**
飛行物体

867 count
[kaunt]
動 ①重要である　②…を数える
成 **count on** A (→849)
成 **count** A **as** B (→1698)
every day **counts**
毎日が重要だ

count には「重要である，…を数える」の他にも「当てにする」(→849 **count on** A)，「見なす」(→1698 **count** A **as** B)の意味があるので注意。

We **cooperated** with each other in our group work.

私たちはグループワークでお互いに協力した。

Many students **competed** with each other in the speech contest.

多くの生徒がスピーチコンテストでお互いに競い合った。

Many Jewish people were **captured** during the war.

戦争中にたくさんのユダヤ人が捕えられた。

The man caught by the police was **released**.

警察に捕まった男性は釈放された。

My father's salary **increased** this month.

今月父の給料が増えた。

The price of butter has **decreased**.

バターの価格が下がった。

I can't **concentrate** on my studies. I'm too sleepy.

私は勉強に集中できない。眠すぎる。

The noise from the TV **distracts** me. Please turn it off.

テレビの騒音で気が散ります。消してください。

Catrina is good **company** because she tells many jokes.

たくさん冗談を言うのでカトリーナは楽しい仲間だ。

American English and British English are different in some **respects**.

アメリカ英語とイギリス英語はいくつかの点で異なる。

What is that flying **object**? A drone?

あの飛行物体は何だ？　ドローン？

Don't waste time. Every day **counts**.

時間をむだにしてはいけない。毎日が重要だ。

169

スペリングに注目して覚える⑨　動詞化する en を含む語

868
encourage
[ɪnkə́ːrɪdʒ]

動 …に（〜するよう）勧める (to *do*)，
…を励ます
反 **discourage** …のやる気をそぐ (→2300)

encourage A to *do*
〜するようAに勧める

869
ensure
[ɪnʃúər]

動 …を確実にする
※フォーマル

ensure (that) S+V
Sが〜することを確実にする

870
enable
[ɪnéɪb(ə)l]

動 …にとって（〜するのを）可能にする (to *do*)　※フォーマル

enable A to *do*
Aが〜するのを可能にする

871
enrich
[ɪnrítʃ]

動 …を豊かにする

enrich *one's* life
生活を豊かにする

872
fasten
[fǽs(ə)n] 発音

動 …を（しっかり）留める，
（ベルトなど）を締める
⇨ **fast** 副 ①速く ②しっかりと (→1665)

fasten *one's* seat belt
シートベルトを締める

873
threaten
[θrét(ə)n]

動 …を脅す，…をおびやかす
⇨ **threat** 名 脅迫，脅威

threaten A with a knife
ナイフでAを脅す

874
frighten
[fráɪt(ə)n]

動 …を怖がらせる
⇨ **fright** 名 恐怖（感）

be **frightened** by A
Aを怖がる

文法・語法との関連で覚える㉔　自動詞と他動詞で意味の違いに注意すべき動詞(2)

875
escape
[ɪskéɪp]

動 ①【他動詞】…をまぬがれる

narrowly **escape** death
かろうじて死をまぬがれる

動 ②【自動詞】（Aから）逃げる (from A)

escape from a cage
おりから逃げる

876
search
[sə́ːrtʃ]

動 ①【他動詞】（場所）を捜索する

search a house
家を捜索する

動 ②【自動詞】（Aを）探す (for A)

search for the money
金を探す

877
reflect
[riflékt]

動 ①【他動詞】…を映す，
…を反射する

reflect the sunlight
太陽の光を反射する

動 ②【自動詞】（Aを）熟考する (on A)

reflect on *one's* life
人生についてじっくり考える

My parents **encouraged** me to study music.	両親は音楽を勉強するよう私に勧めた。
Please **ensure** (that) all your baggage is kept safe.	すべての荷物が安全な状態であることを確かめてください。
Her new glasses **enabled** her to see better.	新しいめがねは彼女がよく見ることを可能にした［新しいめがねのおかげで彼女はよく見えるようになった］。
Starting a new hobby will **enrich** your life.	新しい趣味を始めることは生活を豊かにするだろう。
Everyone must **fasten** their seat belts in a car for safety.	安全のため，車内では全員シートベルトを締めなければなりません。
The attacker **threatened** him with a knife.	襲撃者はナイフで彼を脅した。
My baby was **frightened** by the fireworks.	私の赤ちゃんは花火を怖がった。

He narrowly **escaped** death in a car crash yesterday.	彼は昨日の自動車事故でかろうじて死をまぬがれた。
My rabbit **escaped** from its cage yesterday.	昨日私のウサギがそのおりから逃げた。
The police **searched** the house, and found the stolen money.	警察はその家を捜索し，盗まれた金を発見した。
The police **searched** for the money in the house.	警察はその家でその金を探した。
The river **reflected** the sunlight.	川は太陽の光を反射していた。
He **reflected** on his life as an actor.	彼は俳優としての彼の人生についてじっくり考えた。

STAGE **2**

| 171 |

スペリングに注目して覚える⑩ 「奉仕する」の意味の -serve で終わる動詞

878 □ **preserve**
[prizə́:rv]

動 …を保存する，…を保つ
⇨ **preservation** 图 保存

preserve food
食べ物を保存する

879 □ **conserve**
[kənsə́:rv]

動 (資源や環境など)を保全する
⇨ **conservation** 图 (自然などの)保護

conserve resources
資源を保全する

880 □ **observe**
[əbzə́:rv]

動 ①…を観察する，…に気づく
②(規則など)を守る　※②の意味に注意

observe a class
授業を見学する

881 □ **deserve**
[dizə́:rv]

動 …に値する，
【- to do】〜するに値する

deserve the prize
その賞に値する

serve は「奉仕する」という原義から，「大切に扱う(＝保存する)」，「見守る

似ていて紛らわしい語をセットで覚える⑮ 〈意味が似ている〉

882 □ **admit**
[ədmít]

動 ①…を(しぶしぶ)認める
②…の入場[入学]を認める
⇨ **admission** 图 入場，入学(→171)

finally **admit** (that) …
ついに…だと認める

883 □ **acknowledge**
[əkná(:)lidʒ]

動 (事実・過失など)を認める
⇨ **acknowledg(e)ment** 图 承認

acknowledge (that) …
…だと認める

admit は目的語に動名詞を取ることができるが，不定詞は取らない。

884 □ **differ**
[dífər]

動 異なる
⇨ **difference** 图 違い，相違(点)

differ widely from A
Aと大きく異なる

885 □ **vary**
[véəri]

動 (さまざまに)異なる
⇨ **variation** 图 変動

vary from A to B
AからBでさまざまに異なる

コロケーションで覚える⑱

886 □ **sense**
[sens]

名 感覚，五感(の１つ)
⇨ **sensation** 图 ①感覚　② 【a -】大評判

a sense of direction
方向感覚

887 □ **direction**
[dərékʃ(ə)n]

名 ①方向　②【-s】指示
⇨ **direct** 形 直接の　動 …を向ける(→166)

888 □ **attract**
[ətrǽkt]

動 (興味など)を引き付ける
⇨ **attraction** 图 魅力

attract attention
注意を引く

889 □ **attention**
[əténʃ(ə)n]

名 注意(力)，関心

Vinegar has been used for a long time to **preserve** food.	酢は長い間食べ物を保存するために使われてきた。
It is important to try to **conserve** natural resources.	自然資源を保全するよう努めることは重要だ。
A new teacher **observed** our English class today.	新しい先生が今日私たちの英語の授業を見学した。
He **deserves** the prize because his speech was really good.	彼のスピーチは本当にすばらしかったのでその賞に値する。

（＝観察する）」，「ふさわしい（＝〜に値する）」などの意味にもなる。

He finally **admitted**（that）he had stolen the car.	彼はついにその車を盗んだと認めた。
Did people **acknowledge**（that）the earth was round at that time?	当時，地球が丸いということを人々は認めていましたか。

なお，admit to doing でも同じ意味。

Their opinions still **differ** widely from ours.	彼らの意見は依然として私たちの(意見)とは大きく異なる。
The temperatures **vary** from Hokkaido to Okinawa.	気温は北海道から沖縄でさまざまに異なる。

Some people have **a** very good **sense of direction**, but I don't.	とても優れた方向感覚を持つ人もいるが，私はそうではない。
She always **attracted attention** because of her unusual clothes.	彼女は奇抜な服装でいつも注意を引いていた。

似ていて紛らわしい語をセットで覚える⑯ 〈意味が似ている〉

890 yell
[jel]
動 大声で叫ぶ
圏 shout 叫ぶ
yell at us
私たちに大声で叫ぶ

891 scream
[skrí:m]
動 悲鳴を上げる
圏 cry 泣く，叫ぶ
scream in the dark
暗闇で悲鳴を上げる

yell は shout に近く「意識的に大声を上げる」の意味が基本だが，scream は

892 solve
[sɑ(:)lv]
動 …を解決する，…を解く
⇨ solútion 图 解決(策)
solve a math problem
数学の問題を解く

893 resolve
[rizá(:)lv]
動 ①…を解決する
　　②…を決心する
⇨ resolútion 图 決議，解決(策)，決意
resolve a problem
問題を解決する

solve は「問題を解く」の意味で広く用いるのに対し，resolve はより複雑で

894 extend
[iksténd]
動 …を延長する，…を拡大する
⇨ extension 图 延長，拡張
⇨ extensive 形 広範囲の，大規模な
extend *one's* stay
滞在を延ばす

895 expand
[ikspǽnd]
動 拡張する，膨張する
⇨ expansion 图 膨張，拡大
water **expands**
水が膨張する

896 destroy
[distrɔ́i]
動 …を破壊する
⇨ destruction 图 破壊(→1174)
destroy houses
家を破壊する

897 collapse
[kəlǽps]
動 崩れ落ちる
名 崩壊
the roof **collapses**
屋根が崩れ落ちる

原則的に destroy は他動詞で，collapse は自動詞。

898 gain
[gein]
動 ①…を手に入れる，…を獲得する
　　②(体重・速度など)を増す
gain popularity
人気を得る

899 obtain
[əbtéin]
動 …を手に入れる，…を獲得する
obtain a high score
高得点を取る

900 encounter
[inkáuntər]
動 ①(困難など)に直面する
　　②(偶然)(人)に出会う
encounter difficulties
困難に直面する

901 confront
[kənfrʌ́nt]
動 ①(困難などが)(人)に立ちはだかる
　　②(人が)…に立ち向かう
be **confronted** with A
Aに直面する

| My mother **yelled** <u>at</u> <u>us</u> to be quiet. | 母は静かにするようにと<u>私たちに大声で叫んだ</u>。 |
| She suddenly **screamed** <u>in</u> <u>the</u> <u>dark</u>. | 彼女は突然<u>暗闇で悲鳴を上げた</u>。 |

「悲鳴」，つまり「無意識に大声を上げる」の意味が基本。

| It took an hour to **solve** this <u>math problem</u>. | この<u>数学の問題を解く</u>のに1時間かかった。 |
| He **resolved** <u>the</u> <u>problem</u> among the neighbors. | 彼は近隣の人々の間の<u>問題を解決した</u>。 |

込み入った問題に対して用いる (× resolve a math problem とは普通言わない)。

| George wants to **extend** <u>his</u> <u>stay</u> in Boston until next month. | ジョージは来月までボストンでの<u>滞在を延ばし</u>たいと思っている。 |
| <u>Water</u> **expands** when it is frozen. | 凍ると<u>水は膨張する</u>。 |

| The fire **destroyed** many <u>houses</u>. | その火事は多くの<u>家を破壊した</u>。 |

| The snow was removed so that <u>the roof</u> would not **collapse**. | <u>屋根が崩れ落ち</u>ないように雪が除去された。 |

His paintings have **gained** <u>popularity</u> in recent years.	彼の絵画は近年<u>人気を得て</u>きている。
I studied math very hard, and **obtained** <u>a</u> <u>high</u> <u>score</u>.	私は一生懸命数学の勉強をして，<u>高得点を取った</u>。
You might **encounter** some <u>difficulties</u> when you travel abroad alone.	1人で海外を旅するといくつかの<u>困難に直面する</u>かもしれない。
If you <u>are</u> **confronted** <u>with</u> a problem, you should try to be calm.	もし問題に<u>直面し</u>たら，冷静でいるよう努めるべきです。

文法・語法との関連で覚える㉕　2つの目的語を取る動詞

902 □ **offer**
[ɔ́:fər]

動【offer A B/offer B to A】AにBを申し出る・提供する

offer me a job
私に仕事を提供する

903 □ **owe**
[ou]

動【owe A B/owe B to A】AにBを借りている，BはAのおかげである

owe my parents money
両親にお金を借りている

904 □ **spare**
[speər]

動【spare A B/spare B for A】AにBを割く　形 余分の

spare me a minute
私に少し時間を割く

文法・語法との関連で覚える㉖　強意の働きを持つ副詞

905 □ **especially**
[ɪspéʃ(ə)li]

副 特に，とりわけ

especially melons
特にメロンが

906 □ **particularly**
[pərtíkjələrli]

副 特に，とりわけ
⑩ **in particular**（→1144）
⇨ **particular** 形 特定の

particularly tennis
特にテニスが

907 □ **definitely**
[déf(ə)nətli]

副 間違いなく，確実に
⇨ **definite** 形 明確な

definitely did my homework
確実に宿題をした

908 □ **precisely**
[prɪsáɪsli]

副 まさしく，正確に　⑩ **exactly**
⇨ **precise** 形 正確な，まさに

be **precisely** the same
まさしく同じだ

「まったくその通り」の意味で，Precisely! [Exactly!] のように1語だけで

909 □ **absolutely**
[ǽbsəlùːtli]

副 完全に，まったく
⇨ **absolute** 形 完全な，まったくの

be **absolutely** wonderful
本当にすばらしい

910 □ **entirely**
[ɪntáɪərli]

副 完全に
⇨ **entire** 形 全体の

be **entirely** sure
完全に確信している

文法・語法との関連で覚える㉗　文修飾としてよく用いられる副詞(1)

911 □ **probably**
[prá(:)bəbli]

副 おそらく
⇨ **probable** 形 十分ありそうな

probably know the truth
おそらく真実を知っている

912 □ **hopefully**
[hóupf(ə)li]

副 願わくは
※ I hope that ... の意味の口語的表現

Hopefully, S＋V
願わくは，Sが〜するといい

913 □ **unfortunately**
[ʌnfɔ́ːrtʃ(ə)nətli]

副 不運にも
⊠ **fortunately** 幸いにも

Unfortunately, S＋V
不運にも，Sが〜する

probably は一般動詞の前，be 動詞・助動詞の後ろに置くのが普通。

My old friend **offered** me a job.	古い友達が私に仕事を提供してくれた。
I **owe** my parents a lot of money for going to college.	大学に行くために私は両親にたくさんのお金を借りている。
Could you **spare** me a minute?	私に少し時間を割いていただけませんか。

STAGE **2**

I like fruits, **especially** melons.	私はフルーツが好きだ。特にメロンが。
I like sports, **particularly** tennis.	私はスポーツが好きだ。特にテニスが。
I **definitely** did my homework, but I forgot to bring it to school.	私は確実に宿題をしたのだが, それを学校に持ってくるのを忘れた。
His views about politics are **precisely** the same as mine.	政治に対する彼の意見はまさしく私の（意見）と同じだ。

使用することもできる。

The Matterhorn came out of the clouds. It was **absolutely** wonderful.	マッターホルンが雲間からのぞいていた。それは本当にすばらしかった。
I'm not **entirely** sure what I should study at college.	大学で何を勉強すべきか完全に確信しているわけではない。

She **probably** knows the truth about what happened.	何が起こったのかについて, 彼女はおそらく真実を知っている。
Hopefully, it won't rain on the day of our school festival.	願わくは, 私たちの学園祭の日に雨が降らないでほしい。
Unfortunately, the game was canceled because of rain.	不運にも, 雨のせいでその試合は中止された。

また hopefully と unfortunately は文頭に置かれることが多い。

コロケーションで覚える⑲　〈文化・文明〉

914 ☐ **historical** [hɪstɔ́ːrɪk(ə)l]	形 歴史的な，歴史上の 類 **historic** 歴史上重要な	**a historical site** 歴史的な遺跡 ［史跡］
915 ☐ **site** [saɪt]	名 ①場所，遺跡　②（ウェブ）サイト ⑪ **sight**［同音］名 ①光景　②視力	
916 ☐ **shrine** [ʃraɪn]	名 神社	**shrines and temples** 神社仏閣
917 ☐ **temple** [témp(ə)l]	名 寺	
918 ☐ **national** [næʃ(ə)n(ə)l]	形 国家［国民］の，国立の ⇨ **nation** 名 国家，国民（→ 1027） 反 **international** 国際的な	**a national museum** 国立博物館
919 ☐ **museum** [mjuzí(ː)əm]	名 博物館，美術館	

「美術館」は art museum や（art）gallery（→ 966）などをよく用いる。

920 ☐ **religious** [rilídʒəs]	形 宗教の ⇨ **religion** 名 宗教	**religious freedom** 宗教の自由
921 ☐ **freedom** [fríːdəm]	名 （行動上の）自由 類 **liberty** （社会的束縛からの）自由（→ 939）	
922 ☐ **soul** [soʊl]	名 魂，精神 類 **spirit** ①霊魂　②精神（→ 1625）	**a soul exists** 魂は存在する
923 ☐ **exist** [ɪgzíst]	動 存在する ⇨ **existence** 名 存在	
924 ☐ **remote** [rimóʊt]	形 遠い，遠く離れた	**a remote ancestor** 遠い祖先
925 ☐ **ancestor** [ǽnsestər]	名 祖先	

There are so many **historical** **sites** in Rome.

ローマには非常にたくさんの<u>史跡</u>がある。

Many foreign tourists like old **shrines** **and** **temples** in Japan.

多くの海外旅行者は日本の古い<u>神社仏閣</u>が好きだ。

What can you see in the Tokyo **National** **Museum** now?

東京<u>国立博物館</u>では今何を見ることができますか。

In some countries, people are not given **religious** **freedom**.

人々が<u>宗教の自由</u>を与えられていない国もある。

Do you believe that **souls** **exist** after death?

死後に<u>魂は存在する</u>と信じますか。

He says (that) Oda Nobunaga is his **remote** **ancestor**.

彼は織田信長が彼の<u>遠い祖先</u>だと言う。

同じジャンルで覚える㊶　文化・文明に関する語

926	ancient [éɪnʃ(ə)nt] 発音	形 古代の，昔の	**ancient** history 古代史
927	modern [má(:)dərn]	形 現代の，近代の	**modern** art 現代芸術
928	cultural [kʌ́ltʃ(ə)r(ə)l]	形 文化の，文化的な ⇨ culture 名 文化	a **cultural** difference 文化の違い
929	civilization [sìv(ə)ləzéɪʃ(ə)n]	名 文明 ⇨ cívilized 形 文明化した	Greek **civilization** ギリシャ文明
930	tradition [trədíʃ(ə)n]	名 伝統 ⇨ traditional 形 伝統的な	a Japanese **tradition** 日本の伝統
931	heritage [hérətɪdʒ]	名 (文化的)遺産 類 legacy 遺産	a World **Heritage** site 世界遺産地

似ていて紛らわしい語をセットで覚える⑰　〈意味が似ている〉

| 932 | audience
[ɔ́:diəns] | 名 (劇・コンサートなどの)観客，聴衆 | a large **audience**
大勢の聴衆 |
| 933 | spectator
[spéktèɪtər] | 名 (スポーツの試合などの)観客 | many **spectators**
大勢の観客 |

> audience は個人ではなく集団を表すので × many audiences とはせず，large/small で修飾する。

934	belief [bɪlí:f]	名 信じること，信念 類 faith 信仰，信頼(→1820) ⇨ believe 動 …を信じる	the **belief** that ... …という信念
935	trust [trʌst]	名 信頼，信用 動 (人)を信じる・信頼する	the lack of **trust** 信頼の欠如
936	common [ká(:)mən]	形 ①ありふれた，よくある ②共通の(→598) ⇨ commonly 副 一般に	eco-cars become **common** エコカーが普及する
937	ordinary [ɔ́:rd(ə)nèri]	形 普通の，ありふれた ⇨ ordinárily 副 普通は	**ordinary** people 一般の人

I'm now reading about **ancient** history in China.	私は今中国の<u>古代史</u>について読んでいる。
Modern art is difficult for me to understand.	<u>現代芸術</u>は私には理解しにくい。
Learning **cultural** differences is very interesting.	<u>文化の違い</u>を学ぶことはとても興味深い。
We learned about Greek **civilization** at school.	私たちは<u>ギリシャ文明</u>について学校で学んだ。
Visiting a shrine or a temple on New Year's Day is a Japanese **tradition**.	元日に神社か寺にお参りするのは<u>日本の伝統</u>だ。
Italy is small, but it has many World **Heritage** sites.	イタリアは小さいが，多くの<u>世界遺産地</u>がある。

I made a speech in front of a large **audience**.	私は<u>大勢の聴衆</u>の前でスピーチをした。
There were many **spectators** in the stadium.	スタジアムには<u>大勢の観客</u>がいた。

The **belief** that the earth is flat is no longer held.	地球が平らだ<u>という信念</u>はもはや持たれていない。
Because of the lack of **trust**, they could not reach an agreement.	<u>信頼の欠如</u>により，彼らは合意に達することができなかった。
Eco-cars are becoming **common** now. ※ eco-car：economically friendly car の略	<u>エコカー</u>が今<u>普及して</u>きている。
Ordinary people can't buy this car. It's too expensive!	<u>一般の人</u>にはこの車は買えない。高すぎる！

コロケーションで覚える⑳　〈文化・文明〉

938 □	**statue** [stǽtʃu:]	名 (大きな)像	the Statue of Liberty 自由の(女神)像
939 □	**liberty** [líbərti]	名 (社会的束縛からの)自由 圏 **freedom** (行動上の)自由(→921)	
940 □	**discover** [dɪskʌ́vər]	動 …を発見する 反 **cover** …を覆う，覆い隠す	discover a treasure 宝を発見する
941 □	**treasure** [tréʒər]	名 ①財宝，宝物 　②富，財産	

> treasure は①の「財宝，宝物」の意味では数えられるが，②の「富，財産」の意味では数えられない。

942 □	**origin** [ɔ́:rɪdʒɪn]	名 起源，出身 ⇨ **oríginate** 動 発生する，起源を発する	the origin of mankind 人類の起源
943 □	**mankind** [mæ̀nkáɪnd]	名 人類　※不可算名詞	
944 □	**translate** [trǽnsleɪt]	動 …を(Aに)翻訳する(into A) ⇨ **translation** 名 翻訳	translate a novel into English 小説を英語に翻訳する
945 □	**novel** [nɑ́(:)v(ə)l]	名 小説　形 目新しい，斬新な ⇨ **novelist** 名 小説家	
946 □	**folk** [fouk] 発音	形 民族の，地方特有の　名 人々 ⑭ **fork** 名 フォーク	a folk tale 民話
947 □	**tale** [teɪl]	名 話，物語　⑭ **tail** [同音] 名 しっぽ ⑯ **story**	
948 □	**musical** [mjú:zɪk(ə)l]	形 音楽の　名 ミュージカル ⇨ **music** 名 音楽	a musical instrument 楽器
949 □	**instrument** [ínstrəmənt]	名 道具，器具	

Did you know that the **Statue** of **Liberty** was a present from France?

<u>自由の（女神）像</u>はフランスからの贈り物だと知っていましたか。

Carter **discovered** many Egyptian **treasures** in the sand.

カーターは砂の中からたくさんのエジプトの<u>宝を発見した</u>。

There are various opinions about the **origin** of **mankind**.

<u>人類の起源</u>についてはさまざまな説がある。

Haruki Murakami's **novels** are often **translated** into English.

村上春樹の<u>小説</u>はよく<u>英語に翻訳される</u>。

Momotaro is **a** famous Japanese **folk tale**.

『桃太郎』は日本の有名な<u>民話</u>だ。

Can you play any **musical instruments**?

何か<u>楽器</u>を演奏できますか。

同じジャンルで覚える㊗　出版・報道に関する語

950 □	**author** [ɔ́ːθər]	名 著者，作家	my favorite **author** 私の好きな著者
951 □	**publish** [pʌ́blɪʃ]	動 …を出版する，…を公表する	**publish** a novel 小説を出版する
952 □	**press** [pres]	名 報道機関，新聞 動 …を押す（→493）	the local **press** 地方新聞
953 □	**media** [míːdiə] 発音	名 ①[the -]マスメディア，マスコミ ② medium 媒体（→1473）の 複	be reported in the **media** マスメディアで報道される
954 □	**article** [áːrtɪk(ə)l]	名 ①記事　②品物 ③（法律・契約などの）条項	an interesting **article** 面白い記事

似ていて紛らわしい語をセットで覚える⑱　〈意味が似ている〉

955 □	**create** [kriéɪt]	動 …を創造する，…を創作する ⇨ **creature** [kríːtʃər] 名 生き物 ⇨ **creative** 形 創造的な	**create** works of art 芸術作品を創作する
956 □	**invent** [ɪnvént]	動 …を発明する ⇨ **invention** 名 発明（品）	**invent** the telephone 電話を発明する
957 □	**inspire** [ɪnspáɪər]	動 ①…にひらめきを与える　※普通受身で ②（人）を奮い立たせる ⇨ **inspiration** 名 ひらめき	be **inspired** by A Aからひらめきを得る
958 □	**stimulate** [stímjəlèɪt]	動 （感情など）を刺激する ⇨ **stimulation** 名 刺激（する[される]こと）	**stimulate** one's imagination 想像力を刺激する
959 □	**complete** [kəmplíːt]	動 …を完成させる 形 完全な	the tunnel was **completed** トンネルは完成した
960 □	**accomplish** [əká(ː)mplɪʃ]	動 （仕事・計画など）を成し遂げる 類 **achieve** …を成し遂げる（→695）	**accomplish** many things 多くのことを成し遂げる
961 □	**attain** [ətéɪn]	動 （努力の末に）…を獲得する，…に到達する	**attain** an "A" grade Aの成績を取る

This book was written by <u>my favorite</u> **author**.	この本は<u>私の好きな**著者**</u>によって書かれた。
<u>The</u> <u>novel</u> called "Gone with the Wind" <u>was</u> **published** in 1936.	「風と共に去りぬ」 という<u>**小説が**</u>1936年に<u>**出版された**</u>。
I read about the accident in <u>the</u> <u>local</u> **press**.	私は<u>**地方新聞**</u>でその事故について読んだ。
The actor's marriage <u>was</u> widely <u>reported</u> <u>in</u> <u>the</u> **media**.	その俳優の結婚は<u>**マスメディア**で</u>広く<u>報道された</u>。
I read <u>an</u> <u>interesting</u> **article** in today's paper.	今日の新聞で<u>面白い**記事**</u>を読んだ。

Michelangelo **created** many famous <u>works</u> <u>of</u> <u>art</u>.	ミケランジェロはたくさんの有名な<u>芸術作品**を創作した**</u>。
Do you know who **invented** <u>the</u> <u>telephone</u>?	誰が<u>**電話を発明した**</u>か知っていますか。
Van Gogh <u>was</u> **inspired** <u>by</u> *ukiyoe*.	ゴッホは浮世絵<u>**からひらめきを得た**</u>。
Reading stories to children **stimulates** <u>their</u> <u>imaginations</u>.	子どもに物語を読み聞かせると彼らの<u>想像力**を刺激する**</u>。
The Seikan <u>Tunnel</u> <u>was</u> **completed** in 1988.	青函<u>**トンネルは**</u>1988年に<u>**完成した**</u>。
She **accomplished** <u>many</u> <u>things</u> in her first year as a politician.	彼女は政治家としての最初の年に<u>多くのこと**を成し遂げた**</u>。
Many students **attained** <u>"A"</u> <u>grades</u> in this course.	この課程ではたくさんの生徒が<u>A の成績**を取った**</u>。

同じジャンルで覚える㊳　芸術に関する語(1)

962 artistic
[ɑ:rtístɪk]
形 芸術の，芸術的な
one's **artistic** ability
芸術的な能力

963 drawing
[drɔ́:ɪŋ]
名 (線で描いた)絵・デッサン
⇨ draw 動 (線で) …を描く
類 painting 名 (絵の具による)絵
a pencil **drawing**
鉛筆によるデッサン [鉛筆画]

964 performance
[pərfɔ́:rməns]
名 (劇・音楽などの)上演，(仕事などの)遂行　⇨ perform 動 …を上演する，…を遂行する(→292)
the first **performance**
初上演

965 exhibition
[èksɪbíʃ(ə)n] 発音
名 展示(会)，展覧会
⇨ exhibit [ɪgzíbət] 動 …を展示する
a special **exhibition**
特別展

966 gallery
[gǽl(ə)ri]
名 美術館，画廊
a private **gallery**
私設の画廊

スペリングに注目して覚える⑪　「押す」の意味の -press で終わる動詞(1)

967 impress
[ɪmprés]
動 …に感銘を与える，…に印象付ける
⇨ impression 名 印象，感銘
be **impressed** by[with] A
Aに感銘を受ける

968 express
[ɪksprés]
動 …を表現する　名 急行列車
⇨ expression 名 表現
express *one's* feelings
感情を表現する

> impress は im「中へ」＋press「押しつける」→「強い印象として残る」の意味。また express は ex「外へ」＋press「押し出す」→「表現する」の意味。

スペリングに注目して覚える⑫　-ry で終わる集合名詞

969 scenery
[sí:n(ə)ri]
名 (ある地域全体の)景色
類 scene (1つの)光景，シーン
beautiful **scenery**
美しい景色

970 machinery
[məʃí:n(ə)ri]
名 機械(類)
類 machine 機械
heavy **machinery**
重機

971 stationery
[stéɪʃənèri]
名 文房具
a **stationery** store
文房具店

> いずれも s をつけて複数形にできない集合名詞。数えるときは scenery は scene，machinery は machine を用い，stationery は a piece of stationery とする。このような名詞には他に jewelry「宝石類」がある(数えるときは jewel)。

Children need opportunities to express their **artistic** abilities.	子どもたちにはその芸術的能力を表に出す機会が必要だ。
The artist made many beautiful pencil **drawings**.	その画家は多くの美しい鉛筆画を描いた。
The first **performance** of "Cats" was in 1981.	「キャッツ」の初上演は1981年でした。
There is now a special **exhibition** of French paintings in this museum.	今，この美術館ではフランスの絵画の特別展があります。
There are many private **galleries** around this area.	この地域には私設の画廊がたくさんある。
I was very **impressed** by his speech about climate change.	私は気候変動についての彼のスピーチに大いに感銘を受けた。
It is sometimes difficult to **express** your feelings in words.	言葉で感情を表現することは時に難しい。
We enjoyed the beautiful **scenery** in Switzerland.	私たちはスイスの美しい景色を楽しんだ。
He learned how to operate heavy **machinery** in the factory.	彼は工場で重機の操作方法を学んだ。
I went to a **stationery** store to buy some pens.	私はペンを何本か買いに文房具店に行った。

コロケーションで覚える㉑　〈社会〉

972 □ **local** [lóuk(ə)l]	形 (ある特定の)地域の，地元の ⇨ **locally** 副 地元で，この近くで	**a local community** 地域社会
973 □ **community** [kəmjúːnəti]	名 地域社会，(利害などを等しくする人の)共同体	

日本語の「ローカル」は「田舎の」の意味合いで時にマイナスのイメージで

974 □ **social** [sóuʃ(ə)l]	形 社会の，社交の ⇨ **society** 名 社会	**social security** 社会保障
975 □ **security** [sɪkjúərəti]	名 安全，警備，保障 ⇨ **secure** 動 …を確保する 形 安定した，安全な	

「保障」とは「権利や安全などを守ること」。「社会保障」とは国民の生存権を

976 □ **shortage** [ʃɔ́ːrtɪdʒ] 発音	名 不足 ⇨ **short** 形 ①短い　②不足して	**a shortage of volunteers** ボランティアの不足
977 □ **volunteer** [vὰ(ː)ləntíər] アク	名 ボランティア ⇨ **voluntary** 形 自発的な	

978 □ **generation** [dʒènəréɪʃ(ə)n]	名 ①世代　※同じ時代に属する人々　②一世代　※約30年	**a generation gap** 世代間の(考え方の)隔たり
979 □ **gap** [gæp]	名 隙間，(空間や見解の)隔たり	

generation が時間の長さを表すときは親と子どもの年齢差分で約30年間を

980 □ **former** [fɔ́ːrmər]	形 ①(時間的に)前の，元… ②前者の　反 **latter** 後者の(→2042) 名 【the -】前者	**a former mayor** 前市長
981 □ **mayor** [méɪər]	名 市(町村)長	

982 □ **right** [raɪt]	名 ①権利　②右 形 ①正しい　②右の	**the right to vote** 投票権
983 □ **vote** [vout]	動 (Aに)投票する (for A) 名 投票	

We sometimes have events in my **local community**.	私の**地域社会**では，時々行事がある。

使われることがあるが，英語にはそのようなニュアンスはない。

Social security is a very important problem to be discussed by politicians.	**社会保障**は政治家によって議論されるべきとても重要な問題だ。

守るための保障。

A **shortage** of **volunteers** was reported after the typhoon.	その台風のあと，**ボランティアの不足**が報告された。

There is always a **generation gap** between parents and their children.	親子の間にはいつでも**世代間の**(考え方の)**隔たり**がある。

意味する。

My boss is the **former mayor** of our city.	私の上司はこの市の**前市長**です。

People who are 18 or over have **the right** to **vote** in Japan.	日本では18歳以上の人には**投票権**がある。

コロケーションで覚える㉒　〈犯罪〉

984	**commit** [kəmít]	動 ①（罪や犯罪）を犯す ②取り組む　③約束する ⇨ **commitment** 名 ①約束 ②傾倒	**commit a crime** 罪を犯す
985	**crime** [kraɪm]	名 犯罪，（法律上の）罪	
986	**arrest** [ərést]	動 …を逮捕する　名 逮捕 ⊜ **capture**（→858）	**arrest the criminal** 犯人を逮捕する
987	**criminal** [krímɪn(ə)l]	名 犯罪者　形 犯罪の ⇨ **crime** 名 犯罪，（法律上の）罪（→985）	
988	**investigate** [ɪnvéstɪgèɪt] アク	動 …を調査する ⇨ **investigation** 名 調査	**investigate the murder** 殺人（事件）を調査する
989	**murder** [mɔ́ːrdər]	名 殺人（事件） 動 （人）を殺す	
990	**collect** [kəlékt]	動 …を集める ⇨ **collection** 名 収集（物）	**collect evidence** 証拠を集める
991	**evidence** [évɪd(ə)ns]	名 証拠　※不可算名詞 ⇨ **evident** 形 明白な	

> evidence は数えられない名詞なので，数える際は a piece[two pieces] of evidence のように言う。

同じジャンルで覚える㊶　犯罪に関する語

992	**violence** [vá(ɪ)ələns]	名 暴力 ⇨ **violent** 形 乱暴な	**violence** solves nothing 暴力は何も解決しない
993	**steal** [stiːl] 活 steal-stole-stolen	動 （こっそり）…を盗む ⊜ **steel**［同音］名 鋼鉄，はがね	**steal** *one's* passport パスポートを盗む
994	**thief** [θiːf]	名 泥棒，こそどろ　複 **thieves** ⇨ **theft** 名 盗み（→2099）	a jewel **thief** 宝石泥棒
995	**robbery** [rá(ː)b(ə)ri]	名 強盗（行為） ⇨ **rob** 動 …を奪う（→2287） ⇨ **robber** 名 強盗	a bank **robbery** 銀行強盗

Men tend to **commit** more **crimes** than women.	男性の方が女性よりも多くの<u>犯罪を行う</u>傾向がある。
The police finally **arrested** the **criminal** on Monday morning.	警察はついに月曜日の朝に**犯人を逮捕した**。
The police are still **investigating** the **murder**.	警察は今なお**殺人（事件）を調査して**いる。
Enough **evidence** was **collected** to decide that he had stolen the money.	彼がその金を盗んだと決定づける十分な**証拠が集まった**。

Violence will <u>solve</u> <u>nothing</u>.	**暴力**は<u>何も解決しない</u>だろう。
If <u>my</u> <u>passport</u> is **stolen**, what should I do?	もし<u>私のパスポート</u>が**盗まれた**ら，どうすべきですか。
The paper says that the <u>jewel</u> **thief** had been hiding in my neighborhood.	新聞によれば<u>宝石泥棒</u>は私の近所に潜んでいたようだ。
The police rushed to the site of the **bank robbery**.	警察は<u>銀行強盗</u>の現場に急行した。

同じジャンルで覚える⑩　司法に関する語

996 court
[kɔːrt] 発音
名 裁判所
関 justice 名 ①正義　②裁判(→2131)
a higher **court**
上級裁判所

997 judge
[dʒʌdʒ]
名 裁判官
動 …を判断する(→298)
関 judgment 名 判断
the **judge**'s decision
裁判官の判決

998 legal
[líːg(ə)l] 発音
形 法律が定めた，合法の
反 illegal 違法の
the **legal** age
法定年齢

999 witness
[wítnəs]
名 (Aの)目撃者(to A)
動 …を目撃する
a **witness** to an accident
事故の目撃者

1000 clue
[kluː]
名 (Aへの)手がかり・ヒント(to A)
紛 crew 名 乗組員，乗務員(→439)
collect **clues**
手がかりを集める

1001 guilty
[gílti]
形 ①有罪の　②罪悪感を覚える
⇨ guilt 名 ①罪　②罪悪感
be **guilty** of stealing
盗んだことで有罪だ

引き出し　□ find A guilty 「Aを有罪とする」

1002 innocent
[ínəs(ə)nt] アク
形 ①無罪の　②無邪気な
⇨ innocence 名 ①無罪　②無邪気
innocent people
無罪の人々

1003 trial
[tráɪ(ə)l]
名 ①裁判，公判
　②試し，試験
one's first **trial**
初公判

1004 prison
[príz(ə)n]
名 刑務所　同 jail
⇨ prisoner 名 囚人
stay in **prison**
刑務所に入っている

同じジャンルで覚える⑪　社会福祉に関する語

1005 welfare
[wélfèər]
名 福祉
a **welfare** program
福祉制度

1006 pension
[pénʃ(ə)n]
名 年金
live on a **pension**
年金で暮らす

1007 tax
[tæks]
名 税金
a **tax** on cigarettes
たばこ税

The criminal case is now being considered in <u>a higher</u> **court**.	その刑事事件は今<u>上級**裁判所**</u>で審議されている。
The lawyers were satisfied with <u>the **judge**'s decision</u>.	弁護士たちは<u>**裁判官**の判決</u>に満足した。
What is <u>the **legal** age</u> for drinking in New Zealand?	ニュージーランドで飲酒が認められる<u>**法定年齢**</u>はいくつですか。
The police are looking for **witnesses** <u>to the accident</u>.	警察は<u>その事故の**目撃者**</u>を探している。
The police are trying to <u>collect</u> any **clues** to the case.	警察はその事件に関する<u>**手がかり**を集め</u>ようとしている。
He <u>was **guilty** of stealing</u> money from a safe in his company's office. ※ safe 金庫	彼は会社の金庫の金を<u>盗んだことで**有罪になった**</u>。

※ find ○ C 「○がCだとわかる」の型で，「彼が有罪だとわかる」→「彼を有罪とする」と考えればよい。

Many **innocent** people were put in jail during the war.	戦争中はたくさんの<u>**無罪の人々**</u>が刑務所に入れられた。
<u>His first **trial**</u> will be held on Friday.	彼の<u>初**公判**</u>は金曜日に開かれる。
He had to <u>stay in **prison**</u> for 15 years.	彼は15年間<u>**刑務所**に入ら</u>なければならなかった。

Better **welfare** programs usually cost more.	より良い<u>**福祉**制度</u>にはたいていより多くの費用がかかる。
My grandparents are now <u>living on a</u> **pension**.	私の祖父母は今は<u>**年金**で暮らしている</u>。
<u>**Taxes** on cigarettes</u> in Japan are lower than in many other countries.	日本の<u>たばこ**税**</u>は他の多くの国よりも低い。

コロケーションで覚える㉓　〈政治〉

1008
□ **democratic**
[dèməkrǽtɪk] アク
形 民主主義の，民主的な
⇨ **demócracy** アク 名 民主主義

a democratic government
民主的政府［民主政治］

1009
□ **government**
[gʌ́vərnmənt]
名 政府，政治（体制）
⇨ **govern** 動 …を統治する

1010
□ **political**
[pəlítɪk(ə)l] アク
形 政治の
⇨ **pólitics** 名 政治（→1028）

a political party
政党

1011
□ **party**
[pɑ́ːrti]
名 ①（政治）団体，隊
　②パーティー

1012
□ **adopt**
[ədɑ́(ː)pt]
動 ①（方針など）を採用する
　②…を養子にする
⇨ **adoption** 名 ①採用　②養子縁組

adopt a policy
政策を採用する

1013
□ **policy**
[pɑ́(ː)ləsi]
名 政策，方針

1014
□ **public**
[pʌ́blɪk]
形 公共の，公衆の
⊗ **private** 私的な，個人的な（→458）
⊛ **in public**（→1984）

public opinion
世論

1015
□ **opinion**
[əpínjən]
名 意見，考え

引き出し　□ in my opinion「私の考えでは」　※フォーマル

1016
□ **candidate**
[kǽndɪdèɪt]
名 （立）候補者

a candidate for
the election
選挙の立候補者

1017
□ **election**
[ɪlékʃ(ə)n]
名 選挙
⇨ **elect** 動 …を（投票で）選ぶ

1018
□ **maintain**
[meɪntéɪn]
動 ①…を保つ，…を維持する
　②…を主張する
⇨ **máintenance** 名 整備，維持

maintain good relations
良好な関係を保つ

1019
□ **relation**
[rɪléɪʃ(ə)n]
名 関係
⇨ **relationship** 名 （主に人との）関係

Politicians can have different opinions under a **democratic** **government**.	**民主政治**のもとでは，政治家たちはさまざまな意見を持つことができる。
Which **political** **party** do you support?	あなたはどちらの**政党**を支持しますか。
The government **adopted** a new economic **policy** two years ago.	政府は2年前に新しい経済**政策を採用した**。
When politicians make decisions, they should listen to **public** **opinion**.	政治家が決断を下す際は，**世論**に耳を傾けるべきだ。
There are five **candidates** for the **election**.	その**選挙**では5人の**立候補者**がいる。
The two countries **maintain** good **relations**.	その2国は**良好な関係を保っている**。

STAGE **2**

コロケーションで覚える㉔ 〈軍事〉

1020
☐ **bomb**
[bɑ(:)m] 発音
名 爆弾　動 …を爆破する
⇨ **bomber** 名 爆撃機, 爆破犯人
a bomb explodes
爆弾が爆発する

1021
☐ **explode**
[ɪksplóud]
動 爆発する
⇨ **explosion** 名 爆発

1022
☐ **military**
[mílətèri]
形 軍の, 軍事の
名 軍隊
military facilities
軍事施設

1023
☐ **facility**
[fəsíləti]
名 【-ies】施設, 設備

1024
☐ **possess**
[pəzés] 発音
動 …を所有している
⇨ **possession** 名 所有(物)
possess a nuclear weapon
核兵器を保有する

1025
☐ **nuclear**
[njúːkliər]
形 核の, 原子力の

1026
☐ **weapon**
[wép(ə)n] 発音
名 兵器, 武器
類 **arms** 兵器(→153)

同じジャンルで覚える㉒ 国際政治・紛争に関する語

1027
☐ **nation**
[néɪʃ(ə)n]
名 国家, 国民
⇨ **national** 形 国家[国民]の, 国立の(→918)
⇨ **nationálity** 名 国籍
a young nation
若い国家

1028
☐ **politics**
[pá(:)lətìks] アク
名 政治, 政治学
⇨ **polítical** 形 政治の(→1010)
⇨ **politícian** 名 政治家
learn about politics
政治について学ぶ

1029
☐ **border**
[bɔ́ːrdər]
名 国境, 境界(線)
類 **boundary** 境界(線)
cross the border
国境を越える

1030
☐ **victim**
[víktɪm]
名 犠牲者, 被害者
a victim of war
戦争の犠牲者

1031
☐ **battle**
[bǽt(ə)l]
名 (集団間の)戦闘　動 …と戦う
類 **fight** 名 けんか　動 戦う
the battle of Sekigahara
関が原の戦い

1032
☐ **enemy**
[énəmi]
名 敵
類 **opponent** (試合などの)相手(→1371)
catch an enemy
敵を捕らえる

A **bomb** **exploded**, but no one was hurt.

爆弾が**爆発した**が，けが人はいなかった。

Military **facilities** are usually attacked first in war.

戦争においては，たいてい**軍事施設**が最初に攻撃される。

| STAGE **2** |

Do you agree that no country should **possess** **nuclear** **weapons**?

いかなる国も**核兵器を保有す**べきではないという考えに賛成ですか。

There are many young **nations** in Africa.

アフリカには多くの**若い国家**がある。

Do you learn about **politics** in Japanese high school?

日本の高校では**政治について学び**ますか。

It was usually very difficult to cross the **border** in war time.

戦時中はたいていの場合**国境を越える**ことがとても難しかった。

The **victims** of war often include women and children.

戦争の犠牲者には女性と子どもがしばしば含まれる。

The **battle** of Sekigahara was in 1600.

関が原の戦いは1600年にあった。

Many **enemies** were caught in the war.

戦争中，多くの**敵が捕らえられた**。

コロケーションで覚える㉕　〈経済〉

1033		
global [glóub(ə)l]	形 地球全体の，世界的な ⇨ **globe** 名 地球	**on a global scale** 世界規模で

1034	
scale [skeɪl]	名 ①規模 ②はかり，体重計

1035		
fair [feər]	形 公平な，公正な ⑩ **fare**［同音］名 料金（→175） ⑫ **unfair** 不公平な，不正な	**fair trade** 公正な取引

1036	
trade [treɪd]	名 取引，貿易 動 取引する，貿易する

fair trade とは，発展途上国の農産物などを適正な価格で取引することで，

1037		
domestic [dəméstɪk]	形 ①国内の　⑫ **foreign** 外国の ②家庭の	**the domestic market** 国内市場

1038	
market [máːrkət]	名 市場（いちば），市場（しじょう）

「外国市場」は foreign market と言う。

1039		
financial [fənǽnʃ(ə)l]	形 財政上の，資金の ⇨ **finance** 名 財政	**the financial situation** 財政状況

1040	
situation [sìtʃuéɪʃ(ə)n]	名 （人の）立場，（人や物事が置かれた） 状況　⇨ **situated** 形 位置している

1041		
vacant [véɪk(ə)nt]	形 空室［空席］の，空いている ⇨ **vacancy** 名 空室，空席 ⑩ **empty** 空の，人のいない（→110）	**a vacant position** 空席になっている職［空きポスト］

1042	
position [pəzíʃ(ə)n]	名 ①（会社などの）職　②位置 ⑩ **post** 地位，職

1043		
unemployment [ʌ̀nɪmplɔ́ɪmənt]	名 失業，失業者数 ⑫ **employment** 雇用，職	**the unemployment rate** 失業率

1044	
rate [reɪt]	名 ①割合，率　②速度 動 …を評価する

引き出し □ exchange rate「貨幣の交換比率，為替レート」

Do you think the economy is improving <u>on</u> <u>a</u> **global** **scale**?	経済は**世界規模**で良くなっていると思いますか。
We should encourage **fair** **trade** between developing and developed countries.	私たちは，発展途上国と先進国との間の**公正な取引**を奨励すべきだ。

貧困の解消や自立支援を促すための取り組みを言う。

This car is very popular in <u>the</u> **domestic** **market**.	この車は**国内市場**で大変人気だ。
The company's **financial** **situation** is not good at present.	その会社の**財政状況**は今のところかんばしくない。
Ten people applied for only one **vacant** **position**.	10人の人たちが，たった1つの**空きポスト**に応募した。
<u>The</u> **unemployment** **rate** this year dropped by 1% from last year.	今年の**失業率**は去年に比べ1％下がった。

□ birth rate 「出生率」

同じジャンルで覚える㊳　仕事に関する語

1045
☐ **career**

[kəríər] **アク**

名 (生涯の)仕事，職歴
類 job (具体的な)仕事，職
◎ carrier 名 運ぶ人[物]

a long **career**
長い職歴

> career は一時的な仕事ではなく，生涯にわたる「仕事」や「職業」の意味を

1046
☐ **routine**

[rùːtíːn] **発音**

名 決まりきった仕事，日課
形 決まりきった
類 chore 毎日の仕事，雑用

daily **routine**
毎日の日課

1047
☐ **commute**

[kəmjúːt]

動 通勤する，通学する
名 通勤，通学

commute to Tokyo
東京に通勤する

1048
☐ **efficiency**

[ɪfíʃ(ə)nsi]

名 効率
⇨ efficient 形 効率的な

fuel **efficiency**
燃料効率

1049
☐ **rest**

[rest]

名 休憩　動 休息する
⇨ restless 形 落ち着かない

take a **rest**
休憩を取る

1050
☐ **leisure**

[líːʒər] **発音**

名 余暇，自由時間
※「娯楽」の意味はない

leisure time
余暇の時間

同じジャンルで覚える㊴　仕事にまつわる「人」

1051
☐ **colleague**

[ká(ː)liːg] **発音**

名 同僚

a male **colleague**
男性の同僚

1052
☐ **client**

[klá(ɪ)ənt]

名 (サービス業の)取引先，
　　(弁護士などの)依頼人

an important **client**
重要な取引先

1053
☐ **customer**

[kʌ́stəmər]

名 (店や企業の)客，顧客

a regular **customer**
常連客

1054
☐ **secretary**

[sékrətèri]

名 秘書

work as a **secretary**
秘書として働く

1055
☐ **agent**

[éɪdʒ(ə)nt]

名 代理店，代理人
⇨ agency 名 ①代理店　②(行政)機関

a travel **agent**
旅行代理店

1056
☐ **clerk**

[kləːrk]

名 ①事務員，係　②店員
類 personnel **アク** 職員，社員

a bank **clerk**
銀行員

> 引き出し ☐ architect「建築家」 ☐ lawyer「弁護士」

He had a long **career** as a teacher.　彼には教師としての長い職歴がある。

持つ。work は「仕事」全般を広く意味し，job は個々の具体的な「仕事」を意味する。

Having a baby has made a big change to her daily **routine**.　赤ちゃんを産んだことで彼女の毎日の日課は大きく変わった。

My father **commutes** to Tokyo by *Shinkansen* from here.　私の父はここから東京まで新幹線で通勤している。

Small cars often have better fuel **efficiency**.　小型車は燃料効率がよい場合が多い。

Working all the time is not good. We should take a **rest** more often.　いつも働いているのはよくない。もっと休憩を取るべきだ。

What do you do in your **leisure** time?　余暇の時間にあなたは何をしていますか。

She enjoyed working with her male **colleagues** on the project.　彼女はそのプロジェクトで男性の同僚とともに働くのを楽しんだ。

Company A is one of our most important **clients**.　A 社は私たちにとって最も重要な取引先の 1 つだ。

The restaurant is always crowded with regular **customers**.　そのレストランはいつも常連客で込み合っている。

My sister works as a **secretary** for a local bank.　私の姉は地方銀行で秘書として働いている。

I always use the same travel **agent** when I go abroad.　私は海外に行く際はいつも同じ旅行代理店を利用している。

My father is a bank **clerk**.　私の父は銀行員だ。

□ accountant「会計士」　□ consultant「顧問，コンサルタント」(→1824)

コロケーションで覚える㉖ 〈産業〉

1057 □ **develop** [dɪvéləp] アク
動 ①…を開発する ②…を発達させる，発達する
⇨ **development** 名 発達，開発 (→423)

1058 □ **product** [prɑ́(ː)dʌkt]
名 製品
⇨ **prodúce** 動 …を生産する (→1085)

develop a product 製品を開発する

1059 □ **lower** [lóuər]
動 …を下げる，下がる
形 より低い，下部の ＜**low** 低い

1060 □ **quality** [kwɑ́(ː)ləti]
名 質 形 高品質の
反 **quantity** 量 (→472)

lower the quality 質を下げる

同じジャンルで覚える(65) 雇用・人事に関する語

1061 □ **hire** [haɪər]
動 …を雇う
同 **employ**

hire workers 従業員を雇う

1062 □ **promote** [prəmóut]
動 ①…を昇進させる ※普通受身で ②…を促進する
⇨ **promotion** 名 ①昇進 ②(販売)促進

my father was **promoted** 私の父は出世した

1063 □ **retire** [ritáɪər]
動 退職する，引退する
⇨ **retirement** 名 退職，引退

retire at 65 65歳で退職する

1064 □ **quit** [kwɪt]
活 quit-quit-quit
動 …をやめる ※インフォーマル
※不定詞は目的語に取らない

quit *one's* job 仕事をやめる

1065 □ **resign** [rizáɪn]
動 (…を)辞職する
⇨ **resignation** 名 辞職

resign as a secretary 秘書をやめる

【retire/quit/resign】 retire は最後(定年)まで働くという意味で用いる

スペリングに注目して覚える⑬ -s で終わる名詞

1066 □ **goods** [gudz]
名 商品，品物
※ good「良い」とは語源が異なる

useful **goods** 役立つ品物

集合的に用い，× a goods とは言わない(1つの品は an item を用いる)。

1067 □ **valuables** [vǽljəb(ə)lz]
名 貴重品
⇨ **valuable** 形 価値のある (→321)

leave *one's* **valuables** 貴重品を放置する

1068 □ **means** [miːnz]
名 手段
成 **by all[no] means** (→U.148)

a **means** of communication コミュニケーションの手段

| Most companies are always trying to **develop** new **products**. | ほとんどの会社が常に新**製品を開発し**ようとしている。 |
| To reduce costs, some companies **lower** the **quality** of the materials used. | コストを削減するため，使われる材料の**質を下げる**会社もある。 |

The company **hired** twenty new workers this April.	その会社はこの4月，20名の新しい**従業員を雇った**。
My father was **promoted**, so his salary has increased.	**私の父は出世した**ので，給料が上がった。
More and more people **retire** at 65 now in Japan.	日本では今，**65歳で退職する**人が増えている。
My uncle **quit** his job and opened a restaurant.	私のおじは**仕事をやめて**レストランを開いた。
She **resigned** as a secretary and went to Vienna to study music.	彼女は**秘書をやめ**，音楽を学びにウィーンに行った。

のに対して，本人の意思や都合により途中でやめる場合は quit, resign を用いる。

| This store sells many useful **goods** at low prices. | この店は多くの**役に立つ品物**を安価で売っている。 |

数詞や much では修飾できないが，many goods / some goods などは可。

| While staying in a hotel, I never leave my **valuables** in my room. | ホテルに滞在する際は，私は決して**貴重品を**部屋に**放置し**ない。 |
| Gesture is a **means** of communication. | ジェスチャーは**1つのコミュニケーション手段**だ。 |

コロケーションで覚える㉗

1069
☐ **harvest**
[háːrvɪst]

動 …を収穫する
名 収穫

harvest wheat
小麦を収穫する

1070
☐ **wheat**
[(h)wiːt]

名 小麦
関 **barley** 名 大麦

1071
☐ **organic**
[ɔːrɡǽnɪk]

形 有機栽培の，無農薬の

organic farming
有機農業
※化学肥料を使わない農業

1072
☐ **farming**
[fáːrmɪŋ]

名 農業　同 **agriculture**(→1075)
⇨ **farm** 名 農場

farming は agriculture と同じ意味だがより口語的な語。

1073
☐ **present**
[préz(ə)nt]

形 ①現在の　②存在[出席]して
⇨ **presence** 名 存在
成 **at present**（→235）

the present circumstances
現在の状況　[現状]

1074
☐ **circumstance**
[sə́ːrkəmstæns] アク

名 【-s】（周りの）状況，情勢
類 **situation**（置かれた）立場・状況(→1040)

situation は「人や物事が置かれた立場や状況」，circumstance は「人や物事に影響を与える周りの状況」を意味する（circum は「周りに」の意味）。

同じジャンルで覚える㉖　農業に関する語(1)

1075
☐ **agriculture**
[ǽɡrɪkʌ̀ltʃər]

名 農業　同 **farming**(→1072)
⇨ **agricúltural** 形 農業の

people in agriculture
農業に従事する人々

1076
☐ **grow** [ɡroʊ]
活 grow-grew-grown

動 ①…を栽培する
　②（人や植物が）成長する

grow potatoes
ジャガイモを栽培する

grow は他動詞では「植物を育てる」の意味で，「人を育てる」の意味はない。人には raise（→333）や bring up A（→547）を用いる。

1077
☐ **crop**
[krɑ(ː)p]

名 ①農産物，作物
　②収穫高

the main crop
主要作物

1078
☐ **seed**
[siːd]

名 種

grow beans from seeds
マメを種から育てる

「種をまく」は sow「…（の種）をまく」(→341)を使い，sow seeds と言う。

When is the time to **harvest** **wheat**?	小麦を収穫する時期はいつですか。
Chemicals are not usually used in **organic** **farming**.	有機農業では普通化学物質を使わない。
Under the **present** **circumstances**, I cannot afford to buy a car.	現状では，私に車を買う余裕はない。

STAGE **2**

Is the number of people in **agriculture** decreasing?	農業に従事する人の数は減っているのですか。
About 80% of Japanese potatoes are **grown** in Hokkaido.	日本産のジャガイモのうちの約80%が北海道で栽培される。
What are the main **crops** in Ireland?	アイルランドの主要作物は何ですか。
I grow beans from **seeds** in my vegetable garden.	私は家庭菜園でマメを種から育てています。

同じジャンルで覚える⑥⑦　産業（製造・購買）に関する語

1079
☐ **industry**
[índəstri]

名 産業，工業，…業
⇨ **indústrial** 形 産業の，工業の(→1916)

the major **industry**
主要産業

1080
☐ **commerce**
[ká(:)mə:rs]

名 商業，商取引
⇨ **commércial** 形 商業の
　　　　 名 コマーシャル

Internet **commerce**
インターネット上の商取引

1081
☐ **advertise**
[ǽdvərtàɪz]

動 …を宣伝する
⇨ **advertísement** 名 広告，宣伝

advertise a product
製品を宣伝する

1082
☐ **deliver**
[dɪlívər]

動 …を配達する
⇨ **delivery** 名 配達

have a sofa **delivered**
ソファーを配達してもらう

1083
☐ **purchase**
[pə́:rtʃəs] 発音

動 …を購入する
名 購入（品）

purchase a tablet
タブレットを購入する

1084
☐ **consume**
[kənsjú:m]

動 …を消費する
⇨ **consumption** 名 消費(→2112)
⇨ **consumer** 名 消費者

consume electricity
電力を消費する

1085
☐ **produce**
[prədjú:s]

動 …を製造する，…を生産する
⇨ **production** 名 製造，生産
⇨ **próduct** 名 製品(→1058)

produce parts
部品を製造する

1086
☐ **invest**
[ɪnvést]

動 …を投資する，…をつぎ込む
⇨ **investment** 名 投資

invest money in gold
金にお金を投資する

1087
☐ **profit**
[prá(:)fət]

名 （金銭的な）利益
⇦ **loss** 損失，失うこと

make a **profit**
利益を上げる

スペリングに注目して覚える⑭　「外へ」の意味の ex- で始まる語(1)

1088
☐ **export**
[ɪkspɔ́:rt] アク

動 …を輸出する
名 [ékspɔːrt] 輸出（品）
⇦ **import** 動 …を輸入する　名 輸入（品）

export coal
石炭を輸出する

port は「運ぶ」の意味で，ex「外へ」＋port「運ぶ」→「輸出する」となる。

1089
☐ **exclude**
[ɪksklú:d]

動 …を除外する，…を締め出す
⇦ **include** …を含む(→428)
⇨ **exclusive** 形 独占的な

exclude meat products
肉製品を除外する

1090
☐ **explore**
[ɪksplɔ́:r]

動 …を探検する
⇨ **exploration** 名 探検

explore Africa
アフリカを探検する

ex「外へ」から，いずれも（内から）外へ向かう動きを意味する。

What are the major **industries** in Canada?	カナダの主要産業は何ですか。
Internet **commerce** is a threat to shops and department stores.	インターネット上の商取引は商店やデパートにとって脅威だ。
It is very popular to **advertise** products on the Internet now.	今インターネット上で製品を宣伝することが非常に人気だ。
I had a new sofa **delivered** yesterday.	私は昨日，新しいソファーを配達してもらった。
The school **purchased** 200 tablets for the students last year.	その学校は去年，生徒のために200台のタブレットを購入した。
This refrigerator **consumes** only half the electricity of old models.	この冷蔵庫は旧モデルのたった半分しか電力を消費しない。
Our company **produces** car parts.	私たちの会社は車の部品を製造している。
He **invested** a lot of money in gold.	彼は大金を金に投資した。
The company made a large **profit** by selling clothes online.	オンラインで衣服を販売することで，その会社は多額の利益を上げた。

Australia **exports** coal to Asian countries.	オーストラリアはアジアの国々に石炭を輸出している。

反意語の import（im「中に」＋port「運ぶ」→「輸入する」）とセットで覚えよう。

Vegetarians **exclude** meat products and fish from their diet.	菜食主義者は食事から肉製品と魚を除外する。
Many people from Europe **explored** Africa.	ヨーロッパから来た多くの人たちがアフリカを探検した。

他に expand（→895），extend（→894）などがある。

基本動詞で表す表現 〈take を用いた表現〉(2)

1091
☐ **take in** A[A in]
①Aをだます
②Aを理解する

> 「取り込む」が元となる意味で, 「(人)を取り込む」→「だます」(①), 「(話など)を取り込む」→「理解する」(②)と考えればよい。

1092
☐ **take up** A[A up]
A(時間・場所など)をとる・占める
⑳ **occupy** 動 (場所)を占める, …に居住する(→1197)

1093
☐ **take over** A[A over]
Aを引き継ぐ

基本動詞で表す表現 〈stand を用いた表現〉

1094
☐ **stand for** A
(記号などが)Aを表す, Aを象徴する

1095
☐ **stand by** A
Aを助ける, Aを支持する

> by の「そばに」の意味から, 「人のそばに立って助ける」の意味になる。

1096
☐ **stand out**
目立つ, 際立っている
⑳ **outstanding** 形 傑出した, 目立った(→1837)

> out の「外に」の意味から, 「突出して目立つ」の意味になる。

基本動詞で表す表現 〈set を用いた表現〉

1097
☐ **set about** A
Aに取りかかる
※Aに動名詞がくることも多い

1098
☐ **set off**
出発する
⑩ **set out**

1099
☐ **set in**
(悪天候などが)始まる

1100
☐ **set up** A[A up]
A(仕事・組織など)を始める・設立する

Elderly people tend to be **taken in** by someone pretending to be their son.	年配の人々は彼らの息子のふりをする人に**だまされ**がちだ。

②の「Aを理解する」の意味では次のように用いられる。
☞ Do you always **take in** what the teacher says?「先生の言うことがいつも理解できますか。」

Hobbies can **take up** a lot of time.	趣味がたくさんの時間**をとる**ことがある。
James has **taken over** the family business from his father.	ジェームスは彼の父親から家業**を引き継いだ**。

| STAGE **2** |

What does AI **stand for**?	AI は何**を表して**いますか。
He always **stands by** me when I'm in trouble.	私が困っているとき，彼はいつも私**を助けてくれる**。
I like all his paintings, but this one really **stands out** as the best.	私は彼の絵は皆好きだが，これは最高のものとして実に**際立っている**。

We should **set about** preparing for our presentation very soon.	私たちは早急にプレゼンテーションの準備**に取りかかる**べきだ。
We must **set off** early in the morning to catch our plane.	私たちは飛行機に乗るために朝早く**出発し**なければならない。
The rainy season has already **set in** in Kyushu.	九州ではすでに梅雨が**始まって**いる。
My father says he is going to **set up** his own company someday.	私の父はいつか自分の会社**を始める**つもりだと言っている。

基本動詞で表す表現 〈make を用いた表現〉(2)

1101
☐ **make it**
① (会合や予定に) 都合がつく　② (乗り物に) 間に合う
③ (活動・職業などで) 成功する

1102
☐ **make up *one's* mind**
(考えた末に) 決心する
⊜ **make a decision** 決める，決心する (→527)

1103
☐ **make the best of** A
A (不利な状況など) を最大限に利用する
⊜ **make the most of** A　A (有利な状況など) を有効活用する

1104
☐ **make use of** A
A を利用する

use を good などで修飾して用いることもある。

1105
☐ **make fun of** A
A をからかう

1106
☐ **make sure of** A
A を確かめる

〈be＋形容詞 (過去分詞) ＋to *do*〉の表現

1107
☐ **be likely to *do***
～しそうである，～する可能性が高い
⊗ **be unlikely to *do*** ～しそうにない

1108
☐ **be about to *do***
(差し迫った未来を表して) まさに～するところだ
※ be about to *do* の about は形容詞扱い
⊜ **be going to *do*** ～するつもりだ，～しそうだ

1109
☐ **be willing to *do***
～する意志がある，～してもかまわない

1110
☐ **be eager to *do***
～することを熱望している
⊜ **be anxious to *do*** ～することを切望している

1111
☐ **be welcome to *do***
自由に～してよい，いつでも～してよい

1112
☐ **be determined to *do***
～しようと決意している
⇨ **determine** 動 …を決定する
⇨ **determination** 图 決心，決意

1113
☐ **be supposed to *do***
～することになっている
⇨ **suppose** 動 …だろうと思う (→651)

I can't **make it** for six p.m. Can we change the time?	私は午後 6 時だと**都合がつか**ない。私たちは時間を変えられますか。
I can't **make** **up** **my** **mind** where to go for spring vacation.	春休みにどこへ行くか私は**決心がつか**ない。
Always try to **make the best of** a bad situation.	悪い状況**を最大限に利用する**よう常に心がけよう。
I didn't have time to **make use of** the gym in the hotel.	私はホテルのジム**を利用する**時間がなかった。

☞ make **good** [**the best**/**full**] use of A「Aを有効に [最大限／十分に] 利用する」

My brother often **made fun of** me when I was little.	私が小さい頃，兄はよく私**をからかった**。
I always **make sure of** the directions before I drive to a new area.	車で新しい場所に行く前に私はいつも道順**を確かめる**。

It **is likely to snow** tomorrow.	明日は**雪が降りそうだ**。
I **was about to get in** the bath when the phone rang.	電話が鳴ったとき，私は**まさに**お風呂**に入ろうとしたところ**だった。
I**'m willing to help** you, but not today.	あなた**のお手伝いをしてもかまわない**のですが，今日はだめです。
We **are** all **eager to meet** Aki's new boyfriend.	私たちは皆，亜樹の新しいボーイフレンド**に会うことを熱望している**。
You **are** always **welcome to visit** me if you come to Japan.	もし日本に来たら，**いつでも私を訪ねてきていいですよ**。
She **was determined to win** an Olympic medal this time.	彼女は今度はオリンピックのメダル**を取ろうと決意していた**。
I **was supposed to clean** the house, but I didn't.	私は家**の掃除をすることになっていた**が，しなかった。

STAGE 2

似た意味の表現 (2)

1114
☐ **all at once**
①突然
②一斉に

1115
☐ **all of a sudden**
突然

1116
☐ **by chance**
偶然に，たまたま
⇨ chance 名 ①可能性　②機会　③偶然

1117
☐ **by accident**
偶然に，うっかりして
⇨ accident 名 ①事故　②偶然 (→45)

1118
☐ **as a matter of fact**
実は　※ややフォーマル
⇨ matter 名 ①事，問題　②物質(→1515)

1119
☐ **in fact**
①実際に
②ところが実際は

1120
☐ **in a sense**
ある意味では
⇨ sense 名 ①感覚(→886)　②意味

1121
☐ **in a way**
ある意味では

1122
☐ **let alone** A
Aは言うまでもなく(〜ない)
※否定文の後ろで使用する

1123
☐ **not to mention** A
Aは言うまでもなく，それに加えてA
※肯定文・否定文の両方で使用する
⇨ mention 動 …に言及する (→712)

1124
☐ **to say nothing of** A
Aは言うまでもなく
※肯定文・否定文の両方で使用する

1125
☐ **keep up with** A
Aに遅れずについていく
※遅れた状態から追いつく場合は次の catch up (with A)を用いる

1126
☐ **catch up** (**with** A)
(Aに)追いつく　※追いついて先に行くことは意味しない
類 overtake …を追い抜く(→508)　※先に行くことも意味する

All **at** **once**, the lights went off.	**突然**，明かりが消えた。
All **of** **a** **sudden**, a car appeared and nearly hit me.	**突然**，車が現れて私をひくところだった。
I saw Shinji in Tokyo **by** **chance** yesterday.	私は昨日東京で**偶然**シンジを見かけた。
He deleted his e-mails **by** **accident**.	彼は**うっかりして**メールを削除した。
He doesn't eat steak. **As** **a** **matter** **of** **fact**, he is a vegetarian.	彼はステーキを食べない。**実は**彼はベジタリアンだ。
He speaks very good English. **In** **fact**, his mother is American.	彼はとても上手に英語を話す。**実際**，彼の母親はアメリカ人だ。
Working part-time is **in** **a** **sense** better, because there is more free time.	パートタイムで働くほうが**ある意味**良い，より自由な時間があるから。
What she said was right **in** **a** **way**.	彼女が言ったことは**ある意味**正しかった。
She is a vegetarian, so she doesn't even eat fish, **let** **alone** meat.	彼女はベジタリアンなので魚すら食べない，肉**は言うまでもない**。
Soccer is a popular sport in Japan, **not** **to** **mention** baseball.	サッカーは日本で人気のスポーツだ，野球**は言うまでもない**。
The food at the restaurant was awful, **to** **say** **nothing** **of** the service.	そのレストランの食べ物はひどかった，サービス**は言うまでもない**。
You are walking too fast. I can't **keep** **up** **with** you.	あなたは歩くのが速すぎる。私はあなた**についていけない**。
The skater tried to **catch** **up** **with** the person in front, but couldn't.	そのスケーターは前の人**に追いつこう**としたができなかった。

STAGE 2

| 213

動名詞や分詞を用いた表現

1127
☐ **it is no use *doing***

〜しても無駄だ
📖 **there is no point in *doing***

1128
☐ **be worth *doing***

〜する価値がある
⇨ **worth** 前 …の価値がある

1129
☐ **keep (on) *doing***

〜し続ける，繰り返し〜する
📖 **go on *doing*** 〜し続ける

1130
☐ **have difficulty (in) *doing***

〜するのに苦労する　※ in を用いるとフォーマル
📖 **have trouble *doing***

1131
☐ **be busy *doing***

〜するのに忙しい

1132
☐ **cannot help *doing***

〜せずにはいられない

1133
☐ **insist on *doing*[名詞]**

〜すると言い張る　※ insist は that 節を取ることもある
⇨ **insist** 動 …を強く主張する・要求する（→372）

1134
☐ **end up *doing***

最終的に〜することになる

1135
☐ **think of *doing*[名詞]**

①〜しようかと考える
②…を思いつく

1136
☐ **Speaking of** A

Aと言えば
📖 **Talking about[of]** A

1137
☐ **Judging from** A

Aから判断すると
⇨ **judge** 動 …を判断する（→298）　名 裁判官（→997）

1138
☐ **Weather permitting**

天候が許せば　※文尾で用いてもよい
⇨ **permit** 動 …を許可する（→1487）

1139
☐ **Generally speaking**

一般的に言うと
📖 **in general** 一般的に（→2025）

引き出し ☐ frankly speaking 「率直に言うと」

It's no use washing the car now because it's going to rain later.	あとで雨が降るから今車を洗っても無駄だ。
The new TV drama **is not worth watching**.	新しいテレビドラマは見る価値がない。
My sister **kept on talking** while I was trying to watch the news.	私がニュースを見ようとしている間, 妹は話し続けていた。
My grandfather **has difficulty reading** without his glasses.	祖父はめがねがないと読むのに苦労する。
We **are busy preparing** for the school festival at the moment.	私たちは今文化祭の準備をするのに忙しい。
I **can't help crying** every time I watch that movie.	あの映画を見るたびに私は泣かずにはいられない。
Our boss always **insists on paying** for all of us when we go to a restaurant.	レストランに行くと, 上司はいつも全員の分を払うと言い張る。
The bus was late, so we **ended up missing** the start of the movie.	バスが遅れたので, 私たちは結局映画の出だしを見逃すことになった。
I am **thinking of visiting** Taiwan next spring vacation.	私は次の春休みに台湾を訪ねようと思っています。
Speaking of homework, have you started your biology report yet?	宿題と言えば, もう生物のレポートを始めた？
Judging from her accent, she's probably from Scotland.	なまりから判断すると, 彼女はおそらくスコットランド出身だ。
Weather permitting, let's go skiing on Sunday.	天候が許せば, 日曜日にスキーに行こう。
Generally speaking, people need around eight hours' sleep each night.	一般的に言うと, 人は毎晩8時間くらい睡眠が必要だ。

□ strictly speaking 「厳密に言うと」

エッセイライティングで使える表現 〈例示・言い換え・付加〉

1140
☐ **for instance**
たとえば ⑩ for example
⇨ instance 名 例

1141
☐ **in other words**
言い換えれば, つまり
⑪ that is (to say) (→1142)

1142
☐ **that is (to say)**
つまり, すなわち

1143
☐ **what is more**
そのうえ

1144
☐ **in particular**
特に, とりわけ ⑩ particularly(→906)
⇨ particular 形 特定の

エッセイライティングで使える表現 〈対比〉

1145
☐ **on the other hand**
その一方で

1146
☐ **in contrast (to A)**
(Aとは)対照的に ※in の代わりに by も可
⇨ contrast 名 対照, 対比

1147
☐ **on the contrary**
それどころか, むしろ
⇨ contrary 形 反対の 名 逆

エッセイライティングで使える表現 〈要約・帰結〉

1148
☐ **in short**
手短に言うと, 要約すれば
⑪ in a word ひと言で言えば

1149
☐ **as a result**
その結果(として)
⑩ as a consequence ※フォーマル
⇨ result 名 結果

1150
☐ **for this reason**
この理由により
※理由が複数なら for these reasons とする
⇨ reason 名 ①理由 ②理性

1151
☐ **in conclusion**
結論として, 最後に
⇨ conclusion 名 結論, 結び(→580)
⑪ finally 最後に

English is useful. **For instance**, it helps us communicate when abroad.	英語は役に立つ。**たとえば**, 海外でコミュニケーションを取る助けになる。
English is spoken all over the world. **In other words**, it is a global language.	英語は世界中で話されている。**言い換えれば**, 国際語である。
Today is Sam's 13th birthday. **That is**, he is now a teenager.	今日はサムの13歳の誕生日だ。**つまり**, 彼は今やティーンエイジャーだ。
teenager は通例13～19歳を指す（thir**teen** のように teen が付く数字の年齢）。	
He ate most of the food. **What is more**, he didn't offer to pay.	彼は食べ物をほとんど食べてしまった。**そのうえ**, 支払いを申し出なかった。
I love juice. **In particular**, fresh cold orange juice tastes wonderful.	私はジュースが大好きだ。**特に**新鮮で冷たいオレンジジュースはおいしい。

It is very hot in summer in Tokyo. **On the other hand**, it is not so cold in winter.	東京の夏はとても暑い。**その一方で**, 冬はあまり寒くない。
Male birds are often colorful. **In contrast**, the females are brown.	雄の鳥は色が鮮やかなことが多い。**対照的に**, 雌は茶色である。
People think my sister is shy. **On the contrary**, at home she talks all the time.	人は妹を内気だと思っている。**それどころか**, 彼女は家では常に話している。

I overslept, and then the train was delayed. **In short**, I was late for school.	私は寝坊し, 電車は遅れた。**手短に言うと**, 私は学校に遅刻したのだ。
My father stopped smoking a year ago. **As a result**, he has become healthier.	私の父は1年前に喫煙をやめた。**その結果**, 彼はより健康になった。
I want to be an opera singer. **For this reason**, I am learning Italian now.	私はオペラ歌手になりたい。**これが理由で**, 私は今イタリア語を学んでいる。
In conclusion, this research has shown a reduction in smoking rates.	**結論として**, この調査は喫煙率が減少していることを示している。

フォーマルな表現と
インフォーマルな表現（2）

　116ページで，フォーマルな表現は目上の人と話したり，小論文などを書いたりする際に適し，一方インフォーマルな表現は仲の良い友達や家族と話すときなどに適した表現であることを学びました。つまり同じ意味でも，使用場面によって異なる表現を使うことがあるのです。ここではそうした例を見てみましょう。

表1　フォーマルな場面とインフォーマルな場面で異なる単語を使う例

フォーマルな場面	インフォーマルな場面	意味
obtain / acquire	get	…を手に入れる
receive	get	…を受け取る
purchase	buy	…を買う
inform	tell	…に知らせる
require	need	…を必要とする
utilize	use	…を使用する
retain	keep	…を保つ
emerge	appear	現れる

※ get は obtain, acquire, receive などの代わりをすることができるためインフォーマルな会話ではよく使用しますが，逆にフォーマルな場面ではあまり使用しません。特に論文を書く際には使用を避けるべき語とされています。

表2　インフォーマルな場面で句動詞を使う例

フォーマルな場面	インフォーマルな場面	意味
postpone	put off	…を延期する
extinguish	put out	（火）を消す
increase	go up	増える，上がる
represent	stand for	…を表す
consider	think about	…を考える
conduct	carry out	…を実行する
submit	hand in	…を提出する
investigate	look into	…を調べる

※句動詞は一般的にインフォーマルです。ただし一部には句動詞に代わる単語がないものがあり，その場合はフォーマルな場面でも句動詞を用います。

STAGE 3

STAGE 3では，STAGE 1・2とは対照的に，まず日本語の意味をしっかりと覚えてほしい英単語を中心に集めました。つまり，ReadingやListeningで出会った際に，その意味を確実に取れるようにしておきたい語です。STAGE 2までの語彙に比べて難度が上がりますので，まずは「意味」をしっかりと押さえ，それができたら「つづり」や「発音」をマスターする，という方針がよいでしょう。

同じジャンルで覚える⑥⑧　料理・食事に関する語（2）

1152
☐ **squeeze**
[skwíːz]

動 …を絞る

squeeze a lemon
レモンを絞る

1153
☐ **grind** [graɪnd]
㊄ grind-ground-ground

動 (穀物など)をひく・粉砕する

grind *soba* seeds
そばの実をひく

1154
☐ **roast**
[roust] 発音

動 (直火・オーブンで肉や野菜)を焼く
㊟ **bake** (オーブンでパンなど)を焼く
㊟ **broil** (直火で肉や魚)を焼く

roast a potato
ジャガイモを焼く

1155
☐ **grate**
[greɪt]

動 (おろし金などで)…をすりおろす
㊂ **great** [同音] 形 すばらしい，偉大な

grate wasabi
ワサビをすりおろす

1156
☐ **dip**
[dɪp]

動 (液体に)…をちょっと浸す・さっとつける

dip meat
肉をさっと浸す

1157
☐ **dilute**
[daɪlúːt] 発音

動 (液体)を薄める

dilute the sauce
ソースを薄める

1158
☐ **blend**
[blend]

動 (食材など)をよく混ぜる

blend different types
色々な種類を混ぜる

1159
☐ **stir**
[stəːr] 発音

動 (液体など)をかき混ぜる

stir coffee
コーヒーをかき混ぜる

同じジャンルで覚える⑥⑨　食品に関する語

1160
☐ **nutrition**
[njuːtríʃ(ə)n]

名 栄養(摂取)
⇨ **nútrient** 名 栄養素
⇨ **nutritious** 形 栄養のある

nutrition は不可算名詞だが，派生語の nutrient は可算名詞。

provide good **nutrition**
十分な栄養を与える

1161
☐ **carbohydrate**
[kàːrbouháɪdreɪt]

名 炭水化物

reduce **carbohydrate**
炭水化物を減らす

1162
☐ **flour**
[fláuər] 発音

名 小麦粉
㊂ **flower** [同音] 名 花

100 grams of **flour**
小麦粉100グラム

1163
☐ **rotten**
[rá(ː)t(ə)n]

形 腐った
⇨ **rot** 動 腐る

go **rotten**
腐る

Squeeze the lemon on *tonkatsu* before eating.	食べる前にとんかつに<u>レモンを絞ってください</u>。
They **grind** *soba* seeds to make *soba* noodles in this restaurant.	このレストランではそばを作るために<u>そばの実をひく</u>。
Roast the potatoes in the oven for 30 minutes.	オーブンで30分<u>ジャガイモを焼いてください</u>。
While boiling the *soba*, can you **grate** the wasabi?	そばをゆでている間，<u>ワサビをすりおろして</u>もらえますか。
Dip the meat in the boiling water for a short time for *shabu-shabu*.	しゃぶしゃぶでは，沸騰したお湯に短時間<u>肉をさっと浸してください</u>。
This tempura sauce should be **diluted** with water.	この天ぷら<u>つゆは</u>水で<u>薄めた</u>ほうがいいですよ。
My father **blends** different types of coffee and makes his own.	私の父は<u>色々な種類のコーヒーを混ぜて</u>自分のコーヒーを作る。
I forgot to **stir** the coffee after I put sugar in it.	砂糖を入れたあと私は<u>コーヒーをかき混ぜる</u>のを忘れた。

| STAGE **3** |

Fast food doesn't provide good **nutrition**.	ファストフードは<u>十分な栄養を与えて</u>くれない。
People on a diet often reduce **carbohydrates**.	ダイエットをしている人はしばしば<u>炭水化物を減らす</u>。
Put 100 grams of **flour** and an egg in a bowl.	ボウルに<u>小麦粉100グラム</u>と卵を1つ入れてください。
We should eat the plums before they go **rotten**.	私たちは<u>腐る</u>前にそのプラムを食べたほうがよい。

同じジャンルで覚える⑦⓪　におい・味に関する語

1164
☐ **scent**
[sent] 発音

名 (快い)香り

scent of roses
バラの香り

1165
☐ **odor**
[óudər] 発音

名 (独特の強い)におい
類 **smell** におい，香り(→8)

body **odor**
体臭

> odor はそのものに特有の強いにおいを指すが，不快なにおいを意味する場合が多い。一方 smell は「におい」を意味する最も一般的な語で，良い香りにも

1166
☐ **perfume**
[pə́ːrfjuːm]

名 香水(の香り)

sweet **perfume**
甘い香水の香り

1167
☐ **sour**
[sauər] 発音

形 すっぱい，酸味のある
反 **bitter** 形 苦い

the **sour** taste of lemons
レモンのすっぱい味

1168
☐ **flavor**
[fléɪvər]

名 ①風味，味
　　②おもむき

an unusual **flavor**
変わった風味

> flavor「風味」とは食べ物の香りや味をまとめて言う言葉。

文法・語法との関連で覚える㉘　後ろの前置詞とともに覚える動詞(2)

1169
☐ **stare**
[steər]

動 (Aを)じっと見る(at A)
同 **stair** [同音] 名 (階段の)1段(→33 **stairs**)

stare at a screen
画面を見つめる

1170
☐ **whisper**
[(h)wíspər]

動 (Aに)ささやく(to A)

whisper to me
私にささやく

1171
☐ **lean**
[liːn]

動 ①(Aに)もたれる(against A)
　　②上体を曲げる

lean against a window
窓にもたれる

スペリングに注目して覚える⑮　「積み上げる」の意味の struct を含む名詞

1172
☐ **structure**
[strʌ́ktʃər]

名 構造(物)

wooden **structure**
木造建造

1173
☐ **construction**
[kənstrʌ́kʃ(ə)n]

名 建設　※ con- は「一緒に」の意味
⇨ **construct** 動 …を建設する

construction of a dam
ダムの建設

1174
☐ **destruction**
[dɪstrʌ́kʃ(ə)n]

名 破壊　※ de- は否定の意味
⇨ **destroy** 動 …を破壊する(→896)

environmental **destruction**
環境破壊

> 他に instruction「指示，取扱説明書」がある(→595)。

| The **scent** of roses in the garden is wonderful. | その庭のバラの香りはすばらしい。 |
| Try using this soap to stop body **odor**. | 体臭を抑えるのにこの石鹸を使ってみてください。 |

不快なにおいにも用いられるが，修飾語を伴わず単体で用いられる場合は不快なにおいを指すことが多い。

This sweet **perfume** reminds me of my grandmother.	この甘い香水の香りは，私に祖母を思い出させる。
I like the **sour** taste of lemons.	私はレモンのすっぱい味が好きだ。
They sell unusual **flavors** of ice cream here.	ここでは変わった風味のアイスクリームを売っている。

STAGE 3

Staring at computer screens for a long time is not good for your eyes.	長時間コンピューターの画面を見つめることは目によくない。
He **whispered to** me so that no one could hear.	彼は誰にも聞こえないように私にささやいた。
Don't **lean against** the window.	窓にもたれないでください。

The wooden **structure** of Kiyomizu-dera temple is very interesting.	清水寺の木造構造はとても興味深い。
A large amount of money was spent on the **construction** of the dam.	多額のお金がダムの建設に使われた。
We want to stop environmental **destruction**.	私たちは環境破壊を食い止めたい。

コロケーションで覚える㉘

1175 household
[háushòuld]

名 家族，世帯
形 家事の，家庭の

household expenses
家庭の経費［家計費］

1176 expense
[ikspéns]

名 【-s】経費，費用

household expenses「家計費」とは，食費，光熱費，住宅の賃貸など，

1177 inherit
[inhérit]

動 …を相続する，…を引き継ぐ

inherit property
財産を相続する

1178 property
[prá(:)pərti]

名 財産，所有物

1179 own
[oun]

動 …を所有している
形 自分自身の
⇨ owner 名 所有者

own a mansion
大邸宅を所有している

1180 mansion
[mǽnʃ(ə)n]

名 大邸宅
⊛ apartment 名 アパート，マンション

apartment はアパート，マンションなど集合住宅の1世帯分を指すが，

同じジャンルで覚える㉑　買い物に関する語(2)

1181 refund
[rí:fʌnd]

名 払い戻し（金）
動 [rifʌnd] …を払い戻す

get a refund
払い戻しを受ける

1182 withdraw [wiðdrɔ́:]
⊛ withdraw-withdrew
-withdrawn

動 ①（預金）を引き出す
　②…を引っ込める
⇨ withdrawal 名 引き出し，撤回

withdraw 10,000 yen
1万円を引き出す

1183 account
[əkáunt]

名 ①口座　②考慮
⊛ on account of A (→2006)
⊛ account for A (→1725)

a bank **account**
銀行口座

②の「考慮」の意味にも注意（右ページ参照）。

1184 guarantee
[gæ̀r(ə)ntí:] アク

動 …を保証する
名 保証（書）

guarantee a computer
コンピューターを保証する

1185 budget
[bʌ́dʒət] 発音

名 予算（案）

over *one's* **budget**
…の予算を超えて

My family's **household** **expenses** have increased lately.

我が家の**家計費**は最近増えた。

家族が生活するために必要な費用を意味する。

She **inherited** **property** from her parents.

彼女は両親から**財産を相続した**。

Many people want to **own** a **mansion**.

多くの人が**大邸宅を所有し**たいと思っている。

mansion はかなり大きな家を指し，日本語で言うところの「マンション」とは違うので注意。

STAGE **3**

You need a receipt to get a **refund** later.

あとで**払い戻しを受ける**にはレシートが必要です。

I **withdrew** 10,000 yen yesterday.

私は昨日**1万円を引き出した**。

I don't have much money left in my bank **account**.

私は自分の**銀行口座**にあまりお金が残っていない。

☞ take into **account** his age「彼の年齢を考慮する」

This computer is **guaranteed** for three years.

この**コンピューター**は3年間**保証されている**。

This car looks very good, but it is over my **budget**.

この車はとても見栄えが良いが，**私の予算を超えて**いる。

| 225 |

コロケーションで覚える㉙

1186 needle
[níːd(ə)l]

名 針，縫い[編み]針

a needle and thread
針と糸

1187 thread
[θred] 発音

名 ①（裁縫用の）糸　②（物語などの）筋
関 **string** 名 ひも，（thread より太い）糸

thread は「裁縫用の糸」を意味し，「編み物をする」と言う場合は，下の wool「毛糸」を使う。

1188 knit
[nɪt] 発音

動 …を編む
関 **weave** …を織る

knit a **wool** sweater
ウールのセーターを編む

1189 wool
[wʊl] 発音

名 羊毛[ウール]，毛糸
⇨ **woolen** 形 羊毛の，毛糸の

引き出し 【衣類の素材】　□ silk「絹」　□ cotton「木綿」

wool は名詞だが，a wool sweater のように形容詞的にも用いられる（= a woolen sweater）。

1190 mutual
[mjúːtʃu(ə)l]

形 相互の，共通の

a mutual acquaintance
共通の知り合い

1191 acquaintance
[əkwéint(ə)ns] 発音

名 知り合い，面識

スペリングに注目して覚える⑯　–ing で終わる名詞

1192 greeting
[gríːtɪŋ]

名 あいさつ（の言葉）
⇨ **greet** 動 …にあいさつする

exchange **greetings**
あいさつを交わす

1193 belonging
[bɪlɔ́ːŋɪŋ]

名 ①【-s】所有物　②帰属
⇨ **belong** 動【- to A】Aに所属している

personal **belongings**
個人の所有物

②の「帰属」の意味では，a sense of belonging「帰属意識」のように使う。

1194 bedding
[bédɪŋ]

名 寝具　※集合名詞

put **bedding** on the floor
寝具を床に敷く

1195 saying
[séɪŋ]

名 ことわざ，格言
同 **proverb**（→1970）

an old **saying**
古いことわざ

I need <u>a **needle** and **thread**</u> to sew a button on my shirt.	シャツにボタンを縫いつけるのに，**針と糸**が必要だ。
My grandmother **knitted** this <u>**wool** sweater</u> for me.	私の祖母が私にこの**ウールのセーターを編んでくれた**。

□ leather 「皮，皮革」

STAGE **3**

Although they have not met, they have several **mutual** **acquaintances**.	彼らは会ったことがないが，何人かの**共通の知り合い**がいる。
People often shake hands when they <u>exchange</u> **greetings** in western countries.	西洋諸国では**あいさつを交わす**際，人々はよく握手をする。
Make sure you take all your <u>personal</u> **belongings** when you leave the train.	電車を降りる際は，**個人の所有物**をすべて手に持ったかご確認ください。
Some people in Japan <u>put</u> **bedding** <u>on the floor</u> to sleep.	日本では寝る際に**寝具を床に敷く**人もいる。
"It is no use crying over spilt milk" is <u>an old</u> **saying**.	「こぼれたミルクのことを嘆いても無駄だ（覆水盆に返らず）」は**古いことわざ**だ。

同じジャンルで覚える⑫ 住居に関する語

1196 dormitory
[dɔ́ːrmətɔ̀ːri]

名 (大学などの) 寮

a university **dormitory**
大学の寮

1197 occupy
[á(ː)kjəpàɪ] アク

動 …に居住する，(場所) を占める
㊞ be occupied with A (→2317)

occupy a house
家に居住する

「…に居住する」の意味では，「住む場所」を主語にして受動態で用いられる

1198 resident
[rézɪd(ə)nt]

名 居住者，住民
形 (Aに) 住んでいる (in A)
⇨ residence 名 住宅，居住

residents of the city
その都市の住民

1199 accommodation
[əkà(ː)mədéɪʃ(ə)n]

名 宿泊設備，収容能力
⇨ accommodate 動 …を収容できる

find **accommodation**
宿泊施設を見つける

同じジャンルで覚える⑬ 部屋などの空間を表すのに用いる語

1200 spacious
[spéɪʃəs]

形 広々とした

the room is **spacious**
その部屋は広々としている

1201 cozy
[kóʊzi]

形 (こぢんまりして暖かく) 居心地がよい

my apartment is **cozy**
私のアパートは居心地がよい

1202 messy
[mési]

形 散らかった，汚い ㊞ dirty 汚れた
⇨ mess 名 散らかった状態

my brother's room is **messy**
兄の部屋は散らかっている

同じジャンルで覚える⑭ 生活圏に関する語

1203 urban
[ə́ːrb(ə)n]

形 都会の，都市の

urban development
都市開発

1204 rural
[rúər(ə)l]

形 田舎の，農村の

rural life
田舎の生活

1205 dense
[dens]

形 ① (人や木などが) 密集した
② (霧などが) 濃い

a **dense** population
密度の高い人口 [高い人口密度]

1206 countryside
[kʌ́ntrisàɪd]

名 【the -】(良い意味での) 田舎，田園地帯

in the **countryside**
田舎で

1207 suburb
[sʌ́bəːrb]

名 【the -s】郊外，
【a -】郊外の一地域

live in the **suburbs**
郊外に住む

Are you living in a university **dormitory**?	あなたは大学の寮に住んでいるのですか。
This house has not been **occupied** for over 20 years.	この家は20年以上誰も住んでいない。

ことが多い。

The museum offers a discount for **residents** of the city.	その博物館はその都市の住民に対して割引を提供している。
It is difficult to find **accommodation** in Kyoto in the cherry blossom season.	桜のシーズンに京都で宿泊施設を見つけることは難しい。

Our room in the hotel was very **spacious**.	そのホテルの私たちの部屋は，とても広々としていた。
My apartment is small but **cozy**.	私のアパートは小さいけれど居心地がよい。
My brother's room is always **messy**.	兄の部屋はいつも散らかっている。

Many countries have experienced a lot of **urban** development in recent years.	たくさんの国が近年多くの都市開発を経験してきた。
Rural life is thought to be less stressful than living in a city.	田舎の生活は都会の生活よりもストレスが少ないと思われている。
Tokyo is well-known for its **dense** population.	東京はその高い人口密度でよく知られている。
I often spend my vacation in the **countryside**.	私はよく田舎で休暇を過ごす。
Many people who work in London live in the **suburbs**.	ロンドンで働く人の多くが郊外に住んでいる。

STAGE 3

同じジャンルで覚える㊎ 身体の機能や症状を表す語

1208 □	**appetite** [ǽpɪtàɪt]	名 食欲	a healthy **appetite** 旺盛な食欲
1209 □	**immune** [ɪmjúːn]	形 免疫の，(Aに)免疫がある (to A) ⇨ **immunity** 名 免疫(性)	the **immune** system 免疫システム
1210 □	**sweat** [swet] 発音 ⓐ sweat-sweat-sweat	動 汗をかく 名 汗	**sweat** while jogging ジョギング中に汗をかく
1211 □	**digest** [daɪdʒést]	動 …を消化する 名 [dáɪdʒest] 要約	**digest** food 食べ物を消化する
1212 □	**swell** [swel]	動 ふくれる，腫れる 名 増大，高まり	my hand **swells** 私の手が腫れる
1213 □	**fatigue** [fətíːg] 発音	名 (過度の)疲労	be caused by **fatigue** 疲労によって引き起こされる
1214 □	**acute** [əkjúːt]	形 ①鋭く激しい ②急性の ⓡ chronic	an **acute** pain 鋭く激しい痛み
1215 □	**chronic** [krɑ́(ː)nɪk]	形 慢性の ⓡ acute	**chronic** back pain 慢性の腰痛
1216 □	**critical** [krítɪk(ə)l]	形 ①危機的な，重大な ②批判的な，批評の	**critical** condition 危機的な状態
1217 □	**terminal** [tə́ːrm(ə)n(ə)l]	形 (病気・病人が)末期の，不治の 名 (鉄道などの)発着場	a **terminal** illness 不治の病
1218 □	**stroke** [strouk]	名 (脳)卒中，(卒中などの)発作 ⓡ heatstroke 名 熱中症	have a **stroke** 脳卒中に襲われる
1219 □	**asthma** [ǽzmə]	名 ぜんそく	an **asthma** attack ぜんそくの発作
1220 □	**obesity** [oubíːsəti] 発音	名 (病的な)肥満 ⇨ **obese** 形 肥満の ⓡ overweight 形 太りすぎの	**obesity** increases the risk 肥満は危険を高める
1221 □	**diabetes** [dà(ɪ)əbíːti:z] 発音	名 糖尿病	**diabetes** is common 糖尿病は一般的だ

Young people usually have <u>a</u> <u>healthy</u> **appetite**.	若い人たちは普通<u>旺盛な**食欲**</u>を持っている。
<u>The</u> **immune** <u>system</u> occasionally does not work well.	<u>**免疫**システム</u>は時にうまく機能しないことがある。
Sweating <u>while</u> <u>jogging</u> is very good for you.	<u>ジョギング中に**汗をかく**</u>ことはとても体に良い。
Eating slowly is good for **digesting food**.	ゆっくり食べることは<u>食べ物の**消化**</u>にとって良いことだ。
<u>My</u> <u>hand</u> **swelled** after a bee stung it.	<u>私の手は</u>ハチに刺されて<u>**腫れた**</u>。
Many traffic accidents <u>are</u> <u>caused</u> <u>by</u> **fatigue**.	交通事故の多くは<u>**疲労**によって引き起こされる</u>。
He felt <u>an</u> **acute** <u>pain</u> in his stomach.	彼は胃に<u>**鋭く激しい**痛み</u>を感じた。
Many workers suffer from **chronic** <u>back</u> <u>pain</u>.	多くの労働者が<u>**慢性の**腰痛</u>に苦しんでいる。
The driver was in **critical** <u>condition</u> for a week after the accident.	その運転手は事故後1週間<u>**危機的な**状態</u>にあった。
TB is no longer <u>a</u> **terminal** <u>illness</u>. ※ TB (tuberculosis) 結核	結核はもはや<u>**不治の**病</u>ではない。
My grandmother <u>had</u> <u>a</u> minor **stroke** last week and is in the hospital now.	私の祖母は先週軽い<u>**脳卒中**に襲われ</u>, 今入院中です。
I used to have **asthma** <u>attacks</u> when I was young.	若かったころ, 私はよく<u>**ぜんそくの発作**</u>に襲われた。
Obesity may <u>increase</u> <u>the</u> <u>risk</u> of heart attacks.	<u>**肥満**</u>は心臓発作の<u>危険を高める</u>かもしれない。
Diabetes <u>is</u> now very <u>common</u> in many countries.	<u>**糖尿病**</u>は今多くの国で非常に<u>一般的だ</u>。

コロケーションで覚える㉚　〈医療・健康〉

1222
metabolic
[mètəbá(:)lɪk] アク

形 新陳代謝の
⇨ **metábolism** 名 新陳代謝

metabolic syndrome
メタボリック［代謝］症候群

1223
syndrome
[síndroʊm]

名 症候群

日本で「メタボ」と呼ばれる「メタボリック症候群」とは，内臓に脂肪がたまる

1224
undergo [ʌ̀ndərgóʊ]
活 undergo-underwent
-undergone

動 (苦難など)を経験する，
(手術など)を受ける

undergo surgery
手術を受ける

1225
surgery
[sə́:rdʒ(ə)ri]

名 ①(外科)手術　②外科
⇨ **surgeon** 名 外科医
⇨ **surgical** 形 外科の

undergo surgery はやや専門性の高い用語で，主に書き言葉で用いる。

1226
organ
[ɔ́:rɡ(ə)n]

名 ①臓器
②(楽器の)オルガン

an organ transplant
臓器移植

1227
transplant
[trǽnsplænt]

名 移植(手術)
動 [trænsplǽnt] …を移植する

transplant は trans「他の場所へ」＋plant「植える」で「移植」となる。

1228
gene
[dʒiːn] 発音

名 遺伝子

gene therapy
遺伝子治療

1229
therapy
[θérəpi]

名 治療，療法

1230
normal
[nɔ́:rm(ə)l]

形 普通の，正常な
反 **abnormal** 異常な
⇨ **norm** 名 標準，規範

a normal cell
正常細胞

1231
cell
[sel]

名 ①細胞　②独房　③電池
関 **tissue** 名 (細胞から成る)組織

1232
pollen
[pá(:)lən]

名 花粉

a pollen allergy
花粉アレルギー

1233
allergy
[ǽlərdʒi] 発音

名 アレルギー
⇨ **allergic** 形 アレルギーの

Some middle-aged men suffer from **metabolic syndrome**.

中年男性の中には，**メタボリック［代謝］症候群**にかかっている人もいる。

ことで「代謝」の働きに異常をきたし，さまざまな病気が引き起こされる状態を言う。

Some people **undergo surgery** to change their looks.

容姿を変えるために**手術を受ける**人もいる。

一般的には have an operation と言う。

Organ transplants are now more successful.

現在では**臓器移植**の成功率が上がっている。

STAGE **3**

なお，trans を含む語については☞ Unit 129

Gene therapy is considered to be useful for some diseases.

遺伝子治療はいくつかの病気に対して有用であると考えられている。

Cancer is caused by abnormal changes to **normal cells**.

がんは**正常細胞**に異変が起こることで引き起こされる。

Cedar trees cause a **pollen allergy** in many people in Japan.

日本ではスギのせいで多くの人が**花粉アレルギー**になる。

同じジャンルで覚える㉖　病気・障がいに関する語

1234
☐ **virus**
[váɪ(ə)rəs] 発音
名 ウイルス，病原体
関 **bacteria** 名 バクテリア，細菌

a flu **virus**
インフルエンザ<u>ウイルス</u>

1235
☐ **epidemic**
[èpɪdémɪk]
名 （伝染病などの）流行，伝染病
類 **plague** 疫病，伝染病

the Spanish flu **epidemic**
スペイン風邪の<u>流行</u>

1236
☐ **infection**
[ɪnfékʃ(ə)n]
名 伝染病，感染症
⇨ **infect** 動 （病気を）…に感染させる
⇨ **infectious** 形 伝染性の，感染性の

the spread of **infection**
<u>感染症</u>の拡大

1237
☐ **disorder**
[dɪsɔ́ːrdər]
名 ①（心身の）不調，（軽い）病気
　②混乱，無秩序　反 **order** 秩序

an eating **disorder**
摂食上の<u>不調</u>[摂食<u>障害</u>]

1238
☐ **deaf**
[def] 発音
形 耳が聞こえない，耳が遠い

become **deaf**
<u>耳が遠く</u>なる

1239
☐ **blind**
[blaɪnd]
形 目の見えない

be born **blind**
生まれつき<u>目が見えない</u>

同じジャンルで覚える㉗　医療・医療機関に関する名詞

1240
☐ **ambulance**
[ǽmbjələns]
名 救急車

be taken by **ambulance**
<u>救急車</u>で搬送される

1241
☐ **pharmacy**
[fáːrməsi]
名 薬局　〈米〉 drugstore
⇨ **pharmacist** 名 薬剤師

at a **pharmacy**
<u>薬局</u>で

1242
☐ **diagnosis**
[dà(ɪ)əgnóʊsɪs] 発音
名 診断，診察　複 diagnoses
⇨ **diagnose** 動 …を診断する

a correct **diagnosis**
正しい<u>診断</u>

1243
☐ **physician**
[fɪzíʃ(ə)n]
名 内科医　関 surgeon 名 外科医
関 **physicist** 名 物理学者

a **physician** at a hospital
病院の<u>内科医</u>

1244
☐ **donor**
[dóʊnər] 発音
名 （臓器などの）提供者，寄贈者
⇨ **donate** 動 …を寄付・提供する（→782）

a blood **donor**
血液<u>提供者</u>

1245
☐ **recipient**
[rɪsípiənt]
名 受取人，臓器受容者
※臓器の提供を受ける人

an organ **recipient**
臓器<u>受容者</u>

The <u>flu</u> **virus** is often passed on through coughing.	<u>インフルエンザウイルス</u>はしばしば咳によって伝染する。
<u>The Spanish flu</u> **epidemic** in 1918 caused more deaths than World War I.	1918年の<u>スペイン風邪の流行</u>は，第一次世界大戦を超える死者を出した。
Washing hands can stop <u>the spread of</u> **infection**.	手洗いによって**感染症の拡大**を防ぐことができる。
Too much stress can cause <u>eating</u> **disorders**.	過度のストレスは**摂食障害**を引き起こすことがある。
My grandfather <u>became</u> **deaf** recently.	私の祖父は最近**耳が遠く**なった。
The famous singer <u>was born</u> **blind**.	その有名な歌手は<u>生まれつき**目が見えなかった。**</u>

My neighbor <u>was taken</u> to the hospital <u>by</u> **ambulance**.	私の隣人は**救急車**で病院に**搬送された。**
I need to pick up my medicine <u>at the</u> **pharmacy** today.	私は今日**薬局**に薬を取りに行かないといけない。
AI should help to make <u>correct</u> **diagnoses**.　※ AI 人工知能 (→ Unit 127)	AI は<u>正しい**診断**</u>を下す手助けとなるべきだ。
My cousin is <u>a</u> **physician** <u>at a hospital</u>.	私のいとこは<u>病院の**内科医**</u>だ。
The number of <u>blood</u> **donors** is decreasing in Japan.	日本では<u>血液**提供者**</u>の数が減ってきている。
<u>Organ</u> **recipients** may need to take medicine for the rest of their lives.	<u>臓器**受容者**</u>は，残りの人生の間薬を飲む必要に迫られるもしれない。

同じジャンルで覚える⑱　治療に関する語

1246
consult
[kənsʌ́lt]

動 …に相談する，…の診断を受ける
⇨ **consultation** 名 相談，診察

consult a doctor
医者に診てもらう

1247
prescription
[prɪskrɪ́pʃ(ə)n]

名 処方箋
⇨ **prescribe** 動 (薬)を処方する

a **prescription** for A
Aの処方箋

prescribe は pre「前もって」＋scribe「書く」から，「患者に薬を出すために前もって書く」＝「処方する」の意味。cf. describe「…を描写する」(→387)

1248
medication
[mèdɪkéɪʃ(ə)n]

名 薬，薬物(治療)

take **medication**
薬を飲む

1249
tablet
[tǽblət]

名 錠剤　◉ **pill**
㊥ **capsule** (薬の)カプセル

take a vitamin **tablet**
ビタミン剤を飲む

1250
antibiotic
[æ̀ntibaɪɑ́(ː)tɪk]

名 抗生物質

prescribe an **antibiotic**
抗生物質を処方する

anti は「反対して，対抗して」の意味。また biotic は「生物(bio)」に由来する。cf. biology「生物学」(→685)

1251
injection
[ɪndʒék ʃ(ə)n]

名 注射
⇨ **inject** 動 …を注射する

give me an **injection**
私に注射をする

in「中へ」＋ject「投げる」で「注射する」。cf. projector「プロジェクター」(pro「前に」＋ject「投げる」より)

1252
hygiene
[háɪdʒiːn]

名 衛生(状態)，衛生学
㊥ **sanitation** (公衆)衛生

hygiene in hospitals
病院における衛生

同じジャンルで覚える⑲　身体や心理を表す形容詞

1253
physical
[fízɪk(ə)l]

形 身体の，物理的な
⇨ **physics** 名 物理学(→686)

physical strength
体力

1254
athletic
[æθlétɪk]

形 ①運動が得意な　②運動競技の
⇨ **athlete** 名 運動選手

an **athletic** student
運動が得意な生徒

1255
mental
[mént(ə)l]

形 精神の，知能の

mental health
精神の健康

If the pain does not stop soon, you should **consult** a doctor.	痛みがすぐに止まらないなら，あなたは医者に診てもらうべきだ。
The doctor gave me a **prescription** for some medicine.	医者は私にいくつかの薬の処方箋を出してくれた。
My grandmother is very healthy. She is not taking any **medication**.	私の祖母はとても健康だ。彼女はどんな薬も飲んでいない。
My mother often takes vitamin **tablets**.	母はしばしばビタミン剤を飲む。
The doctor prescribed **antibiotics** for me.	医者は私に抗生物質を処方してくれた。
The dentist gave me an **injection** before she removed my tooth.	歯科医は歯を抜く前に私に注射をした。
Hygiene in hospitals is extremely important.	病院における衛生はきわめて重要だ。
People usually lose **physical** strength as they become older.	人は普通歳を取るにつれ体力が低下する。
Kengo is a very **athletic** student.	健吾はとても運動が得意な生徒だ。
Overworking is one cause of the decline in **mental** health.	働き過ぎは精神の健康が悪化する一因だ。

同じジャンルで覚える⑧⓪　身体の一部を表す語

1256 joint
[dʒɔɪnt]
名 ①関節　②継ぎ目
形 共同の
a **joint** hurts
関節が痛む

1257 vein
[veɪn]
名 血管，静脈
⑳ vain [同音] 形 むだな (→1730 **in vain**)
a **vein** in *one's* arm
腕の血管

1258 palm
[pɑ:(l)m]
名 手のひら
read a **palm**
手のひら [手相] を読む

1259 thumb
[θʌm] 発音
名 親指
⑳ finger 名 (親指以外の手の)指
cut *one's* **thumb**
親指を切る

1260 chest
[tʃest]
名 胸(部)
⑳ breast 乳房
have a **chest** pain
胸が痛む

引き出し　□ spine 「背骨」　□ artery 「動脈」　□ toe 「足の指，つま先」

スペリングに注目して覚える⑰　「生命」の意味の life- で始まる語

1261 lifelong
[láɪflɔ̀:ŋ]
形 一生の
lifelong education
生涯教育

1262 lifetime
[láɪftàɪm]
名 一生
in *one's* **lifetime**
一生の間に

1263 lifespan
[láɪfspæ̀n]
名 (生物・物の)寿命
※ life-span/life span とも表記する
have a short **lifespan**
寿命が短い

似ていて紛らわしい語をセットで覚える⑲　〈意味が似ている〉

1264 creep [kri:p]
㊟ creep-crept-crept
動 はう，忍び足で歩く
creep into the room
部屋に忍び足で入る

1265 crawl
[krɔ:l]
動 はう，腹ばいで進む
a baby **crawls**
赤ちゃんがはう

1266 barrier
[bǽriər]
名 ①障壁
②防壁
a **barrier** to communication
コミュニケーションの障壁

1267 obstacle
[á(:)bstək(ə)l]
名 障害(物)
overcome an **obstacle**
障害を乗り越える

Joints often hurt when you have the flu.	インフルエンザにかかると，しばしば関節が痛む。
Blood samples are taken from **veins** in your arm.	血液サンプルは腕の血管から採られる。
Misa is very good at reading **palms**.	美沙は手相を読むのがとてもうまい。
I accidentally cut my **thumb** and it bled a lot. ※ bled < bleed 出血する	私は誤って親指を切ってしまい，たくさん血が出た。
After running for 30 minutes, I had a slight **chest** pain.	30分走ったあと，わずかに胸が痛んだ。

□ wrinkle 「(顔の) しわ」

| STAGE **3** |

Some universities have **lifelong education** courses.	生涯教育の講座を持っている大学もある。
My grandfather witnessed many technological changes in his **lifetime**.	私の祖父は一生の間に多くの科学技術の変化を目にした。
Many insects have a very short **lifespan**.	多くの昆虫は寿命がとても短い。

I **crept** into the room through the back door after the lecture had started.	講義が始まったあとで，私は後ろのドアから部屋に忍び足で入った。
My baby can **crawl** now.	私の赤ちゃんは今でははうことができる。
Being unable to speak should not be a **barrier** to communication.	言葉を発せないことがコミュニケーションの障壁になるべきではない。
People have to overcome many **obstacles** in their lives.	人は人生において数多くの障害を乗り越えねばならない。

同じジャンルで覚える㉂　自然環境に関する語

1268 polar
[póʊlər]

形 南極[北極]の，極地の
⇨ **pole** 名 極，極地

the **polar** regions
極地方

引き出し □the South Pole「南極」 □the North Pole「北極」

1269 Arctic
[áːrktɪk]

形 北極の

the **Arctic** Circle
北極圏

1270 Antarctic
[æntáːrktɪk]

形 南極の

an **Antarctic** research base　南極観測基地

「南極圏」は the Antarctic Circle。

1271 glacier
[gléɪʃər]

名 氷河
関 **iceberg** 名 氷山

a **glacier** melts
氷河が溶ける

1272 rainforest
[réɪnfɔːrəst]

名 (熱帯)雨林
※ rain forest と 2 語で表すこともある

the Amazon **rainforest**
アマゾンの熱帯雨林

1273 landscape
[lǽndskèɪp]

名 風景
類 **scenery** (ある地域全体の)景色(→969)

a beautiful **landscape**
美しい風景

1274 level
[lév(ə)l]

名 ①高さ，水平面　②水準，レベル
形 水平な

above sea **level**
海水面上［海抜］

1275 acid
[ǽsɪd]

形 酸性の，すっぱい　名 酸
反 **alkaline** アルカリ性の

acid rain
酸性雨

スペリングに注目して覚える⑱　複数形に注意すべき語(2)

1276 axis
[ǽksɪs]

名 軸，(地球の)地軸
複 **axes**

the earth's **axis**
地軸

1277 basis
[béɪsɪs]

名 基礎，根拠
複 **bases**

on the **basis** of A
A を基に

axes は ax「おの」の複数形，また bases は base「基礎，土台」の複数形と形が同じなので注意。

1278 crisis
[kráɪsɪs]

名 危機
複 **crises**

an environmental **crisis**
環境危機

Scientists are observing the ice in <u>the</u> **polar** <u>regions</u>.	科学者たちは<u>極地方</u>の氷を観察している。
Is Iceland inside <u>the</u> **Arctic** <u>Circle</u>?	アイスランドは<u>北極圏</u>の中にありますか。
Japan has had <u>an</u> **Antarctic** <u>research</u> <u>base</u> since 1957.	日本は1957年から<u>南極観測基地</u>を持っている。
Glaciers are <u>melting</u> at an alarming rate.	<u>氷河</u>は恐ろしいほどの速さで<u>溶け</u>つつある。
<u>The</u> <u>Amazon</u> **rainforest** is being destroyed by humans.	<u>アマゾンの熱帯雨林</u>は人間によって破壊されつつある。
The <u>beautiful</u> **landscape** was damaged by forest fires.	<u>美しい風景</u>が森林火災によって損なわれた。
Our village is situated at about 1,000 meters <u>above</u> <u>sea</u> **level**.	私たちの村は<u>海抜</u>およそ1,000メートルの高さにある。
It is widely known that **acid** <u>rain</u> damages plants.	<u>酸性</u>雨が植物に被害を与えることはよく知られている。
<u>The</u> <u>earth's</u> **axis** is the straight line between the North and the South poles.	<u>地軸</u>とは，北極と南極をまっすぐ結んだ線である。
The decision was made <u>on</u> <u>the</u> **basis** of data.	データ<u>を基に</u>その決定はなされた。
We are facing a global <u>environmental</u> **crisis**.	私たちは世界的な<u>環境危機</u>に直面している。

STAGE 3

241

同じジャンルで覚える⑧② 干ばつ・飢餓に関する語

1279
drought
[draut] 発音
名 干ばつ，長期の日照り

a **drought** occurs
干ばつが起こる

1280
hunger
[hʌ́ŋgər]
名 飢え，飢餓
⇨ hungry 形 空腹の，飢えた

suffer from **hunger**
飢えに苦しむ

1281
famine
[fǽmɪn] 発音
名 飢饉(ききん)，極度の食糧不足

the **famine** is serious
飢饉が深刻だ

1282
starvation
[stɑːrvéɪʃ(ə)n]
名 飢餓，餓死
⇨ starve 動 餓死する，飢える

die of **starvation**
飢餓で死ぬ

> 極度にお腹が空いた状態を starve を用いて I'm starving.「(餓死しそうなほど)お腹が空いている。」と言うことがある。

同じジャンルで覚える⑧③ 環境汚染・環境破壊に関する語(2)

1283
contaminate
[kəntǽmɪnèɪt] アク
動 …を汚染する
⇨ contaminátion 名 汚染

contaminate water
水を汚染する

1284
discharge
[dɪstʃɑ́ːrdʒ]
動 ①(液体・気体など)を放出する
②(人)を解放する

discharge poisonous water
有毒な水を放出する

1285
toxic
[tá(ː)ksɪk]
形 有毒の
⊜ poisonous (→218)

be highly **toxic**
非常に有毒である

1286
debris
[dəbríː] 発音
名 がれき，残骸，ごみ
※不可算名詞

clear the **debris**
がれきを取り除く

1287
harmful
[hɑ́ːrmf(ə)l]
形 有害な　⊗ harmless 無害な
⇨ harm 名 害，悪意

be **harmful** to humans
人間にとって有害である

スペリングに注目して覚える⑲ 「不十分」の意味の mal- で始まる名詞

1288
malnutrition
[mæ̀lnjuːtríʃ(ə)n]
名 栄養失調
⇨ nutrition 名 栄養(摂取) (→1160)

recover from **malnutrition**
栄養失調から回復する

1289
malfunction
[mæ̀lfʌ́ŋ(k)ʃ(ə)n]
名 (体・機械などの)不具合
⇨ function 名 機能 (→777)

a **malfunction** occurs
不具合が生じる

<u>A</u> severe **drought** <u>occurred</u> in Australia this year.	今年オーストラリアで深刻な**干ばつが起こった**。
We often hear that many people <u>suffer from</u> **hunger** in Africa.	アフリカでは多くの人が**飢えに苦しんでいる**としばしば耳にする。
<u>The</u> **famine** in Africa <u>is</u> very <u>serious</u>.	アフリカの**飢饉**はとても**深刻だ**。
During the war thousands of people <u>died of</u> **starvation**.	戦時中，数千の人々が**飢餓で死んだ**。

Chemicals from the factory **contaminated** <u>water</u>.	工場からの化学物質が**水を汚染した**。
The factory **discharged** <u>poisonous water</u> into the sea for a long time.	その工場は長期間海に**有毒な水を放出した**。
Nuclear waste <u>is</u> highly **toxic**.	核廃棄物は**非常に有毒だ**。
<u>The</u> **debris** has not been <u>cleared</u> yet after the flood.	洪水が起こってから，**がれき**はまだ**取り除かれて**いない。
Too much sun <u>is</u> **harmful** <u>to</u> humans.	日光を浴びすぎることは**人間にとって有害だ**。

The child has <u>recovered from</u> **malnutrition**.	その子どもは**栄養失調から回復した**。
Malfunctions often <u>occur</u> with my computer.	私のコンピューターではよく**不具合が生じる**。

同じジャンルで覚える⑭ エネルギー・資源に関する語(2)

1290 □ **generate** [dʒénərèit]	動 …を生み出す ⇨ generator 名 発電機	**generate** electricity 電力を生み出す
1291 □ **radiation** [rèidiéiʃ(ə)n] 発音	名 放射線, 放射能 ⇨ radiate 動 …を放出する	**radiation** is dangerous 放射線は危険だ
1292 □ **emission** [imíʃ(ə)n]	名 排出 ⇨ emit 動 …を排出する	greenhouse gas **emissions** 温室ガスの排出
1293 □ **utilize** [júːt(ə)làiz]	動 …を利用する	**utilize** solar power 太陽エネルギーを利用する
1294 □ **tap** [tæp]	名 蛇口 〈米〉 faucet 動 (資源)を利用[開発]する	**tap** water 蛇口から出る水 [水道水]
1295 □ **exploit** [iksplóit]	動 ①(資源など)を利用[開発]する ②(労働者など)を搾取する	**exploit** marine resources 海洋資源を利用する
1296 □ **alternative** [ɔːltə́ːrnətiv] アク	形 代わりとなる, 別の 名 代わりとなるもの, 選択肢	**alternative** energy 代替エネルギー
1297 □ **renewable** [rinjúːəb(ə)l]	形 再生可能な	**renewable** energy 再生可能エネルギー

「再生可能エネルギー」とは, 太陽光, 風力など枯渇せず永続的に再生できる

似ていて紛らわしい語をセットで覚える⑳ 〈意味が似ている〉

1298 □ **estimate** [éstimèit] 発音	動 …を見積もる 名 [éstimət] 見積もり	**estimate** (that) … …と見積もる
1299 □ **evaluate** [ivǽljuèit] アク	動 …を評価する, …を査定する ⇨ evaluation 名 評価, 査定	**evaluate** A highly Aを高く評価する
1300 □ **assess** [əsés]	動 (費用など)を算定する, (価値など)を評価する ⇨ assessment 名 評価	be **assessed** at A Aと算定されている
1301 □ **adjust** [ədʒʌ́st] 発音	動 ①(Aに)適応する(to A) ②…を調節する ⇨ adjustment 名 適応, 調節	**adjust** to one's new life 新生活に適応する
1302 □ **adapt** [ədǽpt]	動 ①(Aに)適応する(to A) ②…を適応させる・慣れさせる ⇨ adaptation 名 適応	**adapt** to changes 変化に適応する

New ways of **generating** electricity are being explored.	<u>電力を生み出す</u>新しい方法が今検討されている。
It goes without saying that **radiation** <u>is</u> very <u>dangerous</u>.	<u>放射線</u>が非常に<u>危険である</u>ことは言うまでもない。
We need to reduce the amount of <u>greenhouse</u> gas **emissions**.	私たちは<u>温室ガスの排出</u>量を減らさなければならない。
Utilizing <u>solar power</u> and wind power is important.	<u>太陽エネルギー</u>と風力<u>を利用すること</u>は大切だ。
People still cannot drink **tap** <u>water</u> in many countries.	多くの国で人々はいまだに<u>水道水</u>を飲むことができない。
In some regions, <u>marine resources</u> are **exploited** too much nowadays.	いくつかの地域では，最近<u>海洋資源が</u>過度に<u>利用されている</u>。
Solar power is one of the **alternative** <u>energy</u> sources.	太陽エネルギーは<u>代替エネルギー</u>源の1つだ。
We should try to use more **renewable** <u>energy</u>.	私たちはより多くの<u>再生可能エネルギー</u>を利用するよう努めるべきだ。

エネルギーのこと。

He **estimates** (<u>that</u>) a three-degree temperature rise will occur in the future.	彼は将来3度の気温上昇が起こる<u>と見積もっている</u>。
The majority of the people **evaluated** the movie <u>highly</u>.	大多数の人がその映画<u>を高く評価した</u>。
The damage caused by the typhoon <u>was</u> **assessed** <u>at</u> 100 million yen.	その台風が引き起こした損害は1億円<u>と算定されていた</u>。
When you start at university, you may need some time to **adjust** <u>to your</u> new <u>life</u>.	大学に入ったら，<u>新生活に適応する</u>のに少し時間がかかるかもしれない。
It is not easy for many animals to **adapt** <u>to</u> big climate <u>changes</u>.	多くの動物にとって大きな気候<u>変動に適応する</u>のは容易ではない。

コロケーションで覚える㉛　〈自然・環境〉

1303 ultraviolet
[ʌ̀ltrəvá(ɪ)ələt] 発音
形 紫外(線)の
関 infrared 形 赤外線の

ultraviolet rays
紫外線

1304 ray
[reɪ]
名【-s】光線，熱線

1305 ozone
[óuzoun] 発音
名 オゾン

the ozone layer
オゾン層

1306 layer
[léɪər]
名 層

1307 habitat
[hǽbɪtæt]
名（動植物の）生息地

a habitat for wildlife
野生生物の生息地

1308 wildlife
[wáɪldlàɪf]
名 野生生物

> wildlife は文字通り wild「野生の」＋life「生命，生物」で覚えればよい。また wildlife はある地域の野生生物全体を指し，集合的に使うため，×a wildlife としない点に注意。

スペリングに注目して覚える⑳　否定の意味の in- で始まる形容詞

1309 incredible
[ɪnkrédəb(ə)l]
形 ①信じられない（ほどの）
🔁 unbelievable
②とてつもない

an incredible achievement
信じられないほどの偉業

> in「否定」＋cred「信用する」＋ible「できる」より，「信じられない」となる。cf. credit「つけ，信用貸し」（→1437 on credit）

1310 inevitable
[ɪnévɪtəb(ə)l]
形 避けられない，当然の

become inevitable
不可避になる

1311 indispensable
[ìndɪspénsəb(ə)l]
形 不可欠な，なくてはならない
🔁 essential（→320）

be indispensable for A
Aにとって不可欠である

1312 infinite
[ínfɪnət] アク
形 無数の，無限の 反 finite 有限の
⇨ infinity 名 無限

an infinite number of A
無数のA

This cream can protect your skin from **ultraviolet** **rays**.

このクリームで**紫外線**からあなたの肌を守ることができます。

The ozone layer is very important for living things.

オゾン層は生き物にとって非常に重要だ。

The loss of **habitats** for **wildlife** is a serious problem.

野生生物の生息地の減少は深刻な問題だ。

The landing on the moon was an **incredible** achievement.

月への着陸は**信じられないほどの偉業**だった。

Using more solar energy will become **inevitable**.

より多くの太陽エネルギーを使用することが**不可避になる**だろう。

Smartphones are **indispensable** for most people today.

スマートフォンは今日、ほとんどの人**にとって不可欠である**。

On a clear night we can see an **infinite** number of stars.

晴れた夜には私たちは**無数の**星を見ることができる。

同じジャンルで覚える㊺　元素名

1313
carbon
[ká:rb(ə)n]

名 炭素

a **carbon** tax
炭素税

引き出し　□ carbon dioxide「二酸化炭素 (CO_2)」

1314
oxygen
[á(:)ksɪdʒ(ə)n]

名 酸素

plants produce **oxygen**
植物は酸素を生み出す

1315
hydrogen
[háɪdrədʒ(ə)n]

名 水素

hydrogen gas
水素ガス

1316
nitrogen
[náɪtrədʒ(ə)n] 発音

名 窒素

a large amount of
nitrogen　大量の窒素

似ていて紛らわしい語をセットで覚える㉑　〈意味が似ている〉

1317
feature
[fí:tʃər]

名 ①(物の目立つ)特徴，【-s】顔立ち
　②特集記事
動 …を呼び物にする

a special **feature**
大きな特徴

1318
trait
[treɪt]

名 (性格・身体の)特徴

a personality **trait**
性格上の特徴［個性］

featureは「物」の特徴も「人」の特徴(＝顔立ち)も表すが，traitは「人」の

1319
anxiety
[æŋzá(ɪ)əti] 発音

名 心配，不安
⇨ **anxious** 形 心配して (→2015)

with **anxiety**
心配しながら

1320
concern
[kənsə́:rn]

名 ①懸念　②関心事
動 …を心配させる
熟 **be concerned about** A (→1682)

a great **concern**
重大な懸念

1321
outcome
[áʊtkʌm]

名 (最終的な)結果
※ come out「外に出てくる」から

an **outcome** of war
戦争がもたらす結果

1322
consequence
[ká(:)nsəkwèns]

名 (主に悪い)結果，成り行き

a negative **consequence**
マイナスの結果

1323
extreme
[ɪkstrí:m]

形 極端な，極度の
⇨ **extremely** 副 極度に，非常に

in **extreme** climates
極端な気候で

1324
extraordinary
[ɪkstrɔ́:rd(ə)nèri] アク

形 並外れた
⇦ **ordinary** 普通の (→937)

an **extraordinary** amount
of A　並外れた量のA

Some countries are thinking of introducing a **carbon** tax.	炭素税の導入を検討している国もある。

□ carbon footprint 「二酸化炭素排出量」

We know that <u>plants</u> <u>produce</u> **oxygen**.	私たちは植物が酸素を生み出すことを知っている。
Hydrogen gas used to be used for airships. ※ airship 飛行船	水素ガスはかつて飛行船に使われていた。
There is a <u>large amount of</u> **nitrogen** in the earth's atmosphere.	地球の大気には大量の窒素がある。

A special **feature** of this car is that it uses only electricity.	この車の大きな特徴は，電気しか使わないことです。
Is there a relationship between <u>personality</u> **traits** and favorite colors?	人の個性と好きな色との間に関係はありますか。

特徴のみを表す。

I am observing global warming <u>with</u> **anxiety**.	私は地球温暖化を心配しながら見ています。
Some scientists have <u>great</u> **concerns** about the future of the earth.	地球の未来について重大な懸念を抱いている科学者もいる。
Can you imagine the **outcome** of nuclear <u>war</u>?	核戦争がもたらす結果を思い描くことはできますか。
If we continue to burn fossil fuels, it will have <u>negative</u> **consequences** for our lives.	化石燃料を燃やし続ければ，私たちの生活にマイナスの結果をもたらすだろう。
Some plants can survive even <u>in</u> **extreme** climates.	極端な気候でも生き残ることができる植物もいる。
An **extraordinary** <u>amount of</u> food is thrown away every day.	並外れた量の食べ物が毎日捨てられている。

同じジャンルで覚える⑧ 地球・地形に関する語

1325
□ **equator**
[ɪkwéɪtər] 発音

名 赤道

on the **equator**
赤道上に

1326
□ **latitude**
[lǽtətjùːd]

名 緯度

at a **latitude** of … degrees north 北緯…度に

1327
□ **longitude**
[lá(ː)n(d)ʒətjùːd]

名 経度

the **longitude** of Tokyo
東京の経度

1328
□ **horizon**
[həráɪz(ə)n] 発音

名 ①地平線，水平線 ②[-s]視野
⇨ horizóntal 形 水平の(→1368)

below the **horizon**
地平線の下に

1329
□ **gravity**
[grǽvəti]

名 重力，引力

gravity of the earth
地球の重力

1330
□ **peninsula**
[pəníns(ə)lə]

名 半島

the Izu **Peninsula**
伊豆半島

1331
□ **bay**
[beɪ]

名 湾
類 gulf (大型の)湾

across the **bay**
湾の向こうに

1332
□ **shore**
[ʃɔːr]

名 (海・湖などの)岸，(海から見た)陸
類 coast 沿岸，海岸

off the **shore** of A
Aの海岸沖に

1333
□ **marine**
[məríːn]

形 海の，海洋の

a **marine** biologist
海洋生物学者

1334
□ **tide**
[taɪd]

名 潮(の満ち引き)

the **tide** is out
潮が引いている

引き出し □ the tide is in 「潮が満ちている」

1335
□ **current**
[kə́ːr(ə)nt]

名 (水・空気の)流れ，潮流
形 ①現在の ②(通貨などが)流通して

a warm **current**
暖流

親潮[千島海流]や黒潮[日本海流]などの「海流」を言う場合は，tide ではなく current を用いる。

1336
□ **stream**
[striːm]

名 小川，(水・空気の)流れ

a mountain **stream**
谷川

stream は「(水・空気の)流れ」の意味では the Gulf Stream「メキシコ湾流」や the jet stream「ジェット気流」などがある。

Ecuador is <u>on the</u> **equator**.	エクアドルは赤道上にある。
London is located <u>at a</u> **latitude** <u>of</u> 51 <u>degrees</u> <u>north</u>.	ロンドンは北緯51度に位置する。
<u>The</u> **longitudes** <u>of</u> <u>Tokyo</u> and Adelaide in Australia are almost the same.	東京とオーストラリアのアデレードの経度はほぼ同じだ。
I saw the sun sink <u>below</u> <u>the</u> **horizon** from the ship.	私は船から太陽が地平線の下に沈むのを見た。
The **gravity** <u>of</u> <u>the</u> <u>earth</u> is six times stronger than that of the moon.	地球の重力は月のそれより6倍強い。
Did you know that <u>the</u> Izu **Peninsula** used to be an island?	伊豆半島はかつて島だったことを知っていましたか。
There is a lighthouse <u>across</u> <u>the</u> **bay**. ※ lighthouse 灯台	湾の向こうに灯台がある。
What is the island <u>off</u> <u>the</u> **shore** of Niigata?	新潟の海岸沖にある島は何ですか。
I want to be <u>a</u> **marine** <u>biologist</u>.	私は海洋生物学者になりたい。
<u>The</u> **tide** <u>was</u> <u>out</u> when I went to the beach.	私が浜辺に行ったとき，潮は引いていた。
There is <u>a</u> <u>warm</u> **current** in the Pacific Ocean near Japan.	太平洋の日本付近には暖流がある。
After the heavy rain, the <u>mountain</u> <u>**stream**</u> had much more water.	大雨のあと，谷川にはよりいっそう多くの水が流れていた。

コロケーションで覚える㉜

1337
☐ **northern**
[nɔ́ːrðərn]

形 北の
⇨ **north** 名【the -】北 　形 北の

the northern hemisphere
北半球

1338
☐ **hemisphere**
[hémɪsfìər]

名 半球　※hemi「半分の」+sphere「球」
関 **sphere** 名 球体

引き出し 【方角】 ☐ southern 「南の」 ☐ eastern 「東の」

1339
☐ **Mars**
[mɑːrz]

名 火星

a Mars probe
火星探査機

1340
☐ **probe**
[proʊb]

名 （徹底的な）調査，探査（機）
動 徹底的に調べる

引き出し 【惑星】 ☐ Mercury 「水星」 ☐ Venus 「金星」

1341
☐ **mosquito**
[məskíːtoʊ] 発音

名 蚊
複 **mosquito(e)s**

a mosquito bites
蚊が刺す

1342
☐ **bite** [baɪt]
活 bite-bit-bitten

動 （人・動物が）（…に）かみつく，（虫
が）（…を）刺す　名 かみ[刺し]傷
類 **chew** （食物）をかむ(→9)

mosquito の複数形は mosquitos とつづることもあるが，mosquitoes が
普通。

1343
☐ **bee**
[biː]

名 ハチ，ミツバチ

a bee stings
ミツバチが刺す

1344
☐ **sting** [stɪŋ]
活 sting-stung-stung

動 （針などで）（…を）刺す
名 刺し傷，（虫などの）針

引き出し 【昆虫】 ☐ moth 「ガ」 ☐ hornet 「スズメバチ」

スペリングに注目して覚える㉑ 「〜を見るもの」の意味の -scope を含む名詞

1345
☐ **telescope**
[téləskòʊp]

名 望遠鏡

a radio **telescope**
電波望遠鏡

1346
☐ **microscope**
[máɪkrəskòʊp]

名 顕微鏡

use a **microscope**
顕微鏡を使う

引き出し ☐ stethoscope 「聴診器」 ☐ kaleidoscope 「万華鏡」

Is Singapore in the **northern hemisphere**?	シンガポールは北半球にありますか。

□ western 「西の」

Scientists in several countries are planning to send **Mars probes**.	数カ国の科学者が火星探査機を打ち上げることを計画している。

□ Jupiter 「木星」　□ Saturn 「土星」

Malaria is transmitted when people are **bitten** by **mosquitoes**.	マラリアは人々が蚊に刺されたときに伝染する。

STAGE 3

A **bee stung** my child because she tried to catch it.	ミツバチが私の子どもを刺した。彼女が捕まえようとしたからだ。

□ butterfly 「チョウ」　□ fly 「ハエ」

Japan's largest radio **telescope** is in Nobeyama.	日本最大の電波望遠鏡は野辺山にある。
I learned how to use a **microscope** in elementary school.	私は小学校で顕微鏡の使い方を習った。

同じジャンルで覚える⑧⑦　宇宙に関する語

1347 **planet**
[plǽnɪt]
名 ①惑星　②【the -】地球
関 star 名 恒星，星

how many **planets**
いくつの惑星が

1348 **universe**
[júːnɪvə̀ːrs]
名 ①【the -】宇宙　②【the -】全世界
⇨ univérsal 形 普遍的な，全世界の(→2086)

the origin of the **universe**
宇宙の起源

1349 **vacuum**
[vǽkjuəm]
名 真空
動 電気掃除機をかける

in a **vacuum**
真空に

1350 **satellite**
[sǽt(ə)làɪt]
名 人工衛星，衛星

a weather **satellite**
気象衛星

1351 **rotate**
[róʊteɪt]
動 回転する，回る
⇨ rotation 名 回転，ローテーション

the earth **rotates**
地球が回転する

1352 **orbit**
[ɔ́ːrbət]
動 …の周りを回る
名 (天体などの)軌道

the earth **orbits** the sun
地球は太陽の周りを回る

1353 **alien**
[éɪliən]
名 ①宇宙人　②外国人
形 ①異質の　②外国の

aliens exist
宇宙人が存在する

alien は「別の場所の」が原義で，「外国人，外国の」の意味では排他的・

1354 **astronaut**
[ǽstrənɔ̀ːt]
名 宇宙飛行士
関 astrónomy 名 天文学(→681)

want to be an **astronaut**
宇宙飛行士になりたい

1355 **eclipse**
[ɪklíps]
名 (太陽・月の)食

a solar **eclipse**
日食

1356 **asteroid**
[ǽstərɔ̀ɪd]
名 小惑星

find an **asteroid**
小惑星を発見する

引き出し　□comet 「すい星」　□meteor 「流星」　□meteorite 「隕石」

スペリングに注目して覚える㉒　「叫ぶ」の意味の -claim を含む動詞

1357 **exclaim**
[ɪkskléɪm]
動 (…と)叫ぶ　※ ex- は「外へ」
⇨ exclamation 名 叫び声，感嘆

exclaim in joy
喜んで叫ぶ

1358 **proclaim**
[prəkléɪm]
動 …を宣言する　※ pro- は「前で」
同 declare (→2199)

proclaim the independence
独立を宣言する

How many **planets** are there in the solar system?	太陽系には**いくつの惑星**がありますか。
The origin of the **universe** is gradually becoming clear.	**宇宙の起源**が徐々に明らかになってきている。
The ISS travels in a **vacuum**. ※ ISS = International Space Station	国際宇宙ステーションは**真空中を**進む。
Weather **satellites** are indispensable now.	今や**気象衛星**は不可欠だ。
The earth **rotates** on its axis once every 24 hours.	**地球**は地軸を中心に24時間に1回**回転する**。
People did not know at that time that the earth **orbits** the sun.	当時，人々は**地球が太陽の周りを回っている**ことを知らなかった。
Do you think **aliens** exist?	**宇宙人は存在する**と思いますか。

差別的なニュアンスを持つことが多いので注意が必要。

I wanted to be an **astronaut** when I grew up.	私は大人になったら**宇宙飛行士になりたいと思っていた**。
When can the next solar **eclipse** be seen from Japan?	日本で次に**日食**が見られるのはいつですか。
Some new **asteroids** are found every year.	毎年いくつかの新しい**小惑星が発見されている**。

"We did it!" They **exclaimed** in joy when the rocket reached the moon.	ロケットが月に到達したとき，「やった！」と彼らは**喜んで叫んだ**。
He **proclaimed** the independence of the country.	彼はその国の**独立を宣言した**。

同じジャンルで覚える⑧⑧ 物の形や位置関係を表す語

1359 circle
[sə́ːrk(ə)l]

名 円，丸
動 …を丸で囲む

in a **circle**
円形に

1360 triangle
[tráiæ̀ŋg(ə)l] アク

名 三角形
関 angle 名 角度，観点

a regular **triangle**
正三角形

1361 square
[skwéər] 発音

名 ①正方形 ②2乗 ③広場
形 ①正方形の ②…平方

in the shape of a **square**
正方形の形をした

1362 cube
[kju:b]

名 ①立方体
②3乗

a small **cube**
小さい立方体

1363 oval
[óuv(ə)l]

名 楕円
形 楕円の

an **oval** shaped mirror
楕円形の鏡

1364 rectangular
[rektǽŋgjələr] アク

形 長方形の
⇨ réctangle 名 長方形

a **rectangular** table
長方形のテーブル

1365 parallel
[pǽrəlèl]

形 ①(Aと)平行の(to A) ②類似の
名 ①平行(線) ②類似点

be **parallel** to each other
互いに平行である

1366 diameter
[daiǽmətər] アク

名 直径

... meters in **diameter**
直径…メートル

1367 vertical
[vɔ́ːrtik(ə)l]

形 垂直の

a **vertical** cliff
垂直の崖

1368 horizontal
[hɔ̀ːrəzá(ː)nt(ə)l] アク

形 水平の
⇨ horízon 名 地平線，水平線(→1328)

a **horizontal** line
水平な線

スペリングに注目して覚える㉓ 「反対」の意味の op- で始まる語

1369 opposite
[á(ː)pəzit]

形 正反対の，反対側の
前 …の向かいに

be **opposite** to A
Aと正反対である

1370 oppose
[əpóuz]

動 …に反対する
⇨ opposítion 名 反対
熟 be opposed to A (→2320)

oppose the tax increase
増税に反対する

1371 opponent
[əpóunənt]

名 ①(試合などの)相手 ②反対者
類 enemy 敵(→1032)

a strong **opponent**
強い対戦相手

Put the chairs <u>in</u> <u>a</u> **circle** for the next activity.	次の活動のためにイスを**円形に**置いてください。
Each angle of <u>a</u> <u>regular</u> **triangle** is 60 degrees.	**正三角形**のそれぞれの角度は60度だ。
Origami paper is <u>in</u> <u>the</u> <u>shape</u> <u>of</u> <u>a</u> **square**.	折り紙は**正方形の形を**している。
Please cut this carrot into <u>small</u> **cubes**.	このニンジンを**小さい立方体**に［さいの目に］切ってください。
There is <u>an</u> **oval** <u>shaped</u> <u>mirror</u> in our bathroom.	うちの浴室には**楕円形の鏡**がある。
Which should we buy, a round or <u>a</u> **rectangular** <u>table</u>?	私たちは円形か**長方形のテーブル**かどちらを買うべきだろう。
These two lines <u>are</u> **parallel** <u>to</u> <u>each</u> <u>other</u>.	これらの2つの線は**互いに平行である**。
The telescope lens is eight <u>meters</u> <u>in</u> **diameter**.	その望遠鏡レンズは**直径**8**メートル**だ。
The coast is famous for its white, **vertical** <u>cliffs</u>.	その海岸は白い**垂直の崖**で有名だ。
The **horizontal** <u>line</u> around the middle of the earth is the equator.	地球の中央を取り巻く**水平な線**は赤道だ。
The result of the survey <u>was</u> **opposite** <u>to</u> what we expected.	調査結果は私たちが予期していたものと**正反対**だった。
Many people strongly **opposed** <u>the</u> <u>tax</u> <u>increase</u>.	多くの人々が**増税に**強く**反対した**。
He will face <u>a</u> <u>strong</u> **opponent** in the third round of the tournament.	彼はトーナメントの3回戦で**強い対戦相手**とあたる。

同じジャンルで覚える89 固体→液体→気体

1372 **solid** [sɑ́(ː)ləd]	形 固体・固形の，しっかりした 名 固体	turn **solid** 固形になる
1373 **liquid** [líkwɪd]	形 液体の 名 液体 関 gas 名 気体	**liquid** form 液状
1374 **steam** [stiːm]	名 湯気，蒸気 動 ①…を蒸す ②湯気を立てる	**steam** rises 湯気が立ちのぼる
1375 **evaporate** [ɪvǽpərèɪt] アク	動 蒸発する ⇨ evaporátion 名 蒸発	water **evaporates** 水が蒸発する
1376 **vapor** [véɪpər]	名 蒸気	water **vapor** 水蒸気

似ていて紛らわしい語をセットで覚える㉒ 〈形が似ている〉

1377 **sensible** [sénsəb(ə)l]	形 分別のある，賢明な ⇨ sensibílity 名 感性，感受性	a **sensible** person 分別のある人
1378 **sensitive** [sénsətɪv]	形 敏感な，微妙[繊細]な ⇨ sensitívity 名 感受性，敏感さ	a **sensitive** question 微妙な質問
1379 **imaginary** [ɪmǽdʒənèri]	形 想像上の，架空の ⇨ imagine 動 …を想像する(→653)	an **imaginary** creature 架空の生き物
1380 **imaginative** [ɪmǽdʒ(ə)nətɪv]	形 独創的な，想像力に富んだ ⇨ imaginable 形 想像できる	an **imaginative** idea 独創的なアイデア
1381 **considerate** [kənsíd(ə)rət]	形 思いやりのある	be kind and **considerate** 親切で思いやりがある
1382 **considerable** [kənsíd(ə)rəb(ə)l]	形 かなりの ⇨ considerably 副 かなり	a **considerable** distance かなりの距離
1383 **trace** [treɪs]	動 (起源など)を突き止める・たどる 名 痕跡	**trace** the origin 起源をたどる
1384 **track** [træk]	動 …を追跡する 名 [-s]通った跡，小道	**track** the movement 移動を追跡する

It takes an hour for the cement to <u>turn</u> **solid**.	そのセメントが**固形になる**には1時間かかる。
This medicine is available in **liquid** <u>form</u> and in tablets.	この薬は**液状**でも錠剤でも手に入る。
You can see **steam** <u>rising</u> in many places in Beppu.	別府ではたくさんの場所で**湯気が立ちのぼっている**のが見える。
Most of the <u>water</u> in the pan has **evaporated**.	鍋の中のほとんどの**水が蒸発して**しまった。
<u>Water</u> **vapor** was rising from the road when the sun came out after the rain.	雨上がりに太陽が出たとき，道路から**水蒸気**が立ちのぼっていた。

He is <u>a</u> very **sensible** <u>person</u>, and he always makes the right decision.	彼はとても**分別のある人**で，常に適切な判断を下す。
You need to be very careful if you ask <u>a</u> **sensitive** <u>question</u>.	**微妙な質問**をする場合は，細心の注意を払う必要がある。
Unicorns are **imaginary** <u>creatures</u>.	ユニコーンは**架空の生き物**だ。
Young children often have **imaginative** <u>ideas</u>.	幼い子どもたちは**独創的なアイデア**を持っていることが多い。
My friends <u>are</u> all <u>kind and</u> **considerate**.	私の友達はみんな**親切で思いやりがある**。
We walked <u>a</u> **considerable** <u>distance</u> in the mountains.	私たちは山の中で**かなりの距離**を歩いた。
Scientists have been trying to **trace** <u>the origin</u> of the universe.	科学者たちは宇宙の**起源をたどろう**としてきた。
The scientists **tracked** <u>the movement</u> of swans.	その科学者たちはハクチョウたちの**移動を追跡した**。

STAGE **3**

〈動詞＋前置詞／副詞〉の表現（7）

1385
☐ **lie in** A　(原因・問題などが) A にある

1386
☐ **major in** A　〈米〉A を専攻する
⇨ **major** 形 主要な　名〈米〉専攻(科目) (→ 470)

1387
☐ **specialize in** A　A を専門に(研究)する，(大学院で) A を専攻する
※ major に比べ職業的研究の意味合いが強い

1388
☐ **die out**　絶滅する
⬜ become extinct

1389
☐ **leave out** A[A **out**]　A を除外する，A を無視する

1390
☐ **cross out** A[A **out**]　A (誤りの文字など) に線を引いて消す

> 欧米では，書き間違いをした場合に消しゴムを使用する代わりに線を引いて訂正することが多い。

1391
☐ **break out**　(火事・戦争などが) 突然起こる，勃発する

as を用いた表現

1392
☐ **as follows**　以下の通り

1393
☐ **as well**　…もまた，その上…も

1394
☐ **as for** A　A について言えば，A はというと
類 **as to** A　A については

1395
☐ **as usual**　いつものように
類 **as always** いつものように

The main problem **lies in** the structure of her essay.	主な問題点は彼女の小論文の構成に**ある**。
Emily **majored in** psychology at university.	エミリーは大学で心理学**を専攻した**。
Professor Birch **specializes in** 18th century poetry.	バーチ教授は18世紀の詩**を専門に研究している**。
When did wolves **die out** in Japan?	日本ではオオカミはいつ**絶滅した**のですか。
If you can't answer some questions, **leave** them **out**.	もしいくつかの質問に答えられなければ**それらを無視してください**。
Should we **cross out** any mistakes, or use an eraser?	間違い**に線を引いて消す**べきですか，それとも消しゴムを使うべきですか。
A fire **broke out** in the hotel where I was staying.	私が泊まっていたホテルで**突然**火事が**起こった**。
The schedule for the trip is **as follows**: ※ as follows の後ろにはコロンを用いる	旅行の日程は**以下の通り**です。
It's cold, so wear a coat. Put on some gloves **as well**.	寒いからコートを着なさい。手袋**も**はめなさい。
As for Tom, he's never late for school.	トム**について言えば**，彼は決して学校に遅刻しない。
As usual, we ate toast for breakfast today.	**いつものように**，今日も私たちは朝食にトーストを食べた。

〈動詞＋前置詞／副詞〉の表現(8)

1396
☐ **crash into** A

Aに衝突する

劉 run into A　①Aに衝突する　②Aに出くわす

1397
☐ **burst into** A

突然～し始める

⇨ **burst** 動 破裂する　名 破裂　劉 burst-burst-burst

引き出し ☐ burst into tears「突然泣き始める」

1398
☐ **break into** A

Aに侵入する

1399
☐ **settle down**

(結婚や定住などで)落ち着く，(環境などに)慣れる

⇨ **settle** 動 …を解決する，和解する(→2203)

目的語を伴い，settle down A[A down]「Aを落ち着かせる」としても用いられる。

1400
☐ **hand down** A[A **down**]

(後世に) Aを伝える

1401
☐ **turn down** A[A **down**]

A (申し出など)を断る

1402
☐ **become of** A

Aはどうなるか

※主語になるのは普通 what

1403
☐ **die of** A

Aで死ぬ

1404
☐ **call off** A[A **off**]

Aを中止する

1405
☐ **give off** A[A **off**]

A (におい・光など)を放つ・発する

1406
☐ **break off** A[A **off**]

A (関係など)を解消する

break off は「話を急にやめる」の意味でも用いる。

| A bus **crashed into** the bridge, but no one was injured. | バスが橋**に衝突した**が，誰もけがをしなかった。 |
| In a musical show, actors suddenly **burst into** song. | ミュージカルで俳優たちは**突然**歌い**始めた**。 |

□ burst into laughter 「突然笑い始める」

Thieves **broke into** the museum and stole several valuable paintings.	泥棒が博物館**に侵入し**，いくつかの貴重な絵画を盗んだ。
After college in Tokyo she decided to **settle down** in her hometown.	東京の大学を出たあと，彼女は故郷に**身を落ち着ける**決心をした。
This tradition has been **handed down** for over 1,000 years.	この伝統は1,000年以上**受け継がれて**きている。
Tom was offered two jobs, so he had to **turn** one **down**.	トムは2つの仕事に誘われたので，1つ**を断ら**なければならなかった。
I wonder what **became of** Julia. I haven't seen her for years.	ジュリア**はどうなった**だろう。私は何年も彼女に会っていない。
My cat **died of** old age.	私のネコは老衰**で死んだ**。
The game was **called off** because of the storm.	その試合は嵐のために**中止された**。
These flowers **give off** a beautiful scent.	これらの花はいい香り**を放つ**。
Ella was so upset when her boyfriend **broke off** their engagement.	彼女の恋人が婚約**を解消した**とき，エラはとても取り乱した。

☞ He **broke off** in the middle of the conversation because his phone rang.
「電話が鳴ったので彼は会話の途中で急に話をやめた。」

STAGE **3**

〈動詞＋A＋to *do*〉の表現

1407
☐ **allow** A **to** *do*　　　　Aに〜することを許す

1408
☐ **forbid** A **to** *do*　　　　Aが〜することを禁じる　㊥ forbid-forbade-forbidden

㊑ **prohibit[ban]** A **from** *doing* (→ Unit 198)

動名詞を用いた forbid A from *doing* の形もある。

1409
☐ **beg** A **to** *do*　　　　Aに〜するよう懇願する

1410
☐ **cause** A **to** *do*　　　　Aに〜させる
㊑ **make** A *do* / **have** A *do*　Aに〜させる
⇨ cause 图 原因，(正当な)理由　動 …を引き起こす(→764)

1411
☐ **drive** A **to** *do*　　　　Aを〜するよう駆り立てる・追いやる

1412
☐ **order** A **to** *do*　　　　Aに〜するよう命じる

1413
☐ **command** A **to** *do*　　　　Aに〜するよう命じる

1414
☐ **force** A **to** *do*　　　　Aに〜することを強いる
⇨ force 图 力，軍事力，【-s】軍隊

〈動詞＋to *do*〉の表現

1415
☐ **come to** *do*　　　　〜するようになる
※ *do* の部分には普通 know などの状態動詞がくる
㊑ **get to** *do* 〜するようになる

come to *do* と get to *do* は意味上の違いはないが，come to *do* がフォーマルであるのに対し，get to *do* はインフォーマル。会話では get to *do* がよく使われる。

1416
☐ **learn to** *do*　　　　(習得して)〜できるようになる
※学んだ結果それができるようになることを意味する

1417
☐ **happen to** *do*　　　　偶然〜する，たまたま〜する

1418
☐ **fail to** *do*　　　　〜できない，〜しそこなう

You are not **allowed** **to** **take** photographs inside the museum.	博物館の中で写真**を撮ることは許されて**いません。
My school **forbids** the students **to go** to school by motorcycle.	私の学校は生徒がオートバイで学校に**通うことを禁じています**。
Adam **begged** his parents **to take** him to Disneyland.	アダムは両親にディズニーランドに**連れて行ってくれるよう懇願した**。
The typhoon **caused** many flights **to be canceled**.	台風はたくさんのフライト**を欠航させた**。
I wonder what **drove** him **to quit** his job.	仕事**を辞めるよう彼を駆り立てた**のは何だろう。
The police officer **ordered** the driver **to get out of** his car.	警察官は運転手**に車から降りるように命じた**。
The king **commanded** the soldiers **to attack** the enemy.	王は兵士**に敵を攻撃するように命じた**。
Cinderella was **forced to clean** the house every day.	シンデレラは毎日家**を掃除することを強いられた**。
How did you **come to know** the famous actor?	あなたはどうやってその有名な俳優と**知り合いになった**のですか。
☞ How did you **get to know** your girlfriend?「どうやってガールフレンド**と知り合いになった**の？」	
I **learned to ski** when I was only seven.	私はたった７歳で**スキーができるようになった**。
If you **happen to see** Robert, tell him I've found his book.	もし**偶然ロバートに会った**ら，彼の本を見つけたと伝えておいて。
What happens if I **fail to meet** the deadlines for my essays?	もし小論文の締め切り**に間に合わせることができなかった**らどうなりますか。

形が似ていて紛らわしい表現(2)

1419 ☐ **carry on** （Aを）続ける（with A）

1420 ☐ **carry out** A[A **out**]
Aを実行する，Aを遂行する
阐 **conduct** （調査など）を実施する（→721）　※フォーマル

carry on は carry on *doing* [名詞] の形でも用いられる。

1421 ☐ **work on** A
A（仕事・レポートなど）に取り組む

1422 ☐ **work out**
うまくいく，良い結果となる

1423 ☐ **succeed in** A
Aに成功する　※Aに動名詞がくることも多い
⇨ **success** アク 名 成功
⇨ **successful** 形 成功した（→307）

1424 ☐ **succeed to** A
A（地位など）を継承する
⇨ **succession** 名 継承（権）

1425 ☐ **be familiar with** A
（人が）A（物事）をよく知っている　※人を主語にする
反 **be unfamiliar with** A　Aをよく知らない

1426 ☐ **be familiar to** A
（物事が）A（人）に見[聞き]覚えがある・よく知られている　※物事を主語にする
反 **be unfamiliar to** A　Aになじみの薄い

同じ語を繰り返し用いる表現

1427 ☐ **on and on**
延々と，どんどん

1428 ☐ **over and over**
何度も何度も

1429 ☐ **one by one**
1つ[1人]ずつ

1430 ☐ **little by little**
徐々に，少しずつ

They **carried on** with their work until late at night.	彼らは夜遅くまで仕事を**続けた**。
The teacher asked the students to **carry out** the task quickly.	先生は生徒たちに早く課題**を遂行するよう**求めた。

(例文＝) They carried on working until late at night.

The author says she is **working on** a new novel now.	その作家は今新しい小説**に取り組んで**いると言っている。
The travel arrangements did not **work out** as we had planned.	旅行の手配は私たちが計画していたほど**うまくいか**なかった。
The swimmer **succeeded in** winning three medals in the Olympics.	その水泳選手はオリンピックで3つのメダルの獲得**に成功した**。
Queen Victoria **succeeded to** the crown in 1837. ※ crown 王位	ビクトリア女王は1837年に王位**を継承した**。
Are you **familiar with** this copy machine?	あなたはこのコピー機**についてよく知っていますか**。
Her name **is familiar to** me. Perhaps I've met her before.	彼女の名前は私**には聞き覚えがある**。たぶん前に彼女に会ったことがあるのだ。

She talked **on and on** about her new boyfriend.	彼女は新しいボーイフレンドについて**延々と**話し続けた。
He practiced the speech **over and over** before the contest.	彼はコンテストの前に**何度も何度も**スピーチの練習をした。
We solved all the problems **one by one**.	私たちはすべての問題を**1つずつ**解決した。
Little by little, Beauty came to love the Beast.	**少しずつ**, 美女は野獣のことが好きになってきた。

STAGE 3

〈at＋名詞〉の表現

1431
☐ **at any cost**
何としても，どんなに費用をかけても

1432
☐ **at ease**
くつろいで，気楽に
⇨ **ease** 图 容易さ　動 …を和らげる

1433
☐ **at length**
①長々と，詳細に　②【文修飾】ついに
⇨ **length** 图 長さ (→1464)

1434
☐ **at a time**
一度に

〈on＋名詞〉の表現

1435
☐ **on purpose**
わざと，故意に
⇨ **purpose** 图 目的

1436
☐ **on average**
平均して
⇨ **average** 形 平均の　图 平均 (→583)

1437
☐ **on credit**
クレジットで，つけで
⇨ **credit** 图 ①つけ　②功績

> 最初に品物を受け取り，そのあと分割などで支払っていく場合に用いる。「クレジットカードで（= by credit card)」の意味ではないので注意。

1438
☐ **on demand**
要求［請求］があり次第　※フォーマル
⇨ **demand** 動 …を要求する　图 需要，要求 (→370)

1439
☐ **on the whole**
【文修飾】概して，全体的に見て

〈to＋名詞（句）〉の表現

1440
☐ **to my surprise**
驚いたことに

1441
☐ **to the best of my knowledge**
私の知る限り　圓 as far as I know
⇨ **knowledge** 图 知識 (→694)

1442
☐ **to some extent**
ある程度　圞 to a great extent おおいに
⇨ **extent** 图 程度，範囲

We have to stop global warming **at any cost**.	私たちは**何としても**地球温暖化を食い止めなければならない。
I can't feel **at ease** on a crowded train.	私は混んでいる電車では**くつろいで**いることができない。
The salesperson talked **at length** about the new product.	その販売員は**長々と**新製品について語った。
He usually eats three bowls of rice **at a time**.	彼はたいてい**一度に**3杯のご飯を食べる。
I didn't delete your e-mails **on purpose**. It was an accident.	**わざと**あなたのメールを削除したわけではない。事故だったのだ。
On average, one million babies are born every year in Japan.	**平均して**，日本では毎年100万人の赤ちゃんが生まれている。
My father bought his new car **on credit**.	父は**クレジット**で新しい車を買った。
Any book can be ordered **on demand** in this store.	この店では**要求があり次第**どの本でも注文できます。
On the whole, our class enjoyed the school trip.	**全体的に見て**，私たちのクラスは遠足を楽しんだ。
To my surprise, no one was injured in the accident.	**驚いたことに**，その事故で誰もけがをしなかった。
To the best of my knowledge, "level up" is not a correct English expression.	**私の知る限り**，「レベルアップ」は正しい英語表現ではない。
I agree with you **to some extent**, but not entirely.	私は**ある程度**あなたに賛成だが，全面的にというわけではない。

STAGE **3**

同じジャンルで覚える⑨ コンピューター・電子機器に関する語

1443 insert
[ɪnsə́:rt]
動 …を挿入する

insert a sentence
文を挿入する

1444 delete
[dɪlí:t]
動 …を削除する

delete a file
ファイルを削除する

1445 browse
[braʊz]
動 …を閲覧する
⇨ **browser** 名 ブラウザ，閲覧ソフト

browse a website
ウェブサイトを閲覧する

1446 install
[ɪnstɔ́:l]
動 (装置など)を取り付ける，(ソフトウェア)をインストールする

install the software
ソフトウェアをインストールする

1447 mobile
[móʊb(ə)l] 発音
形 ①移動式の，(電子機器が)携帯型の
②流動的な
⇨ **mobility** 名 移動性，流動性

a **mobile** library
移動図書館

1448 device
[dɪváɪs]
名 装置，機器
⇨ **devise** 動 …を考え出す

an electronic **device**
電子機器

1449 laptop
[lǽptɑ̀p] アク
名 ラップトップコンピューター，ノートパソコン 愿 **lap** 名 ひざ

my **laptop** is light
私のノートパソコンは軽い

文法・語法との関連で覚える㉙ 程度を表す副詞(2)

1450 slightly
[sláɪtli]
副 わずかに
⇨ **slight** 形 わずかな

slightly different
わずかに違う

1451 largely
[lɑ́:rdʒli]
副 主に，大きく

largely depend on A
Aに大きく左右される

1452 mostly
[móʊs(t)li]
副 主に，たいてい

be **mostly** students
主に学生だ

1453 approximately
[əprɑ́(:)ksɪmətli] アク
副 おおよそ
※フォーマル

approximately 500 houses
おおよそ500世帯

1454 merely
[míərli] 発音
副 単に
⇨ **mere** 形 ほんの，単なる

be not **merely** a machine
単なる機械ではない

1455 utterly
[ʌ́tərli]
副 完全に
⇨ **utter** 形 完全な 動 …を言う

be **utterly** horrified
完全に震え上がって

You need to **insert** this sentence here.	あなたはここに<u>この文を挿入する</u>必要がある。
I **deleted** an important file by mistake.	私は間違って大切な<u>ファイルを削除した</u>。
Many people spend a lot of time **browsing** websites these days.	近頃多くの人が<u>ウェブサイトを閲覧する</u>のに多くの時間を費やしている。
Can you tell me how to **install** this software?	<u>このソフトウェアをインストールする</u>やり方を教えてもらえますか。
A **mobile** library visits my village twice a month.	月に2回, <u>移動図書館</u>が私の村を訪れる。
Please switch off all electronic **devices** until the plane has landed.	飛行機が着陸するまですべての<u>電子機器</u>の電源を切ってください。
My new **laptop** is very light.	<u>私の</u>新しい<u>ノートパソコンは</u>とても<u>軽い</u>。

These two colors are **slightly** different.	これらの2色は<u>わずかに違う</u>。
The plans **largely** depend on the weather conditions.	その計画は気象条件<u>に大きく左右される</u>。
People coming to this café are **mostly** students.	このカフェにくる人は<u>主に学生だ</u>。
Approximately 500 houses were flooded by the hurricane.	ハリケーンで<u>おおよそ500世帯</u>が浸水した。
The robot is not **merely** a machine. It can communicate with us.	そのロボットは<u>単なる機械ではない</u>。それは私たちと意思疎通ができる。
I was **utterly** horrified by his words.	私は彼の言葉に<u>完全に震え上がった</u>。

コロケーションで覚える㉝ 〈科学・情報〉

1456 □ **virtual** [vә́ːrtʃuәl]
形 ①仮想の ②事実上の
⇨ virtually 副 ほとんど，事実上

1457 □ **reality** [riǽlәti]
名 現実
⇨ real 形 現実の，真の

virtual reality 仮想現実

1458 □ **artificial** [àːrtɪfíʃ(ә)l] アク
形 人工的な，人造の

1459 □ **intelligence** [ɪntélɪdʒ(ә)ns]
名 知能，知性
⇨ intelligent 形 知能が高い，聡明な

artificial intelligence 人工知能

artificial intelligence は頭文字をとって AI と言うことが多い。

同じジャンルで覚える(91) 数量や程度の大きさを表す形容詞(1)

1460 □ **numerous** [njúːm(ә)rәs]
形 多数の
類 innumerable 無数の

numerous varieties of A 多数の品種のA

1461 □ **enormous** [ɪnɔ́ːrmәs]
形 巨大な，ばく大な

an **enormous** amount of A ばく大な量のA

1462 □ **vast** [væst]
形 ばく大な，広大な

a **vast** area of A 広大な領域のA

1463 □ **massive** [mǽsɪv]
形 (重くて)巨大な，膨大な
⇨ mass 名 塊，大量

a **massive** number of A 膨大な数のA

同じジャンルで覚える(92) 長さや高さなどを表す名詞

1464 □ **length** [leŋ(k)θ]
名 長さ 成 at length(→1433)
⇨ long 形 長い

the **length** of A Aの長さ

1465 □ **width** [wɪdθ]
名 幅 同 breadth
⇨ wide 形 (幅が)広い

in **width** 幅において

1466 □ **depth** [depθ]
名 深さ
⇨ deep 形 深い

in **depth** 深さにおいて

1467 □ **height** [haɪt] 発音
名 高さ，身長 関 weight 名 重さ
⇨ high 形 高い

the **height** of A Aの高さ

We should not spend too much time in **virtual reality**.

私たちは<u>仮想現実</u>の中であまりに長い時間を過ごすべきではない。

More products using **artificial intelligence** are available.

<u>人工知能</u>を使用しているより多くの製品が入手可能だ。

There are **numerous** varieties of tomatoes.

<u>多数の品種の</u>トマトがある。

There is an **enormous** amount of ice in the polar regions.

極地方には**ばく大な量の**氷がある。

There are **vast** areas of rainforest in Brazil.

ブラジルには**広大な領域の**熱帯雨林がある。

The office deals with a **massive** number of e-mails each day.

そのオフィスは毎日**膨大な数の**メールを処理している。

What is the **length** of a tennis court?

テニスコート<u>の長さ</u>はどれくらいですか。

I think that airline seats should be bigger, particularly in **width**.

飛行機の座席は，特に**幅において**より広くあるべきだと思う。

These two lakes are almost the same in **depth**.

これらの2つの湖は**深さが**ほとんど同じだ。

What is the **height** of the Statue of Liberty?

自由の女神像<u>の高さ</u>はどれくらいですか。

文法・語法との関連で覚える㉚　〈a＋名詞＋of ...〉の形でよく用いる名詞(2)

1468
proportion
[prəpɔ́ːrʃ(ə)n]

名 ①割合，部分
②釣り合い

a large **proportion** of A
Aの大部分

1469
portion
[pɔ́ːrʃ(ə)n]

名 ①(料理の)一人前
②一部分

two **portions** of A
2人前のA

1470
range
[reɪn(d)ʒ]

名 範囲，領域

a wide **range** of A
幅広い領域のA

1471
sum
[sʌm]

名 ①金額　②【the -】合計
熟 **sum up** A[A **up**] (→1724)

a large **sum** of money
多額のお金

1472
bunch
[bʌn(t)ʃ]

名 (花などの)束，(ブドウなどの)房

a **bunch** of roses
バラの花束

これらの語のうち，portion と bunch は a の代わりに two や three など
を使って数えることができる。
☞ two bunches of grapes「ぶどう2房」

スペリングに注目して覚える㉔　複数形に注意すべき語(3)

1473
medium
[míːdiəm]

名 媒体，手段　複 media　形 中位の
複 **media** 名【the -】マスメディア (→953)

an effective **medium**
効果的な媒体

1474
criterion
[kraɪtíəriən]

名 基準，尺度
複 **criteria**

a **criterion** used for *doing*
〜するために使われる基準

1475
analysis
[ənǽləsɪs] アク

名 分析(結果)　複 **analyses**
⇨ **ánalyze** 動 …を分析する (→409)

make an **analysis**
分析を行う

-sis で終わる語の複数形は -ses とするのが原則。(→ Unit 111 複数形に注意
すべき語(2))

1476
stimulus
[stímjələs]

名 刺激　複 **stimuli**[stímjəlàɪ]
⇨ **stimulate** 動 …を刺激する (→958)

provide a **stimulus**
刺激を与える

1477
phenomenon
[fəná(:)mənà(:)n]

名 現象
複 **phenomena**

a natural **phenomenon**
自然現象

<u>A</u> <u>large</u> **proportion** <u>of</u> the population voted in the election.	人口<u>の大部分</u>が選挙で投票した。
I ate <u>two</u> **portions** <u>of</u> curry and rice for lunch.	私は昼食に<u>2人前の</u>カレーライスを食べた。
This college offers <u>a</u> <u>wide</u> **range** <u>of</u> courses.	この大学は<u>幅広い領域の</u>講座を提供している。
You should not put <u>a</u> <u>large</u> **sum** <u>of</u> <u>money</u> in your wallet.	<u>多額のお金</u>を財布に入れるべきではない。
My boyfriend gave me <u>a</u> **bunch** <u>of</u> <u>roses</u> for my birthday.	ボーイフレンドが私の誕生日に<u>バラの花束</u>をくれた。

The Internet is <u>an</u> <u>effective</u> **medium** for advertising.	インターネットは広告のための<u>効果的な媒体</u>である。
One **criterion** <u>used</u> <u>for</u> <u>assessing</u> a secretary is typing speed.	秘書を<u>評価するのに使われる基準</u>の1つはタイピングの速さである。
He has <u>made a</u> very good **analysis** of the data he collected.	彼は集めたデータについて非常に優れた<u>分析を行って</u>きた。

The new airport will <u>provide a</u> **stimulus** to the local economy.	その新しい空港は地元の経済に<u>刺激を与える</u>だろう。
Auroras are <u>a</u> <u>natural</u> **phenomenon** seen near the north and south poles.	オーロラは北極と南極の近くで見られる<u>自然現象</u>だ。

同じジャンルで覚える⑨ 輸送に関する語

1478 ☐ **distribute** [dɪstríbjuːt] アク	動 …を分配する，…を供給する ⇨ **distribution** 图 分配	**distribute** food 食料を配給する
1479 ☐ **shipment** [ʃípmənt]	图 積み荷，発送 ⇨ **ship** 動 …を船に積む	a **shipment** of coal 石炭の積み荷
1480 ☐ **canal** [kənǽl]	图 運河	be carried by **canal** 運河で運ばれる
1481 ☐ **expressway** [ɪkspréswèɪ]	图 高速道路 〈英〉motorway	an **expressway** system 高速道路網
1482 ☐ **toll** [toʊl]	图 ①(道路などの)通行料 ②犠牲者(数)，損害	pay a **toll** 通行料を払う

スペリングに注目して覚える㉕ 「他の場所へ，越えて」を意味する trans- で始まる語

1483 ☐ **transport** [trænspɔ́ːrt] アク	動 (人や物)を輸送する ⇨ **transportation** 图 交通[輸送]機関	**transport** goods 商品を輸送する
1484 ☐ **transfer** [trænsfə́ːr] アク	動 ①(乗り物を)乗り換える ②…を移す	**transfer** to the plane 飛行機に乗り換える
1485 ☐ **transition** [trænzíʃ(ə)n]	图 移り変わり，移行	gradual **transition** 緩やかな移り変わり
1486 ☐ **transparent** [trænspǽr(ə)nt]	形 透明な ※ trans-「越えて」見えることから	**transparent** glass 透明なガラス

スペリングに注目して覚える㉖ 「送る」の意味の -mit で終わる動詞

1487 ☐ **permit** [pərmít]	動 …を許可する ⇨ **permission** 图 許可	be **permitted** to *do* ～することを許可される
1488 ☐ **transmit** [trænsmít]	動 ①…を送信する ②…を伝染させる ⇨ **transmission** 图 送信，伝達	**transmit** pictures 映像を送る
1489 ☐ **omit** [oʊmít]	動 …を除外する，…を省く ⇨ **omission** 图 省略	**omit** his name 彼の名前を除外する

omit の o- は「向こうへ」の意味で，「向こうへ送る」→「除外する」。

Food was **distributed** to people after the flood.	洪水のあと，人々に食料が配給された。
The port received **shipments** of coal every day.	その港は石炭の積み荷を毎日受け取っていた。
Various goods used to be carried by **canal** to London.	かつてさまざまな商品が運河でロンドンまで運ばれた。
An **expressway** system has made it easy for people to travel by car.	高速道路網のおかげで人々は容易に車で旅行できるようになった。
We need to pay a **toll** to cross this bridge.	私たちはこの橋を渡るのに通行料を払わなければならない。

STAGE 3

Many more goods used to be **transported** by rail.	以前は（今より）さらに多くの商品が鉄道で輸送されていた。
There was enough time to **transfer** to the next plane at Vancouver.	バンクーバーでは次の飛行機に乗り換える十分な時間があった。
Evolution is a process of gradual **transition**.	進化とは緩やかな移り変わりの過程である。
Transparent glass is not usually used for bathroom windows.	透明なガラスは普通浴室の窓には使われない。

Students are not **permitted** to use this computer.	学生はこのコンピューターを使うことを許可されていない。
Transmitting pictures through TV was a remarkable achievement in technology.	テレビを通して映像を送ることは科学技術の目覚ましい成果だった。
His name was **omitted** from the list by mistake.	彼の名前は誤って一覧表から除外された。

なお -mit で終わる動詞には，他に admit (→882)，submit (→699)，emit (→1292 **emission**) などがある。

同じジャンルで覚える⑭　交通・旅行に関する語（2）

1490 ☐	**aviation** [èɪviéɪʃ(ə)n]	名 航空（学）	**aviation** safety 航空の安全性
1491 ☐	**aircraft** [éərkræft]	名 航空機 ※飛行機・ヘリコプターなどの総称	the development of **aircrafts**　航空機の発達
1492 ☐	**aisle** [aɪl] 発音	名 (乗り物などの座席間の) 通路	an **aisle** seat 通路側の座席
1493 ☐	**automobile** [ɔ́:təmoubì:l]	名 自動車 (類) vehicle 名 乗り物（→435）	the **automobile** industry 自動車産業
1494 ☐	**avenue** [ǽvənjù:]	名 大通り，…街 ※商店などが建ち並ぶ広い通りを指す	a wide **avenue** 広い大通り
1495 ☐	**destination** [dèstɪnéɪʃ(ə)n]	名 目的地	a tourist **destination** 観光目的地
1496 ☐	**tourism** [túərìz(ə)m]	名 観光事業，観光旅行 ⇨ tourist 名 観光客	**tourism** is important 観光事業は重要だ
1497 ☐	**congestion** [kəndʒéstʃ(ə)n]	名 渋滞，混雑	traffic **congestion** 交通渋滞

スペリングに注目して覚える㉗　「見る」の意味の -spect で終わる語

1498 ☐	**aspect** [ǽspekt]	名 側面，様相 ※ a「…の方を」＋見る	a negative **aspect** マイナスの側面
1499 ☐	**prospect** [prá(:)spekt]	名 可能性，見込み ※ pro「前を」＋（期待して）見る	the **prospect** of *doing* 〜する可能性
1500 ☐	**inspect** [ɪnspékt]	動 …を調べる　※ in「中を」＋見る ⇨ inspector 名 調査官	**inspect** a car 車を調べる
1501 ☐	**suspect** [səspékt]	動 …だろうと思う，…を疑う 名 [sʌ́spekt] 容疑者　※ su「下から」＋見る ⇨ suspicious 形 疑わしい（→1879）	**suspect**（that）... …だろうと思う

> suspect は「下から見る」ことから「疑って見る」の意味になった。同じ種類の語には，他に expect（→353），respect（→638）などがある。

Aviation safety has improved a lot recently.	近年**航空の安全性**はかなり向上した。
The development of **aircrafts** has changed the way people travel.	**航空機の発達**は人々の旅行の仕方を変えた。
Would you prefer an **aisle** seat or a window seat?	**通路側の座席**か窓側の座席かどちらがお好みですか。
Detroit developed because of the **automobile** industry.	デトロイトは**自動車産業**のおかげで発展した。
There was a wide **avenue** in front of our hotel.	私たちのホテルの前には**広い大通り**があった。
Hawaii is a popular tourist **destination**.	ハワイは人気の**観光目的地**だ。
Tourism is very important for Switzerland.	**観光事業**はスイスにとって非常に**重要だ**。
Traffic **congestion** is a problem in the city.	**交通渋滞**はその都市の問題だ。

STAGE 3

There are many negative **aspects** to building dams.	ダムの建設には**マイナスの側面**がたくさんある。
She was terrified at the **prospect** of having an operation.	彼女は**手術をする可能性**におびえていた。
You should carefully **inspect** the car before buying it.	あなたは購入前に注意深く**その車を調べる**べきだ。
Many scientists **suspect** (that) global warming will become worse.	多くの科学者が地球温暖化は悪化する**だろうと思っている**。

同じジャンルで覚える⑨⑤　人の物理的・精神的活動を表す動詞

1502 □ **nod** [nɑ(ː)d]	動 うなずく，（首）を縦に振る 名 会釈，うなずき	**nod** *one's* head 首を縦に振る
1503 □ **wander** [wɑ́(ː)ndər] 発音	動 歩き回る，ぶらつく ⑳ wonder 動 …だろうかと思う (→628)	**wander** around A Aを歩き回る
1504 □ **decorate** [dékərèit]	動 …を飾る ⇨ decoration 名 飾り	**decorate** our classroom 私たちの教室を飾る
1505 □ **imitate** [ímitèit]	動 ①…をまねる　②…を見習う ⇨ imitation 名 模倣，まね	**imitate** voices 声をまねる
1506 □ **anticipate** [æntísipèit]	動 …を予期する，…を予想する	**anticipate** questions 質問を予想する
1507 □ **exaggerate** [igzǽdʒərèit] アク	動 …を誇張する，…を強調する ⇨ exaggeration 名 誇張	be a little **exaggerated** 少し誇張されている
1508 □ **negotiate** [nigóuʃièit]	動 交渉する，（交渉して）…を取り決める　⇨ negotiation 名 交渉	**negotiate** with my boss 上司と交渉する

似ていて紛らわしい語をセットで覚える㉓　〈意味が似ている〉

1509 □ **chase** [tʃeis]	動 (人・物)を追跡する 名 追跡	**chase** the car その車を追跡する
1510 □ **pursue** [pərsjúː]	動 (長期にわたり目的など)を追求する ⇨ pursuit 名 追求	**pursue** happiness 幸福を追求する
1511 □ **limit** [límət]	動 …を制限する　名 制限 ⇨ limitation 名 制限，限界	**limit** the number 数を制限する
1512 □ **restrict** [ristríkt]	動 …を制限する ⇨ restriction 名 制限，規制	**restrict** the amount 量を制限する
1513 □ **organize** [ɔ́ːrgənàiz]	動 ①…を準備する，…を手配する ②…を組織する ⇨ organization 名 組織，構造	**organize** the school trip 修学旅行を手配する
1514 □ **arrange** [əréin(d)ʒ]	動 (…の)手はずを整える・準備する ⇨ arrangement 名 手はず，準備	**arrange** to meet him 彼に会う手はずを整える

arrange とは異なり，organize は「手はずを整える，準備する」の意味では

He **nodded** his head in agreement.	彼は同意して**首を縦に振った**。
I enjoy **wandering** around museums in Paris.	私はパリの博物館**を歩き回る**のが楽しい。
How shall we **decorate** our classroom for the school festival?	文化祭ではどのように**私たちの教室を飾ろう**か。
Some comedians are good at **imitating** famous people's voices.	有名人の**声をまねる**のがうまいコメディアンもいる。
You should **anticipate** possible questions when you prepare your presentation.	プレゼンテーションの準備をするときは問われうる**質問を予想す**べきだ。
His stories are always a little **exaggerated**.	彼の話はいつも**少し誇張されている**。
I **negotiated** with my boss about my vacation.	私は休暇について**上司と交渉した**。

| STAGE **3** |

The police **chased** the car through the town.	警察は街のあちこちで**その車を追跡した**。
Everyone has a right to **pursue** happiness.	誰もが**幸福を追求する**権利がある。
The library **limits** the number of books you can borrow at a time.	その図書館は一度に借りられる本の**数を制限している**。
My father has to **restrict** the amount of salt he eats.	私の父は摂取する塩の**量を制限し**なければならない。
Our school trip was **organized** very well.	私たちの**修学旅行は**とてもうまく**手配されていた**。
We **arranged** to meet Chris at the station at seven o'clock.	私たちは7時に駅でクリス**に会う手はずを整えた**。

後ろに不定詞を伴わない。☞ × We organized to meet Chris.

文法・語法との関連で覚える③ 品詞による意味の違いに注意すべき語(3)

1515 **matter**
[mǽtər]

名 ①事，問題
②物質

a **matter** of life or death
生死に関わる問題

動 重要である

it **matters** if …
…かどうかが重要だ

1516 **state**
[steɪt]

名 ①状態 ②国 ③(米などの) 州
⑱ county 名〈米〉郡 〈英〉州

a mental **state**
精神状態

動 ①…を述べる ②…を示す
⇨ statement 名 発言，声明

state (that) …
…と述べる

1517 **issue**
[íʃuː]

名 ①問題(点)，論点
②発行，(雑誌などの) …号

an environmental **issue**
環境問題

動 …を発行する，
(声明など)を出す

issue a passport
パスポートを発行する

1518 **firm**
[fə́ːrm] 発音

名 (小規模な) 会社，事務所
⑱ farm 名 農場，農園

a law **firm**
法律事務所

形 堅い，しっかりとした

a **firm** belief
堅い信念

似ていて紛らわしい語をセットで覚える㉔ 〈意味が似ている〉

1519 **destiny**
[dést(ə)ni]

名 (変えられない) 運命，宿命

control *one's* **destiny**
運命を操る

1520 **fate**
[feɪt]

名 (主に悪い) 運命，行く末
⇨ fatal 形 致命的な

a sad **fate**
悲しい運命

1521 **fortune**
[fɔ́ːrtʃ(ə)n]

名 ①財産 ②運，幸運
⇨ fortunate 形 幸運な(→78)

make a **fortune**
財産を築く

1522 **estate**
[ɪstéɪt]

名 (土地や屋敷などの) 財産，
(通常邸宅のある) 所有地

a large **estate**
大きな所有地

1523 **asset**
[ǽset]

名 ①財産，資産
②貴重[有用]な物[人]，長所

a cultural **asset**
文化財

Not wearing warm clothes in the Alps in winter is a **matter** of life or death.	冬にアルプスで温かい服を身に着けないのは生死に関わる問題だ。
It **matters** if there is snow in Hakuba. We're going skiing there next week.	白馬に雪があるかどうかが重要だ。私たちは来週そこにスキーに行く。
The color of your room may have some influence on your mental **state**.	部屋の色は精神状態に何らかの影響を与えるかもしれない。
The politician clearly **stated** (that) he would reduce taxes if elected.	その政治家は当選したら減税するとはっきりと述べた。
People should be concerned about environmental **issues**.	人々は環境問題について関心を持つべきだ。
Where do they **issue** passports in Japan?	日本ではどこでパスポートを発行していますか。
My father works for a law **firm** in Osaka.	父は大阪の法律事務所で働いている。
He ran for President in the **firm** belief that he would win.	彼は自分が勝つという堅い信念を持って大統領に立候補した。
Some people think they can control their **destiny**.	自分の運命を操ることができると考える人もいる。
The sad **fate** of the Titanic is well known.	タイタニック号の悲しい運命はよく知られている。
He made a **fortune** through his own business.	彼は自らの事業で財産を築いた。
He has a large **estate** in the countryside.	彼は田舎に大きな所有地を持っている。
This building is an important cultural **asset**.	この建物は重要文化財だ。

同じジャンルで覚える⑯ ネガティブな意味を持つ動詞

1524
☐ **sacrifice**
[sǽkrɪfàɪs]
動 …を犠牲にする
名 犠牲

sacrifice *one's* health
健康を犠牲にする

1525
☐ **abandon**
[əbǽnd(ə)n]
動 (場所・物など)を捨てる，
(人)を見捨てる

be found **abandoned**
放置されているのが見つかる

1526
☐ **decay**
[dɪkéɪ]
動 腐敗する，虫歯になる
名 腐敗，虫歯

a tooth **decays**
歯が虫歯になる

1527
☐ **deteriorate**
[dɪtíəriərèɪt]
動 (物・状況などが)悪化する，
…を悪化させる

gradually **deteriorate**
だんだん悪化する

同じジャンルで覚える⑰ ネガティブな心情を表す動詞

1528
☐ **envy**
[énvi]
動 …をうらやましく思う
名 うらやましさ，嫉妬
⇨ **envious** 形 うらやんで

envy rich people
裕福な人々をうらやましく思う

1529
☐ **sigh**
[saɪ] 発音
動 ため息をつく
名 ため息

sigh with relief
ほっとしてため息をつく

1530
☐ **hesitate**
[hézɪtèɪt] アク
動 ためらう，遠慮する
⇨ **hesitátion** 名 ためらい

don't **hesitate** to *do*
遠慮せずに～する

1531
☐ **compromise**
[ká(:)mprəmàɪz]
動 (Aと)妥協する (with A)
名 妥協

compromise with each
other 互いに妥協する

1532
☐ **puzzle**
[pʌ́z(ə)l]
動 …を当惑させる，
…の頭を悩ます

what **puzzles** me is …
私の頭を悩ませることは…

1533
☐ **offend**
[əfénd]
動 …の気分を害する
⇨ **offensive** 形 失礼な，不快な

be **offended** by A
Aによって気分を害される

1534
☐ **resent**
[rɪzént]
動 …に憤慨する
⇨ **resentment** 名 憤慨

resent the fact
事実に憤慨する

1535
☐ **tease**
[tiːz]
動 …をからかう，…をいじめる

tease a cat
ネコをいじめる

1536
☐ **tempt**
[tem(p)t]
動 …を誘惑する，…を引きつける
⇨ **temptation** 名 誘惑

tempt A to *do*
～するようAを誘惑する

Don't **sacrifice** your health by working all the time.	四六時中働いて健康を犠牲にしてはいけない。
His car was found **abandoned** yesterday.	昨日，彼の車が放置されているのが見つかった。
My tooth had **decayed** so much that the dentist had to remove it.	私の歯はひどい虫歯になっていたので，歯科医はそれを抜かねばならなかった。
Her health is gradually **deteriorating**.	彼女の体調はだんだん悪化している。

I **envy** rich people who do not have to worry about money.	私はお金の心配をしなくていい裕福な人々をうらやましく思う。
He **sighed** with relief when his dog was found.	彼のイヌが見つかったとき，彼はほっとしてため息をついた。
Don't **hesitate** to contact us if you need more information.	もっと情報が必要なら遠慮せず私たちに連絡してください。
Both countries need to **compromise** with each other in trade talks.	両国は貿易交渉において互いに妥協することが必要だ。
She often buys jewelry. What **puzzles** me is where the money comes from.	彼女はよく宝石を買う。私の頭を悩ませるのはどこからお金が出るのかだ。
The celebrity was **offended** by the question from a TV reporter.	その有名人はテレビレポーターの質問によって気分を害された。
He **resented** the fact that his salary was much lower than a full-time worker's.	彼は給料が常勤労働者のものよりかなり低かったという事実に憤慨した。
My little brother often **teases** our cat by pulling her tail.	弟はよく尻尾を引っ張って私たちのネコをいじめる。
Advertisements **tempt** people to buy more than they need.	広告は必要以上のものを買うよう人々を誘惑する。

STAGE **3**

同じジャンルで覚える⑱　ポジティブな心情を表す名詞

1537
☐ **affection**
[əfékʃ(ə)n]

名 愛情
⇨ **affect** 動 …に影響する（→750）

strong **affection** for A
Aに対する強い愛情

1538
☐ **gratitude**
[grǽtətjùːd]

名 感謝の気持ち

express *one's* **gratitude**
感謝の気持ちを表す

1539
☐ **conscience**
[kɑ́(ː)nʃ(ə)ns] 発音

名 良心

follow *one's* **conscience**
良心に従う

1540
☐ **preference**
[préf(ə)r(ə)ns]

名 好み
⇨ **prefer** 動 …の方を好む（→279）

preference for food
食べ物の好み

同じジャンルで覚える⑲　ネガティブな心情を表す名詞

1541
☐ **grief**
[griːf]

名 （深い）悲しみ
類 **sorrow** 悲しみ（→474）

feel deep **grief**
深い悲しみを感じる

> sadness や sorrow よりも深い悲しみを意味する。

1542
☐ **insult**
[ínsʌlt] アク

名 侮辱
動 [ɪnsʌ́lt] …を侮辱する

full of **insults**
侮辱に満ちた

1543
☐ **hatred**
[héɪtrɪd] 発音

名 憎しみ

feel **hatred** toward A
Aに対して憎しみを感じる

1544
☐ **distress**
[dɪstrés] アク

名 苦悩，心痛

cause great **distress**
大きな心痛を与える

1545
☐ **strain**
[streɪn]

名 緊張，負担
動 （身体など）を痛める・酷使する

the **strain** of working
労働の負担

1546
☐ **burden**
[bə́ːrd(ə)n]

名 （精神的）負担，責任

the tax **burden**
税負担

1547
☐ **illusion**
[ɪlúːʒ(ə)n]

名 幻想，錯覚

just an **illusion**
ただの錯覚

1548
☐ **obsession**
[əbséʃ(ə)n]

名 執着，妄想
⇨ **obsessed** 形 …にとりつかれた

an **obsession** with A
Aへの執着

Mothers have strong **affection** for their children.	母親は子どもに対する強い愛情を持っている。
I would like to express my **gratitude** to everyone here.	ここにおられる皆さんに私の感謝の気持ちを表したいと思います。
He followed his **conscience** and told her the truth.	彼は良心に従って彼女に真実を述べた。
Do you have any **preference** for food?	あなたは何か食べ物の好みはありますか。

She felt deep **grief** after her dog died.	彼女のイヌが死んだあとで，彼女は深い悲しみを感じた。
We often see comments full of **insults** on the Internet.	私たちはインターネット上で侮辱に満ちたコメントをよく目にする。
We should never feel **hatred** toward other people.	私たちは決して他人に対して憎しみを感じるべきではない。
The news caused great **distress** to the inhabitants.	そのニュースは住民たちに大きな心痛を与えた。
The **strain** of working overtime frequently damages one's health.	時間外労働の負担はしばしば健康を害する。
The tax **burden** on poorer people is a serious problem.	より貧しい人々への税負担は深刻な問題だ。
I thought he loved me, but it was just an **illusion**.	彼は私を愛していると思ったが，ただの錯覚だった。
Will the current **obsession** with smartphones last?	現在のスマートフォンへの執着は続くのだろうか。

同じジャンルで覚える⑩ 人の気持ちや性格を表す形容詞(1)

1549
grateful
[gréɪtf(ə)l]

形 感謝している

be **grateful** to A
Aに感謝している

1550
curious
[kjúəriəs]

形 好奇心が強い
⇨ **curiósity** 名 好奇心

be **curious** about A
Aについて興味がある

1551
generous
[dʒén(ə)rəs]

形 気前のよい

a **generous** gift
気前のよい贈り物

1552
casual
[kǽʒuəl]

形 ①形式ばらない，ふだん(着)の
②あまり気にしない，無頓着な

a **casual** expression
くだけた表現

1553
modest
[má(:)dəst]

形 謙虚な，控えめな
⇨ **modesty** 名 謙虚さ

be **modest** about A
Aについて謙虚である

1554
uneasy
[ʌníːzi]

形 不安な，(心が)落ち着かない

feel **uneasy**
不安に感じる

1555
aggressive
[əgrésɪv]

形 ①攻撃的な ②積極的な
⇨ **aggression** 名 攻撃性，侵略

an **aggressive** voice
攻撃的な声

1556
hostile
[há(:)st(ə)l]

形 敵意[反感]を持った
⇨ **hostílity** 名 敵意

a **hostile** reaction
敵対的な反応

1557
miserable
[míz(ə)rəb(ə)l]

形 みじめな
⇨ **misery** 名 みじめさ

feel **miserable**
みじめな気持ちになる

スペリングに注目して覚える㉘ 「進む」の意味の -ceed/-cede で終わる動詞

1558
exceed
[ɪksíːd]

動 …を超える
⇨ **excess** 名 余分，過多

exceed two million
200万を超える

1559
proceed
[prəsíːd]

動 (Aを)続ける(with A)
⇨ **prócess** 名 過程，プロセス
⇨ **procedure** 名 手順，手続き

proceed with the test
テストを続ける

1560
precede
[prɪsíːd]

動 …に先行する
⇨ **précedent** 名 先例

precedes the *Taisho* era
大正時代の前にある

I will always <u>be</u> **grateful** <u>to</u> my parents. ※「この先も」の意味を入れるのに will を用いる。	私はこの先も常に両親<u>に**感謝して**</u>いくつもりです。
<u>I'm</u> very **curious** <u>about</u> people's lives in Western countries.	私は欧米の国々の人々の生活<u>について</u>とても**興味がある**。
My aunt gave me a **generous** gift on my birthday.	おばは私の誕生日に**気前のよい**贈り物をくれた。
You should not use **casual** expressions in academic writing.	学術的な文章では**くだけた表現**を使うべきではない。
He <u>is</u> **modest** <u>about</u> his ability to play the piano.	彼は彼のピアノの演奏の腕前<u>について</u>**謙虚である**。
She <u>felt</u> **uneasy** when her boyfriend didn't answer her calls.	ボーイフレンドが電話に出なかったとき彼女は**不安に感じた**。
The actor spoke in <u>an</u> **aggressive** <u>voice</u>.	その俳優は**攻撃的な声**で話した。
The politician's suggestion received <u>a</u> **hostile** <u>reaction</u>.	その政治家の提案は**敵対的な反応**を受けた。
I <u>felt</u> very **miserable** when our team lost.	私たちのチームが負けたとき，私はとても**みじめな気持ちになった**。

The number of people over 90 in Japan has **exceeded** two <u>million</u>.	日本では90歳以上の人の数が<u>200万人を超えた</u>。
We could not **proceed** <u>with</u> <u>the</u> <u>test</u> because the computers stopped working.	コンピューターが動かなくなったので私たちは<u>テストを続け</u>られなかった。
The *Meiji* era **preceded** <u>the</u> *Taisho* <u>era</u>.	明治時代は<u>大正時代の**前にあった**</u>。

同じジャンルで覚える⑩⑪　ポジティブな意味を持つ形容詞(2)

1561 □ **vivid** [vívɪd]	形 ①鮮やかな ②(表現などが)生き生きとした	a **vivid** color 鮮やかな色
1562 □ **elaborate** [ɪlǽb(ə)rət] 発音	形 凝った，手の込んだ	an **elaborate** design 手の込んだデザイン
1563 □ **steady** [stédi] 発音	形 ①着実な，安定した ②一定の	**steady** progress 着実な進歩
1564 □ **beneficial** [bènɪfíʃ(ə)l] アク	形 有益な，役に立つ ⇨ benefit 图 利益，恩恵(→790)	be **beneficial** to A Aにとって有益だ
1565 □ **desirable** [dɪzáɪ(ə)rəb(ə)l]	形 望ましい ⇨ desire 图 欲望 動 …を望む(→667)	a **desirable** person 望ましい人物
1566 □ **handy** [hǽndi]	形 使いやすい，便利な 類 convenient 便利な(→72)	a **handy** application 便利なアプリケーション
1567 □ **neat** [ni:t]	形 きちんとした，整理された	keep *one's* room **neat** 部屋をきれいな状態に保つ
1568 □ **attractive** [ətrǽktɪv]	形 魅力的な ⇨ attract 動 …を引き付ける(→888)	an **attractive** offer 魅力的な申し出
1569 □ **prompt** [prɑ(:)m(p)t]	形 即座の，すばやい 動 …に促す(→2079)	a **prompt** reply 迅速な返答

同じジャンルで覚える⑩⑫　ネガティブな意味を持つ形容詞(1)

1570 □ **vague** [veɪg] 発音	形 漠然とした	a **vague** memory 漠然とした記憶
1571 □ **ambiguous** [æmbígjuəs]	形 あいまいな	the question is **ambiguous** その質問はあいまいだ
1572 □ **harsh** [hɑːrʃ]	形 厳しい，過酷な	**harsh** treatment 過酷な待遇
1573 □ **troublesome** [trʌ́b(ə)ls(ə)m]	形 面倒な，やっかいな	find it **troublesome** to *do* ～するのが面倒だと思う

Many tropical fish have **vivid** <u>colors</u>.	多くの熱帯魚が<u>鮮やかな色</u>をしている。
The wallpaper has <u>an **elaborate** design</u> of flowers.	その壁紙は花柄の<u>手の込んだデザイン</u>だ。
My piano teacher says I am making **steady** <u>progress</u>.	私のピアノの先生は，私が<u>着実に進歩</u>していると言っている。
Playing outside <u>is **beneficial** to</u> children's health.	外で遊ぶことは子どもの健康<u>にとって有益だ</u>。
The company is looking for <u>a **desirable** person</u> to work in sales.	その会社は営業として働くのに<u>望ましい人物</u>を探している。
This is <u>a</u> very **handy** <u>application</u> for listening to music.	これは音楽を聞くのにとても<u>便利なアプリケーション</u>だ。
My sister always <u>keeps her room</u> **neat**.	私の姉はいつも<u>部屋をきれいな状態に保っている</u>。
The company made me <u>a</u> very **attractive** <u>offer</u>, so I accepted the job.	その会社はとても<u>魅力的な申し出</u>をしてくれたので，私は仕事を受けた。
He always expects <u>a **prompt** reply</u> from me.	彼はいつも私に<u>迅速な返答</u>を期待している。

STAGE **3**

I have only **vague** <u>memories</u> of when I was in kindergarten.	私は幼稚園に通っていたときの<u>漠然とした記憶</u>しかない。
His <u>question was</u> **ambiguous**, so I was unsure how to answer it.	彼の<u>質問があいまい</u>だったので，私は答え方がよくわからなかった。
He resigned because of **harsh** <u>treatment</u> from his boss.	彼は上司から<u>過酷な待遇</u>を受けたので辞職した。
Nowadays, people <u>find it</u> **troublesome** <u>to write</u> letters by hand.	近頃，人々は直筆で手紙<u>を書くのが面倒だ</u>と思っている。

似ていて紛らわしい語をセットで覚える㉕ 〈意味が似ている〉

1574 ☐ **false** [fɔːls] 発音	形 間違った 反 true 本当の	a true or **false** question 正誤問題
1575 ☐ **fake** [feɪk]	形 偽の，模造の 動 …を偽造する	**fake** news 偽のニュース
1576 ☐ **odd** [ɑ(ː)d]	形 ①奇妙な ②奇数の	an **odd** noise 奇妙な音
1577 ☐ **weird** [wɪərd] 発音	形 奇妙な ※インフォーマル	a **weird** dream 奇妙な夢
1578 ☐ **brief** [briːf]	形 ①（時間が）短い ②（言葉などが）簡潔な	a **brief** stop 短時間の停車
1579 ☐ **concise** [kənsáɪs] アク	形 （説明などが無駄なく）簡潔な	a **concise** report 簡潔なレポート
1580 ☐ **genuine** [dʒénjuɪn] 発音	形 本物の，偽物でない 反 fake 偽の（→1575）	a **genuine** diamond 本物のダイヤモンド
1581 ☐ **authentic** [ɔːθéntɪk] 発音	形 （絵画などが）本物の， （食べ物などが）正統の	**authentic** Italian food 本物のイタリア料理
1582 ☐ **abundant** [əbʌ́nd(ə)nt]	形 豊富にある ⇒ abundance 名 豊富	fish is **abundant** 魚が豊富にいる
1583 ☐ **affluent** [ǽfluənt] アク	形 （経済的に）豊かな，豊富な	an **affluent** society 豊かな社会
1584 ☐ **faint** [feɪnt]	形 （色・光・声などが）かすかな，薄れた　動 気絶する	become **faint** 薄くなる
1585 ☐ **dim** [dɪm]	形 薄暗い，ぼやけた	in the **dim** light 薄暗い明かりの中で

<u>True</u> <u>or</u> **false** <u>questions</u> are sometimes very difficult.	<u>正誤問題</u>は時々とても難しいことがある。
Fake <u>news</u> can easily spread on the Internet.	<u>偽のニュース</u>がインターネットですぐに広まることがある。
I heard <u>a</u> very **odd** <u>noise</u> from the engine while driving.	私は運転中にエンジンからとても**奇妙な音**を聞いた。
I often have **weird** <u>dreams</u>.	私はよく**奇妙な夢**を見る。
We will soon make <u>a</u> **brief** <u>stop</u> at Nagoya. ※列車内のアナウンス	名古屋で**短時間停車**いたします。
We have to write <u>a</u> **concise** <u>report</u> after listening to the lecture.	講義を聞いたあと，私たちは**簡潔なレポート**を書かなければならない。
She was wearing <u>a</u> **genuine** <u>diamond</u> necklace.	彼女は**本物のダイヤモンド**のネックレスを身につけていた。
This restaurant serves **authentic** <u>Italian</u> <u>food</u>.	このレストランは**本物のイタリア料理**を出す。
<u>Fish</u> used to <u>be</u> **abundant** in this river.	かつてこの川には**魚が豊富にいた**ものだ。
Even in **affluent** <u>societies</u>, some people do not have enough money.	**豊かな社会**でさえ，十分なお金がない人もいる。
The colors in the painting have <u>become</u> **faint** over time.	時を経てその絵画の色は**薄くなってきた**。
<u>In</u> <u>the</u> **dim** <u>light</u>, I could not see his face clearly.	**薄暗い明かりの中で**，私は彼の顔がはっきりと見えなかった。

| STAGE **3** |

同じジャンルで覚える⑩③　変化・変形を表す動詞

1586
☐ **alter**
[ɔ́:ltər] 発音
動 …を変える，…を改める
alter one's lifestyle
ライフスタイルを変える

1587
☐ **shift**
[ʃíft]
動 …を移す，…を変える
名 変化，移動
shift the policy
政策を変える

1588
☐ **enhance**
[ɪnhǽns]
動 (価値・魅力など)を高める
⇨ **enhancement** 名 高めること
enhance one's features
顔立ちを引き立てる

1589
☐ **foster**
[fɔ́(:)stər]
動 (才能など)を伸ばす・促進する
foster social skills
社会性を伸ばす

1590
☐ **diminish**
[dɪmínɪʃ]
動 …を減らす，減少する
diminish the income
収入を減らす

1591
☐ **shrink** [ʃríŋk]
㊰ shrink-shrank[shrunk]-
　shrunk[shrunken]
動 縮む，減少する
a sweater **shrinks**
セーターが縮む

1592
☐ **dye**
[daɪ] 発音
動 …を染める，染まる
名 染料　㊰ **die** [同音] 動 死ぬ
dye one's hair brown
髪の毛を茶色に染める

同じジャンルで覚える⑩④　生滅を表す動詞

1593
☐ **emerge**
[ɪmɔ́:rdʒ]
動 現れる，明らかになる
⇨ **emergency** 名 緊急事態
an iceberg **emerges**
氷山が現れる

1594
☐ **vanish**
[vǽnɪʃ]
動 (突然)消える
vanish from sight
視界から消える

1595
☐ **eliminate**
[ɪlímɪnèɪt] アク
動 …を除去する，…を排除する
⇨ **eliminátion** 名 排除
eliminate the need
必要性をなくす

1596
☐ **extinguish**
[ɪkstíŋgwɪʃ] アク
動 (火など)を消す
㊰ **put out** A[A **out**] (火・電灯など)を消す(→287)
extinguish the fire
火事を消す

Smartphones have greatly **altered** <u>our lifestyle</u>.	スマートフォンは大きく<u>私たちのライフスタイルを変えて</u>しまった。
The government has **shifted** <u>the economic policy</u> recently.	政府は最近経済<u>政策を変えた</u>。
Using make-up can **enhance** <u>your features</u>.	化粧をすることで<u>顔立ちを引き立てる</u>ことができる。
Eating as a family can **foster** <u>social skills</u> in children.	家族で食事を取ると子どもの<u>社会性を伸ばす</u>ことができる。
The tax reform failed and **diminished** <u>the</u> government's <u>income</u>.	税制改革は失敗し，政府の<u>収入を減らす</u>ことになった。
This <u>sweater</u> **shrank** a little when I washed it.	洗濯したらこの<u>セーターは</u>少し<u>縮んだ</u>。
I want to **dye** <u>my hair brown</u>.	私は<u>髪の毛を茶色に染めたい</u>。

STAGE **3**

<u>A</u> huge <u>iceberg</u> suddenly **emerged**, so the Titanic hit it.	巨大な<u>氷山が</u>突然<u>現れた</u>ので，タイタニック号はそれに衝突した。
The Titanic **vanished** completely <u>from sight</u>.	タイタニック号は完全に<u>視界から消えた</u>。
Will computers in schools **eliminate** <u>the need</u> for textbooks?	学校のコンピューターは教科書の<u>必要性をなくす</u>だろうか。
It took several days to **extinguish** <u>the</u> forest <u>fire</u>.	その山<u>火事を消す</u>のに数日かかった。

同じジャンルで覚える⑩⑤　物の表面の状態を表す語

1597	**stain** [steɪn]	名 しみ，汚れ 動 …を汚す，…にしみを付ける	a coffee **stain** コーヒーの<u>しみ</u>
1598	**crack** [kræk]	名 ひび，すき間 動 ひびが入る	a **crack** in a vase 花瓶の<u>ひび</u>
1599	**bump** [bʌmp]	名 (道などの)でこぼこ，こぶ 動 (…に)ぶつかる	a **bump** on a road 道路の<u>でこぼこ</u>
1600	**rusty** [rʌ́sti]	形 さびた ⇨ **rust** 名 さび 動 さびる	a **rusty** car <u>さびた</u>車
1601	**slippery** [slíp(ə)ri]	形 滑りやすい ⇨ **slip** 動 滑る	the road is **slippery** その道路は<u>滑りやすい</u>

反対の意味を持つ語をセットで覚える⑦

1602	**adolescent** [ædəlés(ə)nt] アク	形 思春期の　名 (思春期の)若者 ≒ **juvenile** 形 青少年の 名 青少年 ⇨ **adolescence** 名 思春期	**adolescent** girls <u>思春期の</u>少女たち
1603	**mature** [mətúər] アク	形 成熟した，大人の ⇨ **maturity** 名 成熟(期)	a **mature** person <u>成熟した</u>人
1604	**wealth** [welθ]	名 富，裕福 ⇨ **wealthy** 形 裕福な	the **wealth** of a country 国の<u>富</u>
1605	**poverty** [pá(:)vərti]	名 貧乏，貧困 ⇨ **poor** 形 貧しい	die in **poverty** <u>貧困</u>の中で死ぬ
1606	**significant** [sɪɡnífɪk(ə)nt] アク	形 ①重要な(意味を持つ) ②(数・量が)かなりの，相当な ⇨ **significance** 名 重要性	a **significant** development <u>重要な(意味を持つ)</u>発展
1607	**trivial** [tríviəl]	形 取るに足らない	a **trivial** thing <u>取るに足らない</u>こと
1608	**sturdy** [stɔ́ːrdi]	形 頑丈な，たくましい	**sturdy** shoes <u>丈夫な</u>靴
1609	**fragile** [frǽdʒ(ə)l] 発音	形 もろい，壊れやすい	glasses are **fragile** グラスは<u>壊れやすい</u>

I couldn't remove the <u>coffee</u> **stain** from the carpet.	私は<u>コーヒーのしみ</u>をカーペットから取り除くことができなかった。
I'll give you a discount because there is <u>a</u> **crack** <u>in</u> <u>that</u> <u>vase</u>.	<u>あの花瓶には</u>**ひび**が入っているので,割引しますよ。
There are **bumps** <u>on</u> <u>this</u> <u>road</u>, so people have to drive slowly.	<u>この道路には</u>**でこぼこ**があるので,人々はゆっくり運転せねばならない。
Some people like to buy a **rusty** old <u>car</u> and repair it.	<u>さびた</u>古い<u>車</u>を買って修理するのが好きな人もいる。
<u>The</u> <u>road</u> <u>was</u> very **slippery** this morning because it was snowing.	雪が降っていたので,今朝<u>その道路は</u>とても**滑りやすかった**。

The singer was very popular with **adolescent** <u>girls</u>.	その歌手は**思春期の少女たち**にとても人気があった。
<u>A</u> **mature** <u>person</u> would never behave like that.	**成熟した人**は決してそのようなふるまいをしないものだ。
There is a great difference in <u>the</u> **wealth** <u>of</u> <u>countries</u>.	<u>国々の富</u>には大きな差がある。
Mozart <u>died</u> <u>in</u> **poverty**, but later he became world-famous.	モーツァルトは**貧困の中で死んだ**が,のちに彼は世界的に有名になった。
The Internet was a **significant** <u>development</u> in technology.	インターネットはテクノロジーにおける**重要な(意味を持つ)発展**だった。
Don't worry about such a **trivial** <u>thing</u>.	そんな**取るに足らないこと**を心配しなくていいですよ。
You need some **sturdy** <u>shoes</u> for walking in the mountains.	山歩きには**丈夫な靴**が必要です。
Be careful! These wine <u>glasses</u> <u>are</u> **fragile**.	気をつけて! これらのワイン**グラス**は**壊れやすい**です。

同じジャンルで覚える⑩⑥　数量や程度の大きさを表す形容詞(2)

1610
exact
[ɪgzǽkt]

形 正確な，ぴったりの
⇨ **exactly** 副 正確に，ちょうど

the **exact** fare
ぴったりの料金

1611
excessive
[ɪksésɪv]

形 (非難して)過度の，過剰な
⇨ **exceed** 動 …を超える(→1558)

excessive amounts of A
過剰な量のA

1612
magnificent
[mægnífɪs(ə)nt] アク

形 壮大な，すばらしい

magnificent mountains
壮大な山々

1613
thorough
[θə́ːrou] 発音

形 徹底的な，完全な

a **thorough** investigation
徹底的な調査

1614
ultimate
[ʌ́ltɪmət] 発音

形 究極の
⇨ **ultimately** 副 結局，最終的には

one's **ultimate** goal
究極の目標

スペリングに注目して覚える㉙　「できる」の意味の -ible/-able で終わる形容詞

1615
visible
[vízəb(ə)l]

形 目に見える，明らかな
⊗ **invisible** 見えない
⇨ **vision** 名 視力，視野

visible to the naked eye
肉眼で見える

1616
remarkable
[rɪmɑ́ːrkəb(ə)l]

形 注目に値する，著しい
⇨ **remarkably** 副 著しく

a **remarkable** change
著しい変化

1617
portable
[pɔ́ːrtəb(ə)l]

形 持ち運び可能な，携帯用の

a **portable** radio
携帯用ラジオ

似ていて紛らわしい語をセットで覚える㉖　〈意味が似ている〉

1618
fundamental
[fʌ̀ndəmént(ə)l]

形 基本的な，根本的な

fundamental human
rights　基本的人権

1619
vital
[váɪt(ə)l]

形 不可欠な，きわめて重要な
⇨ **vitality** 名 元気，生命力

be **vital** for A
Aにとって不可欠だ

1620
crucial
[krúːʃ(ə)l]

形 きわめて重大な

a **crucial** issue
きわめて重要な問題

1621
grave
[greɪv]

形 重大な，深刻な
名 墓

be in **grave** danger
深刻な危機にある

grave は「墓」の意味にも注意(tomb →1648 よりも一般的な語)。

Put <u>the</u> **exact** <u>fare</u> in the box when you get off the bus.	バスを降りるときは，**ぴったりの料金**を箱に入れてください。
Do not put **excessive** <u>amounts</u> <u>of</u> food on your plates in buffet restaurants.	ビュッフェレストランで**過剰な量の**食べ物をお皿に取ってはいけない。
We saw the **magnificent** <u>mountains</u> of the Alps from the train.	私たちは電車からアルプス山脈の**壮大な山々**を見た。
The police arrested the murderer after <u>a</u> **thorough** <u>investigation</u>.	**徹底的な調査**ののちに警察は殺人犯を逮捕した。
<u>His</u> **ultimate** <u>goal</u> is to win a medal in the Olympics.	彼の**究極の目標**はオリンピックでメダルを取ることだ。

STAGE **3**

Venus is easily **visible** <u>to</u> <u>the</u> <u>naked</u> <u>eye</u>.	金星は**肉眼**でも容易に**見える**。
There have been **remarkable** <u>changes</u> in the way we communicate.	私たちのコミュニケーションのとり方は**著しい変化**を遂げている。
<u>A</u> **portable** <u>radio</u> is useful in case of a disaster.	**携帯用ラジオ**は災害の際に役に立つ。

Fundamental <u>human</u> <u>rights</u> are very important in democratic countries.	**基本的人権**は民主主義国家においてとても大切である。
Water <u>is</u> **vital** <u>for</u> plants as well as animals.	水は動物だけでなく植物**にとっても不可欠**だ。
Energy saving is <u>a</u> **crucial** <u>issue</u> that we should all think seriously about.	エネルギーの節約は私たち皆が真剣に考えるべき**きわめて重要な問題**だ。
Our company <u>is</u> <u>in</u> **grave** <u>danger</u> of going bankrupt. ※ bankrupt 破産した（→ 2267)	私たちの会社は倒産の**深刻な危機にひんしている**。

☞ Fewer people have their own **graves** nowadays.
「近頃では自分自身の**墓**を持つ人は少なくなっている。」

| 299 |

コロケーションで覚える㉞

1622
☐ **annual**
[ǽnju(ə)l]

形 ①年に一度の，毎年の
②１年間の

an annual ritual
毎年の儀式

1623
☐ **ritual**
[rítʃu(ə)l]

名 儀式

1624
☐ **evil**
[íːv(ə)l] 発音

形 邪悪な

an evil spirit
邪悪な霊

1625
☐ **spirit**
[spírət]

名 ①霊魂　②精神
類 soul 魂，精神(→922)
⇨ spiritual 形 霊的な，精神の

1626
☐ **restore**
[ristɔ́ːr]

動 …を修復する，…を回復させる
⇨ restoration 名 修復，復旧

restore a castle
城を修復する

1627
☐ **castle**
[kǽs(ə)l] 発音

名 城
類 palace 名 宮殿(→1656)

同じジャンルで覚える⑩⑦　尊敬・尊厳の意味を持つ名詞

1628
☐ **honor**
[ɑ́(ː)nər] 発音

名 光栄，名誉，敬意
動 …に栄誉を与える

it is an honor to *do*
〜することができて光栄だ

1629
☐ **esteem**
[ɪstíːm]

名 尊敬，敬意
類 self-esteem 名 自尊心

hold A in high esteem
Aを大いに尊敬する

1630
☐ **dignity**
[dígnəti]

名 尊厳，威厳

die with dignity
尊厳を持って死ぬ

1631
☐ **fame**
[feɪm]

名 名声，有名であること
⇨ famous 形 有名な

rise to fame
有名になる

1632
☐ **prestige**
[prestíːʒ]

名 名声，信望
⇨ prestigious 形 名声のある

have a lot of prestige
高い信望がある

Visiting temples and shrines at New Year is <u>an</u> **annual** **ritual** in Japan.	新年に寺社仏閣を参拝することは日本の**毎年の儀式**だ。
It is said that salt can keep **evil** **spirits** away.	塩は**邪悪な霊**を寄せつけないでおくことができると言われている。
<u>The</u> **castle** <u>was</u> **restored** after a big earthquake.	大地震のあとに**城は修復された**。

<u>It</u> <u>was</u> <u>a</u> great **honor** <u>to</u> <u>make</u> a speech here.	この場でスピーチをすることができてとても**光栄**でした。
<u>He</u> <u>is</u> <u>held</u> <u>in</u> <u>high</u> **esteem** as a writer.	<u>彼は</u>作家として<u>大いに</u>**尊敬**されている。
My grandfather is 99. He says that he wants to <u>die</u> <u>with</u> **dignity**.	私の祖父は99歳だ。彼は**尊厳**を持って死にたいと言っている。
The band <u>rose</u> <u>to</u> **fame** in the 1980s.	そのバンドは1980年代に**有名**になった。
Being a doctor or a lawyer <u>has</u> <u>a</u> <u>lot of</u> **prestige**.	医師や弁護士であることは高い**信望**がある。

同じジャンルで覚える⑱　信仰・伝承に関する語

1633 □ **worship**
[wə́ːrʃəp] 発音

動 …を崇拝する
名 崇拝

worship the sun god
太陽神を崇拝する

1634 □ **pray**
[preɪ]

動 祈る　⇨ **prayer** 名 祈り
同 **prey** [同音] 名 餌食(→1763)

引き出し 【宗教名】 □ Buddhism 「仏教」　□ Christianity 「キリスト教」

pray for peace
平和を求めて祈る

1635 □ **sacred**
[séɪkrɪd] 発音

形 神聖な

a **sacred** mountain
神聖な山

1636 □ **eternal**
[ɪtə́ːrn(ə)l]

形 永遠の
⇨ **eternity** 名 永遠

eternal life
永遠の命

1637 □ **sin**
[sɪn]

名 (道徳・宗教上の)罪
関 **crime** 名 犯罪，(法律上の)罪(→985)

it is a **sin** to *do*
～することは罪である

1638 □ **myth**
[mɪθ] 発音

名 ①(1つの)神話　②作り話
関 **mythology** (集合的に)神話

a Greek **myth**
ギリシャ神話

1639 □ **superstition**
[sùːpərstíʃ(ə)n]

名 迷信

believe in **superstitions**
迷信を信じている

1640 □ **legend**
[lédʒ(ə)nd]

名 伝説，言い伝え
⇨ **legendary** 形 伝説的な

according to **legend**
伝説によれば

似ていて紛らわしい語をセットで覚える㉗　〈形が似ている〉

1641 □ **somewhat**
[sʌ́mwʌ̀t]

副 やや，いくぶん

be **somewhat** different
やや異なる

1642 □ **somehow**
[sʌ́mhàu]

副 ①どうにかして
　②【文修飾】どういうわけか

somehow, I managed to *do*
どうにかして私は～できた

somehow に形が似た語として，anyhow「どのみち」(= anyway)があるが，意味は somehow とはまったく異なるのでしっかり区別しよう。

1643 □ **frame**
[freɪm]

名 枠，(額などの)ふち

a window **frame**
窓枠

1644 □ **flame**
[fleɪm]

名 炎

burst into **flames**
炎上する

Ancient Egyptians **worshiped** the sun god.	古代エジプト人は太陽神を崇拝していた。
Many people are **praying** for peace in the Middle East.	多くの人々が中東の平和を求めて祈っている。
□ Islam 「イスラム教」　□ Hinduism 「ヒンドゥー教」	
Mt. Fuji has been considered a **sacred** mountain for a long time.	富士山は長い間神聖な山と考えられてきた。
Some religions promise their believers **eternal** life after death.	信者に死後の永遠の命を約束する宗教もある。
It is a **sin** to tell a lie, but there are times when it is better not to tell the truth.	うそをつくことは罪だが，真実を言わない方がいい時もある。
I'm very interested in Greek **myths**.	私はギリシャ神話にとても興味がある。
Some people believe in **superstitions**.	迷信を信じている人もいる。
According to **legend**, there used to be a continent in the Atlantic Ocean.	伝説によれば，かつては大西洋に大陸があった。
Pizza in the US is **somewhat** different from pizza in Italy.	アメリカのピザはイタリアのピザとやや異なる。
Somehow, I managed to finish my report before the deadline.	どうにかして私は締め切りの前にレポートを仕上げることができた。
The window **frames** of my house are made of wood.	私の家の窓枠は木でできている。
The plane crashed and burst into **flames**.	その飛行機は墜落して炎上した。

STAGE 3

同じジャンルで覚える⑲ 古代・中世に関する語

1645 □ **primitive** [prímətɪv]	形 原始的な	a **primitive** way 原始的なやり方
1646 □ **cave** [keɪv]	名 洞穴，洞窟	live in a **cave** 洞穴で生活する
1647 □ **artifact** [ɑ́:rtɪfæ̀kt]	名 (歴史的価値のある)遺物	an **artifact** of the Stone Age 石器時代の遺物
1648 □ **tomb** [tu:m] 発音	名 墓，墓石 類 grave 墓 (→1621) ※墓石のある大きな墓	a **tomb** of a King 王の墓
1649 □ **medieval** [mì:dií:v(ə)l] アク	形 中世の	in **medieval** times 中世に
1650 □ **ruin** [rú(:)ɪn]	名 ①[-s]廃墟，遺跡 ②破滅 動 …を台なしにする	the **ruins** of a castle 城の遺跡

同じジャンルで覚える⑪⓪ 征服・侵略に関する語

1651 □ **empire** [émpaɪər] アク	名 帝国 ⇨ emperor 名 皇帝 ⇨ impérial 形 帝国の，皇室の	the Roman **Empire** ローマ帝国
1652 □ **conquer** [kɑ́(:)ŋkər] 発音	動 ①…を征服する ②(困難など)を克服する ⇨ conquest 名 征服，克服	**conquer** countries 国々を征服する
1653 □ **invade** [ɪnvéɪd]	動 …を侵略する，…を侵害する ⇨ invasion 名 侵略，侵害	**invade** Poland ポーランドを侵略する
1654 □ **colony** [kɑ́(:)ləni]	名 植民地 ⇨ colónial 形 植民地の ⇨ colonize 動 …を植民地化する	have a **colony** 植民地を持つ

同じジャンルで覚える⑪① 歴史的・宗教的建築物に関する語

1655 □ **cathedral** [kəθí:dr(ə)l] 発音	名 大聖堂	an old **cathedral** 古い大聖堂
1656 □ **palace** [pǽləs] 発音	名 宮殿	a beautiful **palace** 美しい宮殿

引き出し □temple「寺」(→917) □shrine「神社」(→916)

Some people still live in a **primitive way** in the Amazonian jungle.	アマゾンのジャングルでは今も**原始的なやり方**で生活している人がいる。
People lived in this **cave** over 5,000 years ago.	5,000年以上前, 人々は**この洞穴で生活していた**。
Many **artifacts** of the Stone Age were found here.	たくさんの**石器時代の遺物**がここで発見された。
Howard Carter found a **tomb** of a King called Tutankhamen in 1922.	ハワード・カーターはツタンカーメンと呼ばれる**王の墓**を1922年に発見した。
This temple was built in **medieval times**.	この寺は**中世**に建てられた。
I saw the **ruins** of some old castles in Scotland.	私はスコットランドでいくつかの古い**城の遺跡**を見た。

The Roman **Empire** had a great influence on Europe.	**ローマ帝国**はヨーロッパに大きな影響を与えた。
The Ottoman Empire **conquered** many countries and lasted for over 600 years.	オスマン帝国はたくさんの**国々を征服して**600年以上続いた。
Hitler **invaded** Poland in 1939.	ヒットラーは1939年に**ポーランドを侵略した**。
Some European countries used to have **colonies** in Africa.	ヨーロッパにはかつてアフリカに**植民地を持っていた**国もある。

There are many old **cathedrals** in Europe.	ヨーロッパには多くの**古い大聖堂**がある。
A beautiful **palace** was built for the king.	**美しい宮殿**が王のために建てられた。

□ **mosque**「モスク（イスラム教の礼拝堂）」 □ **castle**「城」(→1627)

似ていて紛らわしい語をセットで覚える㉘ 〈意味が似ている〉

1657
☐ **affair**
[əféər]

名 ①【-s】情勢，事態
　②出来事，事件

current **affairs**
最新の情勢 [時事問題]

1658
☐ **incident**
[ínsid(ə)nt]

名 出来事，事件
⇨ incidéntally 副 ところで(→2071)

a real **incident**
実際の事件

1659
☐ **reveal**
[rivíːl]

動 …を明らかにする
⊗ conceal …を隠す
⇨ revelation 名 新発見，暴露

reveal a secret
秘密を明らかにする

1660
☐ **disclose**
[dɪsklóʊz]

動 (秘密など)を暴く，
　…を公表する

disclose one's passwords
パスワードを公表する

1661
☐ **spot**
[spɑ(ː)t]

動 …を見つける
名 ①場所　②斑点

spot him in the crowd
人ごみの中で彼を見つける

1662
☐ **detect**
[dɪtékt]

動 (秘密など)を見つけ出す
⇨ detective 名 刑事，探偵

detect a virus
ウイルスを見つけ出す

文法・語法との関連で覚える㉜ 2つの異なる意味に注意すべき語(3)

1663
☐ **interest**
[ínt(ə)rəst]

名 ①利子
　②興味

the **interest** rates
利率

1664
☐ **bow**
[baʊ] 発音

動 おじぎをする
名 [boʊ] 弓 ※発音の違いに注意

bow to each other
互いにおじぎをする

1665
☐ **fast**
[fæst]

副 ①しっかりと
　②速く

fall **fast** asleep
しっかりと寝る [熟睡する]

1666
☐ **sentence**
[séntəns]

動 (Aの刑を)(人)に宣告する(to A)
名 (1つの)文

be **sentenced** to one year
懲役1年を宣告される

1667
☐ **mean**
[miːn]

形 意地が悪い
動 …を意味する(→355)

my sister is **mean** to me
姉は私に意地悪だ

1668
☐ **branch**
[bræn(t)ʃ]

名 ①支店，支社
　②枝

open a **branch**
支店を開設する

1669
☐ **minute**
[maɪnjúːt] 発音

形 ごく小さな
名 [mínət] 分，わずかな時間

a **minute** amount of A
ごく少量のA

We can now learn about <u>current</u> **affairs** easily on the Internet.	今，私たちはインターネットで簡単に<u>時事問題</u>について学ぶことができる。
The novel is based on <u>a</u> real **incident**.	その小説は<u>実際の事件</u>に基づいている。
He **revealed** <u>a secret</u> about Bess, which made her angry.	彼はベスの<u>秘密を明らかにした</u>が，それは彼女を怒らせた。
You should never **disclose** <u>your passwords</u> to other people.	決して他人に<u>あなたのパスワードを公表して</u>はいけない。
It was easy to **spot** <u>him in the crowd</u> because he had a red shirt on.	赤いシャツを着ていたので，<u>人ごみの中で彼を見つける</u>のは簡単だった。
It is sometimes difficult to **detect** <u>a</u> computer <u>virus</u>.	コンピューター<u>ウイルスを見つけ出す</u>のは時に難しい。
He often complains about <u>the</u> low **interest** <u>rates</u> on his bank accounts.	彼はよく彼の銀行口座の低い<u>利率</u>について不平を言っている。
Japanese people often **bow** <u>to each other</u>.	日本人はよく<u>互いにおじぎをする</u>。
As soon as I got on the plane, I <u>fell</u> **fast** <u>asleep</u>.	飛行機に乗るとすぐに私は<u>熟睡した</u>。
He <u>was</u> **sentenced** <u>to one year</u> for stealing a car.	彼は車を盗んだことで<u>懲役1年を宣告された</u>。
<u>My sister was</u> often **mean** <u>to me</u> when I was young.	私が幼かった頃，<u>姉は</u>しばしば<u>私に意地悪だった</u>。
The restaurant has just <u>opened a</u> **branch** in our town.	そのレストランは私たちの町に<u>支店を開設した</u>ところだ。
Even <u>a</u> **minute** <u>amount of</u> poison in *fugu* fish can be fatal.	<u>ごく少量の</u>フグの毒でさえ死に至ることがある。

STAGE 3

同じジャンルで覚える⑪ 音楽に関する語

1670 **tune**
[tʃuːn]
名 メロディ，曲

play a **tune**
1 曲演奏する

1671 **classical**
[klǽsɪk(ə)l]
形 古典的な，クラシックの
類 **classic** ①一流の ②典型的な

classical music
クラシック音楽

1672 **contemporary**
[kəntémpərèri]
形 ①(芸術などが) 現代の
②同時代の

contemporary music
現代の音楽

同じジャンルで覚える⑪ 芸術に関する語（2）

1673 **carve**
[kɑːrv]
動 …を彫る
⑩ **curve** 名 曲線

be **carved** out of wood
木から彫り出される

1674 **sculpture**
[skʌ́lptʃər]
名 彫刻（作品）
類 **statue** (大きな)像(→938)

a **sculpture** by Rodin
ロダンによる彫刻
※ Rodin ロダン(彫刻家)

1675 **craft**
[kræft]
名 工芸（品），技術
関 **craftsman** 名 職人

a **craft** shop
工芸品の店

1676 **masterpiece**
[mǽstərpìːs]
名 傑作

a musical **masterpiece**
音楽の傑作

1677 **critic**
[krítɪk]
名 批評家，評論家
⇨ **criticize** 動 …を批評する(→640)

a music **critic**
音楽評論家

似ていて紛らわしい語をセットで覚える㉙ 〈意味が似ている〉

1678 **depict**
[dɪpíkt]
動 (絵画・言葉などで)…を描く

depict people's lives
人々の生活を描く

1679 **portray**
[pɔːrtréɪ] アク
動 (絵画・言葉などで)…を描く
⇨ **pórtrait** 名 肖像画

be **portrayed** as A
Aとして描かれる

1680 **designate**
[dézɪgnèɪt]
動 …を(Aに)指定[指名]する(as A)

be **designated** as A
Aに指定される

1681 **register**
[rédʒɪstər]
動 …を登録する，…を記録する
名 登録（表）
⇨ **registration** 名 登録

register one's name
名前を登録する

She picked up her flute and <u>played a</u> **tune**.	彼女はフルートを手に取って<u>1曲演奏した</u>。
I like going to **classical** <u>music</u> concerts.	私は**クラシック**音楽のコンサートに行くのが好きだ。
Most of my classmates like **contemporary** <u>music</u> such as J-pop.	私のクラスメートのほとんどはJポップのような**現代の**音楽が好きだ。

Statues in temples in Japan <u>are</u> usually **carved** <u>out</u> <u>of</u> <u>wood</u>.	日本の寺にある彫像はたいがい<u>木から彫り出される</u>。
Many museums in Japan have **sculptures** <u>by</u> <u>Rodin</u>.	日本の多くの美術館には<u>ロダンの**彫刻**</u>がある。
There are many **craft** <u>shops</u> along the road to the temple.	その寺へと続く道沿いにはたくさんの<u>工芸品の店</u>がある。
Beethoven wrote many <u>musical</u> **masterpieces**.	ベートーベンはたくさんの<u>音楽の**傑作**</u>を作曲した。
This young singer is praised highly by <u>music</u> **critics**.	この若い歌手は<u>音楽**評論家**</u>に高く評価されている。

The novel **depicts** <u>people's</u> <u>lives</u> before the French Revolution.	その小説はフランス革命以前の<u>人々の生活を描いている</u>。
The heroes in fairy stories <u>are</u> usually **portrayed** <u>as</u> being rich and handsome.	おとぎ話の英雄はたいがい裕福でハンサム<u>に描かれる</u>。
Mt. Fuji <u>was</u> **designated** <u>as</u> a World Heritage site in 2013.	富士山は2013年に世界遺産<u>に**指定された**</u>。
Please **register** <u>your</u> <u>name</u> for the conference before July 20th.	7月20日までに会議のために<u>あなたの名前を登録して</u>ください。

〈be＋（形容詞化した）過去分詞＋前置詞〉の表現（2）

1682
☐ **be concerned about** A
Aを心配する，Aを気にかける
圏 be concerned with A　Aに関係している・関心がある
⇨ **concern** 名 懸念，関心事　動 …を心配させる（→1320）

1683
☐ **be aimed at** A
Aを目標としている，Aに向けられている
※Aに動名詞がくることも多い

1684
☐ **be surrounded by** A
Aに囲まれている
⇨ **surround** 動 …を囲む

1685
☐ **be engaged in** A
Aに携わっている，Aに従事する
⇨ **engage** 動 （注意など）を引きつける，…を雇用する

1686
☐ **be located in** A
Aに位置する
⇨ **locate** 動 …の位置を探し出す

1687
☐ **be absorbed in** A
Aに熱中している
⇨ **absorb** 動 ①（液体など）を吸収する ②…を夢中にさせる（→501）

1688
☐ **be involved in** A
Aに関わっている
⇨ **involve** 動 …を含む，…を巻き込む

1689
☐ **be related to** A
Aと関連がある
⇨ **relate** 動 …を関係させる，…を述べる

似た意味の表現（3）

1690
☐ **be made up of** A
Aから成り立っている，Aで構成される

1691
☐ **consist of** A
Aから成り立っている

1692
☐ **be composed of** A
Aから成り立っている，Aで構成される
⇨ **compose** 動 …を構成する
⇨ **composition** 名 構成，作文，作曲

> consist of A と be composed of A はフォーマルな表現
> で，会話では be made up of A を用いることが多い。

Some politicians do not seem to **be concerned about** global warming.	地球温暖化**を心配している**ようには見えない政治家もいる。
The policy **is aimed at** improving working conditions.	その政策は労働環境の向上**を目標としている**。
The house **was surrounded by** tall trees.	その家は高い木々**に囲まれていた**。
The two leaders **are engaged in** talks about nuclear energy.	その2人の指導者は原子力についての協議**に携わっている**。
The church **is located in** the old part of the town.	その教会は街の古い地区**に位置する**。
Anna **was** so **absorbed in** her work that she did not notice the doorbell.	アナは仕事**に**とても**熱中していた**ので玄関のベルに気づかなかった。
The police believe that three men **were involved in** the crime.	警察は3人の男がその犯罪**に関わっていた**と信じている。
How closely **are** humans **related to** chimpanzees?	人間はチンパンジー**と**どれほど密接な**関連がある**のだろう。

Each team must **be made up of** a mix of boys and girls.	各チームは男女混合**で構成されて**いなければならない。
The English alphabet **consists of** 26 letters.	英語のアルファベットは26文字**から成り立っている**。
Water **is composed of** hydrogen and oxygen.	水は水素と酸素**から成り立っている**。

STAGE **3**

〈動詞＋A＋前置詞＋B〉の形を取る表現(3)

1693
☐ **remind** A **of** B
Aに B を思い出させる
⇨ **reminder** 图 (思い出させるための)通知

1694
☐ **clear** A **of** B
Aから B を取り除く

1695
☐ **introduce** A **into** B
Aを B に導入する・持ち込む
⇨ **introduction** 图 ①序論，前置き　②紹介，導入(→579)

> into の代わりに to を使うこともあるが，introduce A to B は「A(人)をBに紹介する」の意味で用いられるのが一般的。

1696
☐ **distinguish** A **from** B
AとBを区別する・識別する
⇨ **distinct** 形 まったく異なる
⇨ **distinction** 图 区別，相違

1697
☐ **appoint** A **as** B
Aを B に指名する

1698
☐ **count** A **as** B
Aを B と見なす
⇨ **count** 動 ①重要である　②…を数える(→867)
熟 **count on** A (→849)

1699
☐ **regard** A **as** B
Aを B と見なす　※フォーマル
熟 **think of** A **as** B　AをBだと思う　※インフォーマル
熟 **look on[upon]** A **as** B　AをBと見なす

〈be＋形容詞＋前置詞〉の表現(2)

1700
☐ **be responsible for** A
Aに対して責任がある
※Aに動名詞がくることも多い
⇨ **responsibility** 图 責任

1701
☐ **be bound for** A
(乗り物などが) Aへ向かう，A行きである

1702
☐ **be keen on** A
Aに熱中している，Aに熱心である
※Aに動名詞がくることも多い
⇨ **keen** 形 ①(感覚などが)鋭い　②熱望して

1703
☐ **be short of** A
Aが不足している

Mina **reminds** me **of** her mother when she was young.	美奈は私**に**若かった頃の彼女の母親**を思い出させる**。
They had to **clear** the roof **of** snow.	彼らは屋根**から**雪**を取り除か**なければならなかった。
Rabbits were **introduced into** Australia from Britain.	ウサギはイギリスからオーストラリア**に持ち込まれた**。
How do we **distinguish** a male swan **from** a female one?	オスの白鳥**と**メスの白鳥**を**どうやって**識別し**ますか？
She has been **appointed as** Finance Minister.	彼女は財務大臣**に指名され**ている。
Do you **count** your dog **as** a family member?	あなたはイヌ**を**家族の一員**と見なして**いますか。
The Tale of Genji is **regarded as** the world's first novel.	源氏物語は世界で初めての小説**と見なされて**いる。
Mr. Brown **is responsible for** training programs for new employees.	ブラウン氏は新入社員の研修プログラム**に対して責任がある**。
This train **is bound for** Kanazawa.	この電車は金沢**行きだ**。
My son **is keen on** rock climbing.	私の息子は岩登り**に熱中している**。
I need to go shopping because we **are short of** milk.	牛乳**が不足している**ので買い物に行く必要がある。

STAGE 3

way を用いた表現

1704
☐ **all the way** (**to** A)
①（Aまで）**はるばる**
②（Aまでの途中）**ずっと**

1705
☐ **be in the way**
（Aの）**じゃまになっている**(of A)
※ be in *one's* way とも言う

1706
☐ **in the same way**
同じように

1707
☐ **in *one's* own way**
自分のやり方で

1708
☐ **on *one's* way** (**to/from** A)
（Aへ行く／からの）**途中で**
※「Aから帰る途中で」は on one's way <u>back</u> from A

1709
☐ **make *one's* way**
進む，前進する

1710
☐ **by way of** A
①**Aを通って，Aを経由して** ⓘ via(→512)
②**Aを手段として**

1711
☐ **one way or another**
何とかして ※「ひとつの方法，または別の方法」が直訳で，
「複数の方法を使ってどうにかして」の意味

way には「（進むべき）道」と「方法，やり方」の意味があり，

形が似ていて紛らわしい表現（3）

1712
☐ **by all means**
ぜひとも，もちろん
⇨ means 名 手段(→1068)

1713
☐ **by no means**
決して〜ない
⇨ means 名 手段(→1068)

1714
☐ **as long as** S+V
Sが〜する限りは，Sが〜しさえすれば
ⓘ only if S+V Sが〜する場合にのみ(→2275)

1715
☐ **as far as** S+V
Sが〜する限り[範囲]では

as long as S+V は only if S+V とほぼ同意で「Sが〜する限
り [間] のみ」と限定された「(時間的)条件」を表すのに対し，

My mother went **all the way to** Paris to see the Mona Lisa.	私の母はモナリザを見に**はるばる**パリ**まで**行った。
Don't leave your bag there – it**'s in the way**!	かばんをそこに置きっぱなしにしないで—**じゃまになっている**よ！
These questions are written **in the same way** as in the real exam.	これらの質問は本当の試験と**同じように**書かれている。
She always cooks **in her own way**. She never follows recipes.	彼女はいつも**自分のやり方で**料理する。彼女は決してレシピに従わない。
Please buy some eggs **on your way** back **from** school.	学校**から**帰る**途中で**卵を買ってきて。
They **made their way** slowly through the thick forest.	彼らは深い森の中をゆっくりと**進んだ**。
Elena flew to Boston **by way of** Chicago.	エレーナはシカゴ**経由で**ボストンまで飛んだ。
We'll get the money to buy a house, **one way or another**.	家を買うお金を**何とかして**手に入れよう。

これらから各熟語の意味を理解するとよい。

Could I visit you when I go to London? – **By all means**.	ロンドンに行ったらあなたを訪ねてもいいですか。—**もちろん**。
It is **by no means** certain that he will recover in time for the Olympics.	彼の回復がオリンピックに間に合うかどうかは**決して**定かでは**ない**。
You can have a dog **as long as** you look after it.	あなたが世話をする**のなら**イヌを飼ってもいいよ。
As far as I know, he is not married.	私の知る**限りでは**，彼は結婚していない。

as far as S＋V は「Sが〜する限り［範囲］では」と，述べられている事柄の「範囲」について言及する際に使われる。

〈動詞＋A＋前置詞＋B〉の形を取る表現(4)

1716
□ **inform** A **of** B
AにBを知らせる
※フォーマル（普通の会話では tell B to A を使う）
⇨ **information** 图 情報（→413）

1717
□ **replace** A **with** B
AをBと取り替える
⇨ **replacement** 图 取り替え，代わりの人［物］
※ re「再び」＋place「置く」

1718
□ **supply** A **with** B
AにBを供給する
⇨ **supply** 動 …を供給する　图 供給（→223）

1719
□ **provide** A **with** B
AにBを提供する
圓 **provide** B **for**［**to**］A

supply A with B と provide A with B は，「与えるもの」に with をつける，と覚える。

1720
□ **combine** A **with** B
AとBを組み合わせる・混ぜ合わせる
⇨ **combination** 图 組み合わせ

1721
□ **subtract** A **from** B
BからAを引く

1722
□ **admire** A **for** B
BのことでAを称賛する・に感心する
⇨ **admiration** 图 称賛

〈動詞＋前置詞／副詞〉の表現(9)

1723
□ **show up**
姿を現す
圓 **turn up**（→523）

1724
□ **sum up** A［A **up**］
Aを要約する　圓 **summarize**（→604）
⇨ **sum** 图 ①金額　②合計（→1471）

1725
□ **account for** A
①Aの原因となる　②A（ある割合）を占める
③A（の理由）を説明する　※フォーマル

②の「Aを占める」の意味でもよく用いられる。

1726
□ **run for** A
〈米〉Aに立候補する　〈英〉**stand for** A

Everyone had to **inform** the school **of** their e-mail address.	全員が学校にメールアドレスを知らせなければならなかった。
Kate wanted to **replace** the old cushions **with** some new ones.	ケイトは古いクッションを新品と取り替えたかった。
The charity is **supplying** the refugee camps **with** food and medicine.	その慈善団体は難民キャンプに食糧と薬を供給している。
All students have to **provide** the university **with** a reason to miss class.	すべての学生は授業を欠席する理由を大学に提供しなければならない。
The teacher showed the students how to **combine** the powder **with** the liquid.	先生は生徒に粉末と液体の混ぜ合わせ方を示した。
If you **subtract** 49 **from** 97, what do you get?	97から49を引くといくつですか。
Everyone **admires** Chris **for** his fashion sense.	みんながクリスのファッションセンスを称賛している。
Lisa never **shows up** on time. She's always late for everything.	リサは決して時間通りに姿を現さない。彼女はいつも何にでも遅刻する。
Remember to **sum up** your ideas at the end of your speech.	スピーチの最後であなたの考えを要約するのを忘れずに。
A lot of rain in summer **accounts for** the poor rice crop this year.	夏の大雨が今年の米の不作の原因となっている。

☞ The population of Tokyo **accounts for** about a tenth of the total population of Japan.
「東京の人口は日本の総人口の約10分の1を占める。」

He intends to **run for** President next time.	彼は次の大統領に立候補するつもりだ。

STAGE **3**

〈in＋名詞〉の表現

1727
☐ **in detail**
詳細に
⇨ **detail** 名 細部

1728
☐ **in reality**
現実には，実際は
⇨ **reality** 名 現実（→1457）

1729
☐ **in person**
直接会って，自分で

1730
☐ **in vain**
むだに，無意味に

1731
☐ **in effect**
事実上
⇨ **effect** 名 ①影響，効果・効用　②結果（→747）

1732
☐ **in any case**
とにかく，いずれにしても
⇨ **case** 名 ①(犯罪)事件　②場合，事例　③事実，真相（→43）

1733
☐ **in advance**
前もって，あらかじめ
⇨ **advance** 名 進歩，前進（→424）

1734
☐ **in turn**
順番に
⇨ **turn** 名 ①回転，方向転換　②順番　動 向きを変える

1735
☐ **in return**
お返しに
⇨ **return** 名 戻すこと，返却　動 戻る

〈in the＋名詞〉の表現

1736
☐ **in the first place**
①まず第一に
②そもそも

1737
☐ **in the long run**
最後には，長い目で見れば

1738
☐ **in the meantime**
その間に，そうしているうちに
類 **meanwhile** ①その間に　②一方では（→2075）

I explained **in detail** how the accident happened.	私はその事故がどのように起きたのか**詳細に**説明した。
Many people want to live in the countryside, but **in reality** it is difficult.	たくさんの人が田舎に住みたいと思っているが，**現実には**難しい。
I want to talk with her **in person**, rather than on the phone.	私は電話でよりもむしろ**直接会って**彼女と話したい。
I tried to persuade him to stop smoking many times, but **in vain**.	私は彼にたばこをやめるよう何度も説得しようとしたが，**むだ**だった。
His response was **in effect** a refusal to change working hours.	彼の反応は就業時間の変更に対する**事実上**の拒否だった。
I'm going to marry him **in any case**, even if my parents don't approve.	たとえ両親が賛成しなくても，**とにかく**私は彼と結婚する。
If you go to Kyoto, you should book a hotel room **in advance**.	京都に行くなら**前もって**ホテルを予約する方がいいよ。
The students' names were read out **in turn** at the graduation ceremony.	卒業式で生徒の名前が**順番に**読み上げられた。
When you give a gift in Japan, you usually receive something **in return**.	日本では，贈り物をするとたいてい**お返しに**何かを受け取る。
You say you want a car, but **in the first place**, you need to get a license.	あなたは車を欲しいと言うけれど，**まず第一に**免許を取る必要があるよ。
Buying a new car rather than a used car might be cheaper **in the long run**.	**長い目で見れば**，中古車より新車を買うほうが安いかもしれない。
Boil the spaghetti for seven minutes. **In the meantime**, make the sauce.	スパゲティを7分ゆでてください。**その間に**ソースを作ってください。

アメリカ英語とイギリス英語の スペリングの違い

　英語のスペリングには長い間明確なルールがありませんでしたが，18世紀中頃から19世紀の中頃にかけて，英米ともにスペリングのルールが作られました。その際にアメリカとイギリスで異なるルールを採用したため，両者のスペリングには違いが見られるのです。ここではその主な違いを紹介しましょう。

① [-er] と [-re]

　皆さんがよく目にするのは theater〈米〉/theatre〈英〉「劇場，〈米〉映画館」や，center〈米〉/centre〈英〉「中心」でしょう。これらの語はフランス語から英語に入ってきた語ですが，イギリスではフランス式のスペリングを残したのに対し，アメリカでは実際の発音に近いスペリングを採用したのです。他に，liter〈米〉/litre〈英〉「リットル」などがあります。

② [-or] と [-our]

　アメリカ英語では -or とつづるところを，イギリスでは -our とつづる語が見られます。たとえば color〈米〉，colour〈英〉「色」です。このイギリス式の -our もフランス語の影響です。この他にも，favorite〈米〉/favourite〈英〉「お気に入りの」，neighbor〈米〉/neighbour〈英〉「隣人」などの例があります。

③ [-ize] と [-ise]

　単語の最後が -ize/-ise で終わる語があります。一般に，アメリカでは -ize を用い，イギリスでは -ise を用います。例として，realize〈米〉/realise〈英〉「…に気づく」，criticize〈米〉/criticise〈英〉「…を批判する」があります。

　これらの例を見ると，イギリス式のスペリングのほうがやや難しいという印象を持つかもしれません。実際，イギリス式のスペリングのほうがアメリカ式よりも文字数が多いことがあります。次にそのような例を紹介します。

④ [-log] と [-logue]

　dialog「対話」はアメリカ式のスペリングですが，イギリスではこれを dialogue とつづります。上記の theatre や colour と同じように，イギリスではもともとの形を残したのです。他にも，catalog〈米〉/catalogue〈英〉「カタログ」のような例があります。

⑤ [l (エル)] で終わる語

　travel のように -l で終わる動詞を進行形や過去形へと変化させるとき，アメリカ英語ではそのまま -ing や -ed をつけ，traveling/traveled としますが，イギリス英語では l を重ねて travelling/travelled とします。cancel などの語にもこのルールが当てはまります。

STAGE 4

STAGE 4でも，STAGE 3と同様に，まずは日本語の意味をしっかりと覚えてほしい英単語を中心に集めていますが，難度はさらに上がります。日常会話の中ではあまり使われないような，かなりの難単語も登場しますが，入試長文を読み解く上では重要となる語ばかりですので，「意味」をしっかりと押さえることを第一目標としてください。余力があれば「つづり」や「発音」のマスターに挑戦しましょう。

コロケーションで覚える㉟　〈生物〉

1739 biological
[bà(ɪ)əlá(:)dʒɪk(ə)l]

形 生物学の，生物学的な
⇨ **biólogy** 名 生物学（→685）

biological diversity
生物の多様性

1740 diversity
[dəvə́ːrsəti]

名 多様性
⇨ **diverse** 形 多様な

1741 dinosaur
[dáɪnəsɔ̀ːr]

名 恐竜

dinosaurs thrive
恐竜が栄える

1742 thrive
[θraɪv]

動 ①栄える
②よく成長する

1743 extinction
[ɪkstíŋ(k)ʃ(ə)n]

名 絶滅，消滅
⇨ **extinct** 形 絶滅した

the extinction of endangered species
（絶滅）危惧種の絶滅

1744 endangered
[ɪndéɪn(d)ʒərd]

形 絶滅の危機に瀕した

1745 species
[spíːʃiːz]

名 （生物の）種　※単複同形

同じジャンルで覚える⑭　液体に関する動詞（2）

1746 leak
[liːk]

動 ①（液体・気体が）漏れる
②（秘密・情報など）を漏らす

water leaks
水が漏れる

1747 drain
[dreɪn]

動 ①…の水を抜く・水気を切る
②（液体）を排出させる

drain the noodles
麺の水気を切る

1748 splash
[splæʃ]

動 （水など）をはねかける
類 **spray**（液体などを）…に吹き付ける

splash water
水をはねかける

1749 sprinkle
[spríŋk(ə)l]

動 （水など）をまく

sprinkle water
水をまく

sprinkle は料理の際にも砂糖や粉などを「振りかける」の意味でよく使われる。

We must not lose the **biological diversity** on Earth.	私たちは地球の<u>生物の多様性</u>を失ってはならない。
I can't believe **dinosaurs** once **thrived** even in Japan.	私はかつて日本でも<u>恐竜が栄えた</u>ということが信じられない。
People often cause <u>the</u> **extinction** of **endangered species**.	人間はしばしば<u>絶滅危惧種の絶滅</u>を引き起こす。
<u>Water</u> is **leaking** from this pipe.	このパイプから<u>水が漏れて</u>います。
After boiling the *soba*, **drain** <u>the noodles</u>.	そばをゆでたら，<u>麺の水気を切ってください</u>。
Tom always **splashes** <u>water</u> all over when he does the dishes.	トムは皿洗いをするといつもあちこちに<u>水をはねかける</u>。
Some people in Japan **sprinkle** <u>water</u> on the street in summer to cool the air.	日本では，空気を冷やすために夏に通りに<u>水をまく</u>人もいる。

同じジャンルで覚える⑮ 生物に関する語(1)

1750
☐ **mammal**
[mǽm(ə)l]

名 哺乳動物

a marine **mammal**
海洋哺乳動物

引き出し 【哺乳類】 ☐hare「ノウサギ」 ☐cow「ウシ, 乳牛」
☐deer「シカ」 ☐goat「ヤギ」

1751
☐ **ape**
[eɪp]

名 類人猿, サル
関 **primate** 名 霊長類

the **ape** family
類人猿(科)

1752
☐ **cattle**
[kǽt(ə)l]

名 (家畜の) ウシ, 畜牛 ※牛の総称。
複数扱いで, ×a cattle, cattlesとしない

dairy **cattle**
乳牛

1753
☐ **reptile**
[réptaɪl]

名 は虫類
関 **amphibian** 名 両生類

a small **reptile**
小さなは虫類

引き出し 【は虫類】 ☐snake「ヘビ」 ☐lizard「トカゲ」

1754
☐ **breed** [briːd]
活 breed-bred-bred

動 ①(人が) (動植物)を育てる
②(動物が)子を産む・繁殖する

breed cows
ウシを飼育する

1755
☐ **feather**
[féðər]

名 羽毛, 羽

a goose **feather**
ガチョウの羽毛

1756
☐ **insect**
[ínsekt]

名 昆虫
類 **bug** ①虫 ②微生物

an **insect** bite
虫刺され

1757
☐ **specimen**
[spésəmɪn]

名 ①(動物・植物などの)標本
②見本, 実例

a **specimen** of a wolf
オオカミの標本

同じジャンルで覚える⑯ 「投げる・落とす」の意味を持つ動詞

1758
☐ **cast** [kǽst]
活 cast-cast-cast

動 (物などが) (光・影・影響など)を投げかける

cast a shadow
影を落とす

1759
☐ **scatter**
[skǽtər]

動 …をまき散らす, …をふりかける
類 **sprinkle** …をまく(→1749)

scatter bread
パンをまく

1760
☐ **shed** [ʃed]
活 shed-shed-shed

動 (動植物が) (葉・毛など)を落とす,
(涙・血)を流す

shed hairs
毛を落とす

1761
☐ **dump**
[dʌmp]

動 (ごみなど)を捨てる,
(荷物など)をドサッと落とす

dump garbage
ごみを捨てる

Dolphins and whales are <u>marine</u> **mammals**.	イルカやクジラは<u>海洋哺乳動物</u>である。

□ mouse「ネズミ」(®mice) □ squirrel「リス」 □ sheep「ヒツジ」(単複同形)
□ whale「クジラ」 □ giraffe「キリン」

Gorillas belong to <u>the</u> **ape** <u>family</u>.	ゴリラは<u>類人猿科</u>に属する。
My parents have 100 <u>dairy</u> **cattle** on their farm.	私の両親は農場で100頭の<u>乳牛</u>を飼っている。
There are many <u>small</u> **reptiles** in Japan.	日本には多くの<u>小さなは虫類</u>がいる。

□ turtle「カメ」

<u>Cows are</u> usually **bred** outside in many countries.	多くの国では，通常<u>ウシ</u>は屋外で<u>飼育される</u>。
<u>Goose</u> **feathers** are often used in pillows.	<u>ガチョウの羽毛</u>はしばしば枕に使用される。
I got many **insect** <u>bites</u> when I went camping.	キャンプに行ったとき，私はたくさんの<u>虫刺され</u>ができた。
You can see <u>a</u> **specimen** <u>of a</u> Japanese <u>wolf</u> in this museum.	この博物館では，ニホン<u>オオカミの標本</u>が見られます。

Please don't stand there. You are **casting** a <u>shadow</u> on my book.	そこに立たないでください。私の本に<u>あなたの影が落ちて</u>います。
She **scattered** <u>bread</u> in her garden to feed the birds.	彼女は鳥たちにエサをやるために，庭に<u>パンをまいた</u>。
My dog **sheds** white <u>hairs</u> all over the sofa.	私のイヌはソファーの至るところに白い<u>毛を落とす</u>。
Never **dump** garbage in the mountains.	決して山に<u>ごみを捨てて</u>はいけない。

同じジャンルで覚える⑰ 生物に関する語(2)

1762
predator
[prédətər]

名 捕食動物，捕食者

a natural **predator**
自然界の捕食動物 [天敵]

1763
prey
[preɪ]

名 餌食，獲物
(似) **pray** [同音] 動 祈る

catch *one's* **prey**
獲物を捕らえる

1764
instinct
[ínstɪŋ(k)t]

名 ①本能
②生まれつきの能力

an **instinct** to hunt
狩猟本能

1765
tame
[teɪm]

形 (動物が)飼いならされた
動 (動物)を飼いならす

a **tame** animal
飼いならされた動物

1766
nest
[nest]

名 (鳥・昆虫・小動物の)巣

a bird's **nest**
鳥の巣

同じジャンルで覚える⑱ 生態系に関する語

1767
ecology
[ɪká(:)lədʒi]

名 ①生態系，自然環境 ②生態学
⇨ **ecológical** 形 生態上の，環境に優しい

damage **ecology**
生態系に害を与える

1768
ecosystem
[íkoʊsìstəm]

名 生態系

change the **ecosystem**
生態系を変える

> ecology, ecosystem は「生態系」の意味ではほぼ同じ意味だが，ecology には学問としての「生態学」の意味がある点に注意。

1769
harmony
[há:rməni]

名 調和，ハーモニー

live in **harmony**
調和して生きる

1770
sustainable
[səstéɪnəb(ə)l]

形 持続可能な，維持できる
⇨ **sustain** 動 …を維持する (→1856)

sustainable energy
持続可能なエネルギー

1771
erosion
[ɪróʊʒ(ə)n]

名 (水流などによる土地の)浸食
⇨ **erode** 動 …を侵食する

be formed by **erosion**
浸食によって形成される

1772
indigenous
[ɪndídʒ(ə)nəs]

形 (動植物が)(その土地・国に)固有の

be **indigenous** to A
Aに固有である

The rabbits brought to New Zealand did not have <u>natural</u> **predators**.	ニュージーランドに連れてこられたウサギには**天敵**がいなかった。
Many animals <u>catch</u> <u>their</u> **prey** at night.	多くの動物は夜間に**獲物を捕らえる**。
Lions and tigers have <u>an</u> **instinct** <u>to</u> <u>hunt</u>.	ライオンやトラには**狩猟本能**がある。
Dogs and cats are **tame** <u>animals</u>.	イヌやネコは**飼いならされた動物**だ。
There is <u>a</u> <u>bird's</u> **nest** in the tree in front of my house.	私の家の前にある木に**鳥の巣**がある。

Humans often <u>damage</u> **ecology**.	人間はしばしば**生態系に害を与える**。
It is feared that global warming may <u>change</u> <u>the</u> **ecosystem**.	地球温暖化は**生態系を変える**かもしれないと懸念されている。
Humans and animals should <u>live</u> <u>in</u> **harmony**.	人間と動物は**調和して生きる**べきだ。
Solar energy is one type of **sustainable** <u>energy</u>.	太陽エネルギーは**持続可能なエネルギー**の一種である。
The Grand Canyon <u>was</u> <u>formed</u> <u>by</u> **erosion** by a river.	グランドキャニオンは河川による**浸食によって形成された**。
This flower <u>is</u> **indigenous** <u>to</u> North America.	この花は北アメリカに**固有のものである**。

同じジャンルで覚える⑲　植物に関する語

| 1773 □ **botanical** [bətǽnɪk(ə)l] | 形 植物(学)の ⇨ **bótany** 名 植物学 | a **botanical** garden 植物園 |
| 1774 □ **vegetation** [vèdʒətéɪʃ(ə)n] | 名 植物，植生 | tropical **vegetation** 熱帯植物 |

vegetation はある地域の植物全体を総称的に言う語で，個々の植物には plant を用いる。

1775 □ **bush** [bʊʃ]	名 低木，灌木	a rose **bush** バラの低木
1776 □ **weed** [wiːd]	動 (庭など)の雑草を取る 名 雑草	**weed** the garden 庭の草を取る
1777 □ **stem** [stem]	名 茎，(木の)幹 関 **root** 名 根	cut the flower **stems** 花の茎を切る
1778 □ **bloom** [bluːm]	名 開花期，花盛り 動 咲く 関 **blossom** 名 (木に咲く)花 動 開花する	be in full **bloom** 満開である

同じジャンルで覚える⑳　農業に関する語(2)

1779 □ **cultivate** [kʌ́ltɪvèɪt]	動 ①(土地)を耕す ②(技能・品性など)を養う	**cultivate** the land 土地を耕す
1780 □ **fertilizer** [fɔ́ːrt(ə)làɪzər]	名 肥料 ⇨ **fertile** 形 肥沃な(→1785)	a chemical **fertilizer** 化学肥料
1781 □ **pesticide** [péstɪsàɪd]	名 殺虫剤	the use of **pesticides** 殺虫剤の使用
1782 □ **ripe** [raɪp]	形 ①(果実が)熟した ②(〜する)機が熟して (to do)	a **ripe** peach 熟した桃
1783 □ **grain** [greɪn]	名 ①穀物 ②穀物の粒	grow **grain** 穀物を栽培する
1784 □ **meadow** [médoʊ] 発音	名 牧草地，草地	in that **meadow** あの牧草地に

There is a very famous **botanical garden** in London.	ロンドンには非常に有名な植物園がある。
Tropical **vegetation** can be seen in Okinawa.	沖縄では熱帯植物が見られる。
There are some beautiful rose **bushes** in my grandparents' garden.	私の祖父母の庭には美しいバラの低木が何本かある。
I was **weeding** the garden all day yesterday.	私は昨日 1 日中庭の草を取っていた。
Cut the flower **stems** before putting them in a vase.	花瓶に入れる前に花の茎を切りなさい。
When will the cherry blossoms be in full **bloom**?	桜の花はいつ満開になるでしょうか。
People used to use horses to **cultivate** the land.	人々はかつて土地を耕すのに馬を使っていた。
Farmers are trying to reduce the amount of chemical **fertilizers**.	農場経営者たちは化学肥料の量を減らそうと努めている。
There are strict rules about the use of **pesticides**.	殺虫剤の使用に関しては厳しい規則がある。
I love the smell of **ripe** peaches.	私は熟した桃の香りが大好きだ。
It is said that people started growing **grain** about 10,000 years ago.	人々は約 1 万年前に穀物を栽培し始めたと言われている。
There are many wild flowers in that **meadow**.	あの牧草地には多くの野生の花がある。

コロケーションで覚える㊱

1785
☐ **fertile**
[fɔ́ːrt(ə)l]

形 （土地が）肥沃な
⇨ **fertilizer** 名 肥料（→1780）

fertile soil
肥沃な土壌

1786
☐ **soil**
[sɔɪl]

名 土，土壌
（関）**mud** 名 泥

rich soil「豊かな土地」などとも言う。

1787
☐ **mow**
[moʊ]

動 …を刈る

mow the lawn
芝を刈る

1788
☐ **lawn**
[lɔːn]

名 芝生，芝地

1789
☐ **genetically**
[dʒənétɪk(ə)li]

副 遺伝（子）的に，遺伝学的に
⇨ **genetic** 形 遺伝子の
⇨ **gene** 名 遺伝子（→1228）

**genetically modified
soybeans**
遺伝子組み換え大豆

1790
☐ **modified**
[mɑ́(ː)dɪfàɪd]

形 修正・変更された，
（遺伝子が）組み換えられた
⇨ **modify** 動 …を修正する・修飾する（→1922）

1791
☐ **soybean**
[sɔ́ɪbìːn]

名 大豆
※ soya bean とも言う

引き出し ☐ **pea**「えんどう豆」　☐ **wheat**「小麦」（→1070）

1792
☐ **coral**
[kɔ́ːr(ə)l]

名 サンゴ

a coral reef
サンゴ礁

1793
☐ **reef**
[riːf]

名 岩礁，暗礁

似ていて紛らわしい語をセットで覚える㉚　〈意味が似ている〉

1794
☐ **flock**
[flɑ́(ː)k]

名【a - of A】Aの群れ
※鳥，ヒツジ，ヤギなど

a flock of goats
ヤギの群れ

1795
☐ **herd**
[həːrd]

名【a - of A】Aの群れ
※ウシ，ゾウなど

a herd of cows
ウシの群れ

1796
☐ **swarm**
[swɔːrm]

名【a - of A】Aの群れ，大群
※昆虫・動物など

a swarm of bees
ハチの群れ

Needless to say, **fertile soil** is very important for agriculture.	言うまでもなく，肥沃な土壌は農業には大変重要である。
It is usually my father's job to **mow the lawn**.	芝を刈るのはたいてい私の父の役割だ。
Many companies say that they do not use **genetically modified soybeans**.	遺伝子組み換え大豆は使用していない，と多くの企業は言っている。

□ **barley** 「大麦」 ※「麦茶」は barley tea と言う。

It is said that **coral reefs** are affected by global warming.	サンゴ礁は温暖化の影響を受けていると言われている。

| STAGE **4** |

You can see many **flocks** of goats in Switzerland.	スイスでは，たくさんのヤギの群れを見ることができる。
We rarely see **herds** of cows in Japan.	日本でウシの群れを見ることはめったにない。
Pooh Bear was attacked by a **swarm** of bees. ※ Pooh Bear クマのプーさん	クマのプーさんはハチの群れに襲われた。

同じジャンルで覚える⑫ 努力・取り組みに関する語

1797
□ **endeavor**
[ɪndévər] **アク**
動 懸命に努力する
名 努力，試み

endeavor to do
～しようと<u>努める</u>

1798
□ **strive** [straɪv]
活 strive-strove-striven
動 (懸命に)努力する

strive to do
～しようと<u>努力する</u>

1799
□ **address**
[ədrés]
動 ①(問題など)に取り組む
②(聴衆など)に語りかける

the issue is **addressed**
その問題は<u>取り組まれる</u>

1800
□ **tackle**
[tǽk(ə)l]
動 ①(難問・仕事など)に取り組む
②タックルする

tackle a problem
問題<u>に取り組む</u>

スペリングに注目して覚える㉚ 「再び」の意味の re- で始まる語(2)

1801
□ **recall**
[rɪkɔ́ːl]
動 ①…を思い出す
②(不良品)を回収する
名 (不良品の)回収，リコール

recall a name
名前<u>を思い出す</u>

1802
□ **recite**
[rɪsáɪt]
動 (詩・引用など)を暗唱する
⇨ **recitation** 名 暗唱

recite a poem
詩<u>を暗唱する</u>

1803
□ **regain**
[rɪɡéɪn]
動 (能力・状態など)を取り戻す・
回復する

regain one's strength
体力<u>を取り戻す</u>

1804
□ **reproduce**
[rìːprədjúːs]
動 ①繁殖する，…を繁殖させる
②…を複製・再生する

reproduce quickly
速く<u>繁殖する</u>

1805
□ **resume**
[rɪzjúːm]
動 (…を)再開する
名 [rézəmèɪ] 履歴書

resume the meeting
会議<u>を再開する</u>

1806
□ **reunion**
[riːjúːnjən]
名 再会(の集い)，同窓会

a class **reunion**
クラス<u>会</u>

スペリングに注目して覚える㉛ 「求める」の意味の -quire で終わる動詞

1807
□ **acquire**
[əkwáɪər]
動 …を獲得する，…を身につける
⇨ **acquisition** 名 獲得，習得

acquire English skills
英語のスキル<u>を身につける</u>

1808
□ **inquire**
[ɪnkwáɪər]
動 (Aについて)尋ねる (about A)
⇨ **inquiry** 名 質問，問い合わせ

inquire about the job
その仕事について<u>問い合わせる</u>

inquire は inquire into A 「A について調査する」 の形でも用いられる。

We **endeavor** to deliver goods as soon as possible.	私たちはできるだけ早く商品を配達するよう努めます。
The report focused on farmers **striving** to grow crops in Africa.	報告書はアフリカで作物を育てようと努力している農家に焦点を当てた。
The issue of poverty will be **addressed** at the conference.	その会議では貧困の問題が取り組まれるだろう。
The government needs to **tackle** economic problems.	政府は経済問題に取り組む必要がある。
He couldn't **recall** the name of the girl he met in Spain.	彼はスペインで出会った少女の名前を思い出せなかった。
The teacher **recited** a famous poem by Wordsworth in class.	先生は授業でワーズワースの有名な詩を暗唱した。
She **regained** her strength quickly after her operation.	彼女は手術後すぐに体力を取り戻した。
Some animals, such as mice, **reproduce** very quickly.	ネズミのような動物の中には非常に速く繁殖するものがある。
After an hour break, we **resumed** the meeting.	1時間の休憩のあと，私たちは会議を再開した。
We had a class **reunion** of my junior high school yesterday.	昨日，私たちは中学校のクラス会をした。
Some companies expect their employees to **acquire** English skills.	従業員に英語のスキルを身につけることを求める会社もある。
I **inquired** about the job advertised in yesterday's newspaper.	私は，昨日の新聞の広告に出ていた仕事について問い合わせた。

☞ The police are **inquiring into** the robbery. 「警察は強盗事件について調査している。」

STAGE **4**

文法・語法との関連で覚える㉝　後ろの前置詞とともに覚える動詞(3)

1809 boast
[boʊst]
動 (Aを)自慢する (of A)

boast of *one's* skills
技術を自慢する

1810 resort
[rizɔ́ːrt]
動 (Aに)訴える・頼る (to A)

resort to violence
暴力に訴える

1811 refrain
[rifréɪn]
動 (Aを)慎む・差し控える (from A)

refrain from smoking
喫煙を差し控える

1812 sympathize
[símpəθàɪz]
動 (Aに)同情する・共感する (with A)
⇨ **sympathy** 名 同情

sympathize with people
人々に同情する

1813 persist
[pərsíst]
動 ①(Aを)しつこく続ける
(in[with] A)　②持続する

persist in talking
しつこく話し続ける

1814 cling [klɪŋ]
活 cling-clung-clung
動 (Aに)しがみつく (to A)

cling to *one's* mother
母親にしがみつく

1815 collide
[kəláɪd]
動 (Aと)衝突する (with A)
⇨ **collision** 名 衝突

collide with a car
車と衝突する

1816 dispose
[dɪspóʊz]
動 (Aを)処分する (of A)
⇨ **disposable** 形 使い捨ての

dispose of waste
廃棄物を処分する

文法・語法との関連で覚える㉞　後ろの前置詞とともに覚える名詞

1817 insight
[ínsaɪt]
名 (Aについての)洞察・理解
(into[about] A)

insight into the life
生活についての理解

1818 passion
[pǽʃ(ə)n]
名 (Aに対する)情熱 (for A)

a **passion for** cooking
料理に対する情熱

1819 genius
[dʒíːniəs]
名 (Aの)非凡な才能(for A),
天才

a **genius for** music
音楽の非凡な才能

「Aにおける天才」の意味では be a genius in A と言う。

1820 faith
[feɪθ]
名 (Aへの)信仰・信頼(in A)
⇨ **faithful** 形 信心深い，忠実な

lose **faith in** A
Aへの信頼を失う

He often **boasts of** his soccer skills.	彼はよくサッカーの技術を自慢する。
We should never **resort to** violence.	私たちは決して暴力に訴えてはならない。
Could you **refrain from** smoking here?	ここでは喫煙を差し控えていただけますか。
I **sympathize with** the people who lost their houses in the flood.	私は洪水で家を失った人々に同情している。
Some people **persisted in** talking during the movie.	何人かの人が上映中にしつこく話し続けた。
The girl was **clinging to** her mother in the haunted house.	その少女はお化け屋敷で母親にしがみついていた。
A bus **collided with** a car in the tunnel.	トンネルの中でバスが車と衝突した。
It is very difficult to **dispose of** nuclear waste.	核廃棄物を処分することは非常に難しい。

STAGE **4**

The documentary provided **insight into** the lives of refugees.	そのドキュメンタリーは難民の生活についての理解を与えてくれた。
I was very impressed by his **passion for** cooking.	私は彼の料理に対する情熱に大いに感銘を受けた。
Mozart had a **genius for** music.	モーツァルトには音楽の非凡な才能があった。

☞ He is **a genius in** mathematics. 「彼は数学の天才だ。」

People are losing **faith in** their government.	人々は政府への信頼を失いつつある。

スペリングに注目して覚える㉜　-ant で終わる人を表す語

1821
☐ **inhabitant**
[ɪnhǽbət(ə)nt]

名 住民，住人
⇨ inhabit 動 …に居住している

the original **inhabitants**
先住民

1822
☐ **attendant**
[əténd(ə)nt]

名 接客係，（旅客機の）乗務員

a flight **attendant**
客室乗務員

1823
☐ **merchant**
[mə́ːrtʃ(ə)nt]

名 貿易商，商人
⇨ merchandise 名 商品

a rich **merchant**
裕福な商人

1824
☐ **consultant**
[kənsʌ́lt(ə)nt]

名 顧問，コンサルタント
⇨ consult 動 …に相談する（→1246）

a financial **consultant**
金融コンサルタント

同じジャンルで覚える⑫　配偶者・子どもに関する語

1825
☐ **spouse**
[spaʊs]

名 配偶者

a **spouse** visa
配偶者ビザ

1826
☐ **sibling**
[síblɪŋ]

名 （男女の区別のない）きょうだい
※兄・弟・姉・妹の1人

have three **siblings**
3人のきょうだいがいる

1827
☐ **infant**
[ínf(ə)nt]

名 （歩き始める前の）乳幼児，赤ん坊
※〈英〉ではもっと大きな子どもも表す

passengers with **infants**
乳幼児を連れた乗客

1828
☐ **descendant**
[dɪsénd(ə)nt]

名 子孫
⇨ descend 動 降りる

a direct **descendant**
直系の子孫

> infant，descendant も「-ant で終わる人を表す語」である。

スペリングに注目して覚える㉝　「前の」の意味の pre- で始まる語

1829
☐ **predecessor**
[prédəsèsər]

名 前任者

my boss's **predecessor**
私の上司の前任者

1830
☐ **presume**
[prɪzjúːm]

動 …と推定する，…と想定する
⇨ presumably 副 おそらく

presume（that）…
…と想定する

1831
☐ **precaution**
[prɪkɔ́ːʃ(ə)n]

名 用心，予防策

a **precaution** against A
A の予防

1832
☐ **pregnant**
[prégnənt]

形 妊娠して

six months **pregnant**
妊娠6カ月

When Columbus reached America, the original **inhabitants** were living there.	コロンブスがアメリカに着いたとき, 先住民がそこで暮らしていた。
My sister wants to be a flight **attendant** on international flights.	私の姉は国際線の客室乗務員になりたいと思っている。
There used to be many rich **merchants** in Osaka.	大阪にはかつて裕福な商人がたくさんいた。
My brother is my financial **consultant**.	兄が私の金融コンサルタントです。
Saki is married to a French man, so she has a **spouse** visa to live in France.	サキはフランス人男性と結婚しているので, フランスに住むための配偶者ビザを持っている。
I have three **siblings** and they are all girls.	私は3人のきょうだいがいるが, 全員女の子だ。
Passengers with **infants** or small children can now board the plane.	乳幼児や小さなお子様をお連れのお客様はこれより飛行機に搭乗できます。
He is a direct **descendant** of Oda Nobunaga.	彼は織田信長の直系の子孫だ。
My boss's **predecessor** was much stricter about working hours.	私の上司の前任者は就業時間についてはるかに厳しかった。
He **presumed** (that) he would win the election.	彼は自分が選挙に勝つと想定していた。
Some Japanese people wear masks as a **precaution** against flu.	インフルエンザの予防としてマスクをつけている日本人もいる。
My cousin is now six months **pregnant**.	私のいとこは今妊娠6カ月だ。

STAGE **4**

スペリングに注目して覚える㉞ 「中へ」の意味の en-/em- で始まる動詞

1833 enclose
[ɪnklóuz]

動 ①（封筒に）…を同封する
②（壁などで）…を囲む
関 **close** 動 …を閉じる

enclose a photo
写真を同封する

1834 enroll
[ɪnróul]

動 入学する，登録する
関 **roll** 名 名簿

enroll in a school
学校に入学する

1835 embrace
[ɪmbréɪs]

動 …を抱きしめる
類 **hug** …を抱きしめる

embrace each other
お互いを抱きしめる

embrace の brace は「腕」の意味。 cf. bracelet「ブレスレット」

スペリングに注目して覚える㉟ 「外へ」の意味の out- で始まる語

1836 outgoing
[àʊtgóʊɪŋ]

形 社交的な，外向的な
関 **go out** 外へ出ていく

an **outgoing** personality
社交的な性格

1837 outstanding
[àʊtstǽndɪŋ]

形 傑出した，目立った
関 **stand out** 目立つ（→1096）

an **outstanding** player
傑出した選手

1838 outlook
[áʊtlùk]

名 ①見通し　②見方，考え方
関 **look out** 外を見る

the **outlook** for recovery
回復の見通し

1839 outbreak
[áʊtbrèɪk]

名 発生，勃発
関 **break out** 勃発する

a cholera **outbreak**
コレラの発生

1840 outrage
[áʊtrèɪdʒ]

名 激怒
動 【be -d】激怒する

public **outrage**
民衆の激しい怒り

1841 output
[áʊtpùt]

名 ①生産高
②出力　反 **input** 入力

higher **output**
より高い生産高

スペリングに注目して覚える㊱ 「上から・越えて」の意味の over- で始まる語

1842 overlook
[òʊvərlúk]

動 ①…を見渡す
②…を見落とす

overlook the sea
海を見渡す

1843 overlap
[òʊvərlǽp]

動 一部が重なり合う
※ over（上から）＋lap（重ねる）

overlap with the news
ニュースと一部が重なる

1844 overtime
[óʊvərtàɪm]

副 時間外で，残業で
名 時間外労働，残業

work **overtime**
時間外労働をする

Rosie always **encloses** a photo of her family in her letters.	ロージーはいつも手紙に家族の写真を同封する。
To **enroll in** our school, you need to pay by the end of this month.	当学校に入学するには，今月末までにお支払いただく必要があります。
Family members rarely **embrace** each other in Japan.	日本では家族でお互いを抱きしめることはめったにない。

My sister has an **outgoing** personality.	私の妹は社交的な性格をしている。
He is an **outstanding** tennis player.	彼は傑出したテニス選手だ。
The **outlook** for economic recovery is not good.	景気回復の見通しは良くない。
Many people died in cholera **outbreaks** in medieval Europe.	中世ヨーロッパでは，多くの人々がコレラの発生で亡くなった。
There was public **outrage** over plans to build a new airport.	新しい空港を建設するという計画に対して民衆の激しい怒りが起こった。
Higher **output** is sometimes related to shorter working hours.	より高い生産高はより短い就業時間に関係していることがある。

Our hotel room **overlooked** the sea.	私たちのホテルの部屋から海が見渡せた。
The film **overlaps** with the news, so which shall we watch?	その映画はニュースと一部が重なるから，私たちはどちらを見るべきだろうか。
Many people tend to work **overtime** in Japan.	日本では多くの人々が時間外労働をしがちだ。

STAGE **4**

似ていて紛らわしい語をセットで覚える㉛ 〈意味が似ている〉

1845 □ **flee** [fliː]
㊄ flee-fled-fled
動 逃亡する
㊖ free 形 ①自由な ②無料の
flee abroad
海外に逃亡する

1846 □ **retreat** [ritríːt]
動 後退する，撤退する
retreat from A
Aから撤退する

1847 □ **twist** [twɪst]
動 …を(無理に)ねじる
twist my ankle
足首をひねる

1848 □ **distort** [dɪstɔ́ːrt]
動 (顔・映像など)をゆがめる
⇨ distorted 形 ゆがんだ
distort the image
像をゆがめる

1849 □ **pile** [paɪl]
動【pile up】積み上がる，…を積み上げる
keep **piling up**
積み上がり続ける

1850 □ **accumulate** [əkjúːmjəlèɪt]
動 (…を)蓄積する
snow **accumulates**
雪が積もる

同じジャンルで覚える(123) さまざまな「見る」を意味する語

1851 □ **glance** [glæns]
動 (意図的に)ちらりと見る，(Aに)ざっと目を通す(over A)
glance over an essay
小論文にざっと目を通す

1852 □ **glimpse** [glɪm(p)s]
名 ちらりと見えること
動 (たまたま)ちらりと目にする
catch a **glimpse** of A
Aがちらりと見える

1853 □ **gaze** [geɪz]
動 (Aを)見つめる(at A) 名 凝視
㊫ stare (Aを)じっと見る(at A) (→1169)
gaze at stars
星を見つめる

1854 □ **peer** [pɪər]
動 (見にくいので)じっと見る
名 同等の人，仲間
peer through A
Aを覗き込む

スペリングに注目して覚える㊲ 「保つ」の意味の -tain で終わる動詞

1855 □ **retain** [ritéɪn]
動 ①(物・性質など)を保持する
②…を覚えておく
retain an original feature
原形をとどめる

1856 □ **sustain** [səstéɪn]
動 (活動・生命など)を維持する・支える
⇨ sustainable 形 持続可能な(→1770)
sustain all the people
すべての人々を支える

他に contain (→427) maintain (→1018) obtain (→899) がある。

Many people **fled** abroad during the civil war. ※ civil war 内戦	内戦中に多くの人々が海外に逃亡した。
Napoleon **retreated** from Moscow in 1812.	ナポレオンは1812年にモスクワから撤退した。
I **twisted** my ankle while skiing.	スキーをしているときに私は足首をひねった。
This mirror **distorts** the image.	この鏡は(映った)像をゆがめる。
Work keeps **piling up** on my desk.	私の机には仕事が積み上がり続けている。
Forty centimeters of snow has **accumulated** in Miyagi since last night.	宮城では昨夜から40センチの雪が積もっている。
Can you **glance** over my essay to check for spelling mistakes, please?	スペルミスのチェックのために私の小論文にざっと目を通してくれませんか。
I caught a **glimpse** of the Matterhorn from the train.	列車からマッターホルンがちらりと見えた。
He liked **gazing** at stars, so he wanted to become an astronomer when he grew up.	彼は星を見つめるのが好きで、成長したら天文学者になりたいと思っていた。
The child tried to **peer** through the gap in the fence into the neighbors' garden.	その子どもは塀の隙間から隣の庭を覗き込もうとした。
This old house **retains** many original features such as fireplaces.	たとえば暖炉のような多くのものが、この古い家では原形をとどめている。
Is enough rice grown in Japan to **sustain** all the people living there?	日本ではすべての住民を支えるのに十分な米が栽培されていますか。

同じジャンルで覚える⑭　程度を表す形容詞

1857
adequate
[ǽdɪkwət]

形 十分な，満足な
反 **inadequate** 十分でない，足りない

adequate money
十分なお金

1858
substantial
[səbstǽnʃ(ə)l]

形 ①(数量・規模などが) かなりの
②しっかりとした，丈夫な

a **substantial** amount of A
かなりの量のA

1859
sufficient
[səfíʃ(ə)nt]

形 十分な，足りる
類 **ample** 十分すぎるほどの

sufficient food
十分な食料

1860
moderate
[má(:)d(ə)rət]

形 ①適度の
②穏健な

at a **moderate** pace
適度な速度で

スペリングに注目して覚える㊳　-ing で終わる形容詞

1861
overwhelming
[òʊvər(h)wélmɪŋ]

形 圧倒的な
⇨ **overwhelm** 動 …を圧倒する

an **overwhelming** victory
圧倒的な勝利

1862
disgusting
[dɪsgʌ́stɪŋ]

形 きわめて不快な
⇨ **disgust** 動 …を不快にさせる

a **disgusting** smell
むかむかさせるにおい

1863
fascinating
[fǽsɪnèɪtɪŋ]

形 魅力的な，面白くて引かれる
⇨ **fascinate** 動 …を魅了する

a **fascinating** book
面白くて引かれる本

1864
misleading
[mìslí:dɪŋ]

形 誤解を招きやすい
※ mis「誤って」＋lead (ing)「導く」

misleading information
誤解を招くような情報

同じジャンルで覚える⑫⑤　光と影に関する語

1865
glow
[gloʊ]

動 輝く，光を放つ　名 輝き
※ gl- は「光」を意味する

a firefly **glows**
ホタルが光を放つ

1866
glory
[gló:ri]

名 栄光
⇨ **glorious** 形 輝かしい

gain **glory**
栄光をつかむ

1867
dawn
[dɔ:n]

名 夜明け

before **dawn**
夜明け前に

1868
fade
[feɪd]

動 ①ゆっくりと暗くなる・消え
ていく　②(色が) あせる

the light **fades**
光が消えていく

Some college students do not have **adequate** money or time to eat properly.	ちゃんと食事をとるのに**十分なお金**や時間がない大学生もいる。
My grandfather left me a **substantial** amount of money when he died.	私の祖父は亡くなったときに**かなりの額の**お金を私に残してくれた。
There is not **sufficient** food for everyone in some countries.	いくつかの国では，皆に行きわたるだけの**十分な食料**がない。
I walked for an hour at a **moderate** pace.	私は**適度な速度で**1時間歩いた。

Japan's soccer team won an **overwhelming** victory yesterday.	日本のサッカーチームは昨日**圧倒的な勝利**をおさめた。
Some plants produce **disgusting** smells.	**むかむかさせる**においを発する植物もある。
I read a **fascinating** book about reptiles yesterday.	私は昨日，は虫類に関する**面白くて引かれる本**を読んだ。
Advertisements sometimes contain **misleading** information.	広告には時として**誤解を招くような情報**が含まれている。

Fireflies **glow** in the dark in June. ※ firefly ホタル	6月には暗がりで**ホタルが光を放つ**。
He gained **glory** in the 100-meter dash in the Olympics.	彼はオリンピックの100メートル走で**栄光をつかんだ**。
We climbed the mountain before **dawn** to see the sunrise.	私たちは日の出を見るために**夜明け前に**その山に登った。
After sunset, the light gradually **fades**.	日が暮れて，**光が徐々に消えていく**。

同じジャンルで覚える⑫⑥　ポジティブな意味を持つ形容詞(3)

1869
splendid
[spléndɪd]

形 ①すばらしい
②豪華な

a **splendid** view
すばらしい眺め

1870
marvelous
[má:rv(ə)ləs]

形 すばらしい，驚くほどよい

a **marvelous** time
すばらしい時間

1871
brilliant
[bríljənt]

形 ①すばらしい
②光り輝く

a **brilliant** idea
すばらしいアイデア

1872
intellectual
[ìnt(ə)léktʃu(ə)l] アク

形 知性的な，知性の
⇨ íntellect 图 知性

an **intellectual** debate
知的な議論

同じジャンルで覚える⑫⑦　ネガティブな意味を持つ形容詞(2)

1873
gloomy
[glú:mi]

形 憂鬱な，陰気な

gloomy weather
憂鬱な天気

1874
ignorant
[ígn(ə)r(ə)nt]

形 無知の，物を知らない
⇨ ignóre 動 …を無視する(→676)

appear **ignorant**
無知に見える

1875
awkward
[ɔ́:kwərd]

形 ①気まずい，落ち着かない
②ぎこちない，不器用な

feel **awkward**
落ち着かない気持ちになる

1876
absurd
[əbsə́:rd]

形 ばかげた，不合理な
類 silly (人が)愚かな，(物事が)ばかげた

an **absurd** statement
ばかげた声明

1877
ridiculous
[rɪdíkjələs]

形 ばかげた，滑稽な

look **ridiculous**
滑稽に見える

1878
irrelevant
[ɪréləv(ə)nt]

形 無関係な，重要でない
反 relevant 関係がある，適切な

be **irrelevant** to A
Aとは無関係である

1879
suspicious
[səspíʃəs]

形 ①怪しいと思って　②不審な
⇨ suspicion 图 疑惑

be **suspicious** of A
Aを怪しいと思っている

1880
vulnerable
[vʌ́ln(ə)rəb(ə)l]

形 傷つきやすい，
(病気に)かかりやすい

be **vulnerable** to A
Aにかかりやすい

1881
chaotic
[keɪá(:)tɪk] 発音

形 混乱した，秩序を欠いた
⇨ cháos 图 大混乱，無秩序

my life is **chaotic**
私の生活は混乱している

All the rooms have a **splendid** view of the sea.	すべての部屋から海の**すばらしい眺め**が得られます。
We had a **marvelous** time on our holiday.	私たちは休日に**すばらしい時間**を過ごした。
I've just come up with a **brilliant** idea for a novel.	私は小説の**すばらしいアイデア**をたった今思いついた。
I enjoyed having **intellectual** debates with other students.	私は他の学生との**知的な議論**を楽しんだ。
We often have **gloomy** weather in February here.	ここでは2月は**憂鬱な天気**であることが多い。
I don't want to appear **ignorant**, but who is Einstein?	**無知だと思われ**たくないのですが，アインシュタインとは誰ですか？
I sometimes feel **awkward** when I meet new people.	私は新しい人々に会うとき，**落ち着かない気持ちになる**ことがある。
The politician made several **absurd** statements.	その政治家は**ばかげた声明**をいくつか出した。
Do I look **ridiculous** in this hat?	私はこの帽子をかぶると**滑稽に見えま**すか。
This point is **irrelevant** to the argument in the essay.	この点はその小論文の主張**とは無関係だ**。
I'm always **suspicious** of claims made in advertisements.	私はいつも広告の主張**を怪しいと思っている**。
Young children and the elderly are **vulnerable** to colds.	幼い子どもや老人は風邪**をひきやすい**。
My life is **chaotic** now because I have so many things to do.	すべきことがたくさんありすぎて，今**私の生活は混乱している**。

STAGE 4

同じジャンルで覚える⑱ 人の気持ちや性格を表す形容詞 (2)

1882
☐ **ambitious**
[æmbíʃəs]

形 大志を持った，野心的な
⇨ **ambition** 名 熱望，野心

an **ambitious** man
野心的な男性

1883
☐ **enthusiastic**
[ɪnθjùːziǽstɪk] アク

形 熱中して，熱意のある
⇨ **enthúsiasm** 名 熱意，やる気

be **enthusiastic** about A
Aに熱中している

1884
☐ **sincere**
[sɪnsíər]

形 心からの，誠実な
⇨ **sincerely** 副 心から

a **sincere** apology
心からの謝罪

1885
☐ **rational**
[rǽʃ(ə)n(ə)l]

形 ①理にかなった，合理的な
②理性的な

a **rational** decision
理にかなった決断

1886
☐ **earnest**
[ə́ːrnɪst]

形 熱心な，真剣な

an **earnest** attempt
真剣な試み

引き出し ☐ **in earnest**「熱心に」 ☞ Some students start studying

1887
☐ **obedient**
[oʊbíːdiənt]

形 従順な，忠実な

an **obedient** dog
従順なイヌ

1888
☐ **stubborn**
[stʌ́bərn]

形 頑固な

a **stubborn** child
頑固な子ども

1889
☐ **naive**
[naɪíːv]

形 世間知らずの，
(考えなどが) 浅はかな

a **naive** person
世間知らずな人

同じジャンルで覚える⑲ 物事の様子・状態を表す形容詞 (3)

1890
☐ **compact**
[kəmpǽkt] アク

形 ①(ほめて) 小さくまとまった
②簡潔な

a **compact** city
小さくまとまった都市

1891
☐ **fierce**
[fíərs]

形 ①(行為・競争などが) 激しい
②凶暴な

competition is **fierce**
競争が激しい

1892
☐ **valid**
[vǽlɪd]

形 有効な，効力のある

a **valid** passport
有効なパスポート

1893
☐ **conspicuous**
[kənspíkjuəs]

形 人目を引く，顕著な

a **conspicuous** color
人目を引く色

1894
☐ **subtle**
[sʌ́t(ə)l] 発音

形 微妙な

a **subtle** difference
微妙な違い

An **ambitious** young man started a company, which became world famous.	野心的な若い男性が会社を起こし、その会社は世界的に有名になった。
He is very **enthusiastic** about cycling.	彼はサイクリングにとても熱中している。
Please accept our **sincere** apologies for the long flight delay.	航空便の大幅な遅延を心よりお詫び申し上げます。
My boss always makes a **rational** decision.	私の上司はいつも理にかなった決断をする。
They made an **earnest** attempt to rescue everyone after the landslide.	土砂崩れのあと、彼らは全員を救出しようと真剣に試みた。

in earnest just before the exams. 「試験直前になって熱心に勉強し始める生徒もいる。」

"Hachiko" was well-known as a very **obedient** dog.	「ハチ公」はとても従順なイヌとしてよく知られていた。
My mother says that I was a very **stubborn** child.	私はとても頑固な子どもだったと母は言う。
He is such a **naive** person that he will trust anyone.	彼は非常に世間知らずな人なのでどんな人でも信じてしまうだろう。
York is a **compact** city suitable for sightseeing on foot.	ヨークは徒歩での観光に適した小さくまとまった都市です。
Competition is **fierce** to enter top universities.	一流大学に入るための競争は激しい。
You need to have a **valid** passport to go abroad.	海外に行くには有効なパスポートを持っている必要がある。
My father's car is a very **conspicuous** color. It's purple.	私の父の車はとても人目を引く色をしている。紫だ。
There is only a **subtle** difference in taste between the two drinks.	その2つの飲み物には微妙な味の違いしかない。

STAGE 4

347

反対の意味を持つ語をセットで覚える⑧ 〈形容詞〉

1895
☐ **optimistic**
[à(:)ptɪmístɪk]
形 楽観的な
⇨ **óptimist** 名 楽天家
be **optimistic** about A
Aに関して楽観的である

1896
☐ **pessimistic**
[pèsəmístɪk]
形 悲観的な
⇨ **péssimist** 名 悲観論者
sound **pessimistic**
悲観的に聞こえる

1897
☐ **objective**
[əbdʒéktɪv]
形 客観的な
名 目標
an **objective** analysis
客観的な分析

1898
☐ **subjective**
[səbdʒéktɪv]
形 主観的な
a **subjective** opinion
主観的な意見

1899
☐ **temporary**
[témpərèri]
形 一時的な，仮の
a **temporary** house
仮設住宅

1900
☐ **permanent**
[pə́:rm(ə)nənt]
形 永久的な，ずっと続く
a **permanent** job
永久的な職［定職］

1901
☐ **superior**
[supíəriər]
形 （Aより）優れた(to A)
be **superior** to A
Aより優れている

1902
☐ **inferior**
[ɪnfíəriər]
形 （Aより）劣った(to A)
be **inferior** to A
Aより劣っている

1903
☐ **bold**
[boʊld]
形 大胆な
make a **bold** attempt
大胆な挑戦をする

1904
☐ **cautious**
[kɔ́:ʃəs]
形 用心深い
⇨ **caution** 名 用心，警戒
a **cautious** driver
用心深いドライバー

1905
☐ **profound**
[prəfáʊnd]
形 （考え・思考などが）深い，
（影響などが）重大な
a **profound** impression
深い感銘

1906
☐ **superficial**
[sù:pərfíʃ(ə)l]
形 表面の，表面的な
superficial knowledge
表面的な知識

My sister is very **optimistic** about her future.	姉は自分の将来に関してとても**楽観的だ**。
My son sounded very **pessimistic** when he talked about the exam results.	息子が試験の結果について話したとき，とても**悲観的に聞こえた**。
An **objective** analysis is necessary in academic papers.	学術論文には**客観的な分析**が必要だ。
The comment in the newspaper about the book is a **subjective** opinion.	その本に関する新聞の論評は**主観的な意見**である。
One thousand **temporary** houses were built after the earthquake.	地震のあとに1,000軒の**仮設住宅**が建てられた。
She has been looking for a **permanent** job for a year.	彼女は1年もの間**定職**を探している。
This new computer is much **superior** to the previous model.	この新しいコンピューターは前のモデル**より**ずっと**優れている**。
Second-hand cars are not necessarily **inferior** to new ones.	中古車は必ずしも新車**より劣っている**わけではない。
He made a **bold** attempt to break the record in the 100-meter dash, but failed.	彼は100メートル走の記録を破るという**大胆な挑戦をした**が，失敗した。
Tom is a **cautious** driver even though he is young.	トムは若いが**用心深いドライバー**だ。
The book made a **profound** impression on me.	その本は私に**深い感銘**を与えた。
I had only **superficial** knowledge about Irish culture before I went there.	私はアイルランドに行く前，その文化について**表面的な知識**しか持っていなかった。

STAGE **4**

同じジャンルで覚える⑬　人の性格や様子を表す形容詞(2)

1907	reluctant [rilʌ́kt(ə)nt]	形 気が進まない，しぶしぶの ⊗ willing いとわない(→1109)	be reluctant to do ～したがらない
1908	desperate [désp(ə)rət]	形 ①絶望した ②必死の	become desperate 絶望的な気持ちになる
1909	indifferent [ɪndíf(ə)r(ə)nt]	形 無関心で	be indifferent to A Aに無関心である
1910	anonymous [əná(:)nɪməs]	形 匿名の	remain anonymous 匿名のままである
1911	greedy [gríːdi]	形 貪欲な ⇨ greed 图 欲深さ	a greedy man 貪欲な男
1912	furious [fjúəriəs]	形 激怒した，怒り狂った ⇨ fury 图 激怒	be furious to do ～して激怒している
1913	cruel [krú(:)əl]	形 残酷な	be cruel to do ～するのは残酷だ
1914	skillful [skílf(ə)l]	形 熟練した，上手な ⇨ skill 图 技術，能力(→698)	a skillful driver 熟練ドライバー
1915	punctual [pʌ́ŋ(k)tʃu(ə)l]	形 時間に正確な	be always punctual for A 常にAの時間に正確だ

似ていて紛らわしい語をセットで覚える㉜　〈形が似ている〉

1916	industrial [ɪndʌ́striəl]	形 産業の，工業の	an industrial city 工業都市
1917	industrious [ɪndʌ́striəs]	形 勤勉な，よく働く ⇨ industriously 副 勤勉に	an industrious student 勤勉な学生
1918	intense [ɪnténs]	形 ①(熱・光などが)強烈な ②(感情・行動などが)激しい	intense heat 強烈な熱さ
1919	intensive [ɪnténsɪv]	形 集中的な，徹底的な	an intensive course 集中講座

The child was **reluctant** to practice the piano.	その子どもはピアノの練習をしたがらなかった。
The climbers became **desperate** because of the terrible weather.	ひどい天気のせいで登山者たちは絶望的な気持ちになった。
It is often said that many young people are **indifferent** to politics.	多くの若者は政治に無関心だとよく言われる。
The writer wishes to remain **anonymous**.	その著者は匿名のままでいることを望んでいる。
The **greedy** man plays a very important role in the story.	その貪欲な男は物語の中でとても重要な役割をになっている。
She was **furious** to find her car damaged.	彼女は自分の車が傷ついているのを見つけて激怒していた。
It is considered to be **cruel** to eat live fish in some countries.	国によっては，生きた魚を食べるのは残酷だと考えられている。
The **skillful** driver managed to avoid crashing the bus on the icy road.	その熟練ドライバーは凍結した道路でバスに衝突するのを辛うじて回避した。
He is always **punctual** for appointments.	彼は常に約束の時間に正確だ。

| STAGE **4** |

Manchester in the UK is an **industrial** city.	イギリスのマンチェスターは工業都市である。
James is an **industrious** student.	ジェームズは勤勉な学生である。
Some bacteria can survive even in **intense** heat.	強烈な熱さの中でも生き抜くことができるバクテリアもある。
Before I became a farmer, I took an **intensive** course in agriculture.	農場経営者になる前に，私は農業の集中講座を受講した。

コロケーションで覚える㊲

1920 communicative
[kəmjúːnəkèɪtɪv]
形 ①コミュニケーションの
②話好きの，話のうまい

communicative competence
コミュニケーション能力

1921 competence
[ká(ː)mpət(ə)ns]
名 能力，力量
⇨ **competent** 形 有能な
⇨ **compéte** 動 競争する (→857)

1922 modify
[má(ː)dɪfàɪ]
動 ①(語句)を修飾する
②…を修正する

modify a noun
名詞を修飾する

1923 noun
[naʊn]
名 名詞
関 **pronoun** 名 代名詞

引き出し 【品詞】 □verb 「動詞」 □adjective 「形容詞」

1924 controversial
[kà(ː)ntrəvə́ːrʃ(ə)l]
形 論争を呼ぶ，議論の余地のある
⇨ **controversy** 名 論争，議論

a controversial remark
物議を呼ぶ発言

1925 remark
[rɪmáːrk]
名 感想，発言

1926 subscribe
[səbskráɪb]
動 (Aを)定期購読する (to A)
⇨ **subscription** 名 定期購読

subscribe to a journal
専門誌を定期購読する

1927 journal
[dʒə́ːrn(ə)l]
名 専門誌，ジャーナル

スペリングに注目して覚える㊴ -ing で終わる前置詞

1928 concerning
[kənsə́ːrnɪŋ]
前 …に関して

Concerning languages
言語に関して

1929 regarding
[rɪgáːrdɪŋ]
前 …に関して

Regarding class size
クラスの大きさに関して

1930 considering
[kənsíd(ə)rɪŋ]
前 …を考慮すれば
⊜ **given**

Considering the price
値段を考慮すれば

すべて分詞構文から発生した語で，分詞構文として捉えることもできる。
なお considering は considering S+V の形も可能で，その場合は接続詞。

Communicative **competence** is now thought to be more important than ever before.	今日では, **コミュニケーション能力**は従来にも増して重要だと考えられている。
The word "beautiful" can **modify** a **noun**, such as "flowers" or "music."	"beautiful" という単語は, "flowers" や "music" のような**名詞を修飾する**ことができる。

□ adverb「副詞」 □ preposition「前置詞」 □ conjunction「接続詞」 □ article「冠詞」

The politician always makes **controversial remarks**.	その政治家はいつも**物議を呼ぶ発言**をする。
University teachers usually **subscribe to** academic **journals**.	大学の教師はたいてい学術**専門誌を定期購読している**。
Concerning foreign languages, we can study Korean and Chinese at our school.	外国**語に関しては**, 私たちの学校では韓国語と中国語が学べる。
Regarding class size, each class has about 40 students in Japan.	**クラスの大きさに関しては**, 日本では各クラス40人ほどだ。
Considering the price, this coffee is not very good.	**値段を考慮すれば**, このコーヒーはいまひとつだ。

同じジャンルで覚える⑬ 言語に関する形容詞

1931 □ **verbal** [və́:rb(ə)l]	形 ①言葉の ②口頭の ⊠ **nonverbal** 言葉によらない	**verbal** communication 言語コミュニケーション
1932 □ **oral** [ɔ́:r(ə)l]	形 ①口頭での ②口に関する ⊕ **aural** [同音] 形 聴覚の	an **oral** exam 口頭試験
1933 □ **simultaneous** [sàɪm(ə)ltéɪnɪəs] 発音	形 同時の，同時に起こる	a **simultaneous** interpreter 同時通訳者
1934 □ **colloquial** [kəlóʊkwiəl] 発音	形 口語の，日常会話の	a **colloquial** expression 口語表現
1935 □ **ironic** [aɪ(ə)rɑ́(:)nɪk]	形 皮肉な，反語的な ⇨ **irony** 名 皮肉，反語	it is **ironic** that ... …とは皮肉だ

ironic は ironical とつづられる場合もある（意味は同じ）。

似ていて紛らわしい語をセットで覚える㉝ 〈意味や形が似ている〉

| 1936 □ **old-fashioned** [òʊl(d)fǽʃ(ə)nd] | 形 時代遅れの，古風な | an **old-fashioned** word
古風な言葉 |
| 1937 □ **outdated** [aʊtdéɪtɪd] | 形 時代遅れの | become **outdated**
時代遅れになる |

old-fashioned は肯定的な意味で用いられることもあるが（「古風な，昔懐かしい」などの意），outdated は常に否定的な意味で用いられ，「（時代遅れで）今は使用しない［できない］」の意味を含む。

1938 □ **dramatic** [drəmǽtɪk] アク	形 ①劇的な，急激な ②演劇の ⇨ **dramatically** 副 劇的に，急激に	a **dramatic** change 劇的な変化
1939 □ **drastic** [drǽstɪk]	形 抜本的な，急激な ⇨ **drastically** 副 大幅に	a **drastic** change 抜本的な改革
1940 □ **literary** [lítərèri]	形 ①文学の ②文語の	a **literary** work 文学作品
1941 □ **literal** [lít(ə)r(ə)l]	形 文字通りの，逐語的な ⇨ **literally** 副 文字通りに	a **literal** translation 文字通りの訳［逐語訳］

One example of **verbal** communication is speaking.	<u>言語コミュニケーション</u>の一例は話すことである。
I have to take <u>an</u> **oral** <u>exam</u> in English.	私は英語の<u>口頭試験</u>を受けなければならない。
Elena studied very hard to become <u>a</u> **simultaneous** interpreter.	エレーナは<u>同時通訳者</u>になるために大変熱心に勉強した。
You cannot use **colloquial** expressions in a formal speech.	改まったスピーチでは<u>口語表現</u>を使ってはいけません。
<u>It's</u> **ironic** <u>that</u> I have free time now, but no money to go anywhere.	私は今自由な時間があるが，どこにいくお金もない<u>とは**皮肉**</u>だ。

There are many **old-fashioned** words used in his novel.	彼の小説には<u>**古風な**言葉</u>が多く使われている。
Computer software quickly <u>becomes</u> **outdated**.	コンピューターのソフトウェアはすぐに<u>**時代遅れ**になる</u>。
After twenty years, I saw <u>a</u> **dramatic** <u>change</u> in his appearance.	20年後，私は彼の容姿に<u>**劇的な変化**</u>を見た。
Drastic changes will be made in the company's policies.	その会社の方針において，<u>**抜本的な改革**</u>がなされるだろう。
Many European **literary** works have been translated into Japanese.	多くのヨーロッパの<u>**文学作品**</u>が日本語に訳されてきた。
Literal translations of jokes often don't make much sense.	ジョークの<u>**逐語訳**</u>はあまり意味をなさないことが多い。

同じジャンルで覚える⑬　言語に関する名詞

1942 ☐ **tone** [toun]	名 ①口調, 話し方 ②(楽器などの) 音色	an aggressive **tone** of voice 攻撃的な<u>口調</u>
1943 ☐ **usage** [júːsɪdʒ]	名 ①語法, 慣用法 ②(物の) 使用(法)	modern English **usage** 現代英語の<u>語法</u>
1944 ☐ **gesture** [dʒéstʃər]	名 身ぶり, 意思表示	use **gestures** <u>身ぶり</u>を使う
1945 ☐ **tongue** [tʌŋ] 発音	名 ①言語 ②舌	*one's* mother **tongue** 母<u>語</u>
1946 ☐ **context** [ká(ː)ntekst]	名 ①文脈　②背景, 状況 ※①②とも何かの「前後関係」ということ	depend on the **context** <u>文脈</u>によって決まる
1947 ☐ **accent** [ǽksent]	名 ①(発音上の) なまり ②強勢, アクセント	Scottish **accents** スコットランド<u>なまり</u>
1948 ☐ **dialect** [dá(ɪ)əlèkt]	名 方言, …弁	different **dialects** 異なる<u>方言</u>
1949 ☐ **slang** [slæŋ]	名 俗語, スラング ※総称的に用いる	young people use **slang** 若者は<u>スラング</u>を使う

> slang はとてもくだけた会話に用いる語や表現。特に若者が多く使用する傾向が見られ, 異世代には理解できないものも多い。また slang は「俗語」の総称であり個々を意味するのではないので, × a slang とは言わない。

同じジャンルで覚える⑬　「一致」の意味を持つ名詞

1950 ☐ **counterpart** [káuntərpàːrt]	名 一致, 相当する物[人]	A is the **counterpart** of B AはBに<u>相当する</u>
1951 ☐ **coincidence** [kouínsɪd(ə)ns]	名 偶然の一致	it is a **coincidence** that … …は<u>偶然の一致</u>である
1952 ☐ **consensus** [kənsénsəs]	名 意見の一致, 合意	reach a **consensus** <u>意見の一致</u>に至る

His <u>aggressive</u> **tone** <u>of voice</u> showed that he was really angry.	彼の<u>攻撃的な**口**調</u>から，彼が本当に怒っているのがわかった。
The <u>modern English</u> **usage** of some words is different from their original meaning.	元の意味とは異なる<u>現代英語の**語法**</u>を持つ語もある。
It is important to <u>use</u> **gestures** when you make a speech.	スピーチをする際に<u>**身ぶり**を使う</u>のは大切である。
<u>His mother</u> **tongue** is not French, but he speaks very good French.	<u>彼の**母語**</u>はフランス語ではないが，彼はとても上手にフランス語を話す。
The meaning of a word <u>depends on the</u> **context**.	単語の意味は**文脈**<u>によって決まる</u>。
Some people find that <u>Scottish</u> **accents** are very difficult to catch.	<u>スコットランド**なまり**</u>はとても聞き取りにくいと思う人もいる。
Many languages have <u>different</u> **dialects** in different areas.	多くの言語には地方によって<u>異なる**方言**</u>がある。
<u>Young people</u> tend to <u>use</u> more **slang** when they talk with their friends.	<u>若者</u>は友人と話すときにより多く<u>**スラング**を使う</u>傾向がある。

"Cookie" in America <u>is the</u> **counterpart** <u>of</u> "biscuit" in Britain.	アメリカの "cookie" はイギリスの "biscuit" <u>に**相当する**</u>。
<u>It was a</u> **coincidence** <u>that</u> she chose the same university as I did.	彼女が私と同じ大学を選んだの<u>は**偶然の一致**</u>だった。
The committee needed to <u>reach a</u> **consensus** on how to spend the money.	委員会はお金の使い方について**意見の一致**<u>に至る</u>必要があった。

同じジャンルで覚える⑭ 主張・推量に関する語

1953	**convey** [kənvéi]	動 …を伝える	**convey** ideas clearly 明確に考え**を伝える**
1954	**contend** [kənténd]	動 ①…を強く主張する ②(Aと)戦う(with A)	**contend** (that) ... …**と強く主張する**
1955	**assert** [əsə́ːrt]	動 …を強く主張する ⇨ **assertion** 名 主張, 断言	**assert** one's innocence 無実**を強く主張する**
1956	**infer** [infə́ːr]	動 …を推量する, …を推測する	**infer** the meaning 意味**を推測する**
1957	**assume** [əsjúːm]	動 (根拠なく)当然…だと思う, …と仮定する ※フォーマル ⇨ **assumption** 名 仮定	**assume** (that) ... 当然…**だと思う**

同じジャンルで覚える⑬ 執筆・編集に関する語

1958	**draft** [dræft]	名 下書き, 草案 動 …の下書きを書く	the first **draft** 最初の**草稿**
1959	**edit** [édɪt]	動 (文書・映画など)を編集する, …を校閲する ⇨ **editor** 名 編集者	**edit** a paper 論文**を編集する**
1960	**compile** [kəmpáɪl]	動 (辞書・データなど)を編集する, …を編さんする	**compile** a dictionary 辞書**を編さんする**

スペリングに注目して覚える㊵ 「～間に立つ」の意味の inter- で始まる語

1961	**intermediate** [intərmíːdiət] アク	形 中級の, 中間の ® **introductory** 形 入門の	an **intermediate** course **中級**コース
1962	**interact** [int(ə)rǽkt]	動 交流する, 意思疎通する ⇨ **interaction** 名 交流, やりとり ⇨ **interactive** 形 相互に作用する, 対話型の	**interact** face to face 直接会って**交流する**
1963	**interfere** [intərfíər] アク	動 ①(Aを)妨げる(with A) ②干渉する	**interfere** with one's work 仕事を**妨げる**

interfere with ... の目的語は物事であり人は取らないので注意(× Don't interfere with me. は不可)。

When people state their opinions, they should try to **convey** ideas clearly.	意見を述べるときは，明確に考えを伝えるように努めるべきである。
The theory **contends** (that) people are able to learn best when young.	その説は，人は若いときに最もよく学べると強く主張している。
The prisoner continued to **assert** his innocence.	その囚人は無実を強く主張し続けた。
Try to **infer** the meaning of these new words.	これらの新しい単語の意味を推測してみなさい。
I **assume** (that) what he said is true.	当然彼の言うことは正しいと思う。

Have you written the first **draft** of your essay yet?	もう小論文の最初の草稿を書きましたか。
Her job is to **edit** academic papers on linguistics.	彼女の仕事は言語学の学術論文を編集することだ。
How long does it take to **compile** a dictionary?	辞書を編さんするにはどれくらい時間がかかりますか。

I am taking an **intermediate** course in French.	私はフランス語の中級コースを取っています。
Younger people **interact** face to face much less nowadays.	最近では若い人々が直接会って交流することはぐっと減っている。
Many phone calls of complaint **interfered** with their work.	多くの苦情の電話が彼らの仕事を妨げた。

同じジャンルで覚える⑬⑥　文学・演劇に関する語

1964 ☐ **comedy** [ká(:)mədi]	名 喜劇，コメディー	a **comedy** movie コメディー映画
1965 ☐ **tragedy** [trǽdʒədi]	名 悲劇，惨事 ⇨ **tragic** 形 悲惨な，悲劇の	a famous **tragedy** 有名な悲劇
1966 ☐ **chapter** [tʃǽptər]	名 (書物などの)章 ⑭ **section** 名 節　※「章」の下位区分	the second **chapter** 第2章
1967 ☐ **biography** [baɪá(:)grəfi] アク	名 伝記 ⑭ **autobiography** 名 自叙伝，自伝	a **biography** of Edison エジソンの伝記
1968 ☐ **fairy** [féəri]	名 妖精	a **fairy** tale 妖精物語 [おとぎ話]
1969 ☐ **fantasy** [fǽntəsi]	名 空想，ファンタジー	a **fantasy** world 空想世界
1970 ☐ **proverb** [prá(:)vərb]	名 ことわざ ⑯ **saying** (→1195)	a Japanese **proverb** 日本語のことわざ

似ていて紛らわしい語をセットで覚える㉞　〈意味が似ている〉

1971 ☐ **comprehend** [kà(:)mprɪhénd] アク	動 …を理解する ⇨ **comprehension** 名 理解(力) ⇨ **comprehensive** 形 包括的な	difficult to **comprehend** A Aを理解するのが困難で
1972 ☐ **grasp** [grǽsp]	動 …を把握する，…をつかむ	**grasp** the meaning 意味を把握する
1973 ☐ **seize** [síːz] 発音	動 …をつかむ，…をつかみ取る	**seize** power 権力をつかみ取る
1974 ☐ **grab** [grǽb]	動 …を(不意に)つかむ ※「理解する」の意味はない ⑭ **grip** …を握る，…をつかむ	**grab** one's hand 手をつかむ
1975 ☐ **rumor** [rúːmər]	名 うわさ	believe a **rumor** うわさを信じる
1976 ☐ **reputation** [rèpjətéɪʃ(ə)n]	名 評判	have a good **reputation** 評判が良い

Charlie Chaplin was a famous **comedy** movie actor.	チャーリー・チャップリンは有名な**コメディー映画**俳優だった。
Shakespeare's *Hamlet* is one of the most famous **tragedies**.	シェイクスピアの『ハムレット』は最も有名な悲劇のひとつである。
The second **chapter** of the book is very interesting.	その本の第2章はとても面白い。
After reading a **biography** of Edison, I wanted to invent something.	エジソンの伝記を読んだあと，私は何かを発明してみたいと思った。
My favorite **fairy** tale is *Sleeping Beauty*.	私の大好きなおとぎ話は『眠れる森の美女』です。
The story takes children to a **fantasy** world.	その物語は子どもたちを空想世界へいざなう。
Many Japanese **proverbs** came from China.	多くの日本語のことわざは中国から来た。

It is difficult to **comprehend** the size of the universe.	宇宙の大きさを理解するのは困難だ。
I can't always **grasp** the meaning of what my teacher says.	私はいつも先生の言うことの意味を把握できるわけではない。
After the battle, the invaders **seized** power.	戦いのあと，侵略者たちは権力をつかみ取った。
He **grabbed** my hand to stop me from falling.	私が転ぶのを防ぐために彼は私の手をつかんだ。
Do not believe **rumors**, particularly those on the Internet.	うわさ，特にインターネット上のものを信じてはいけない。
My dentist has a very good **reputation**.	私の歯医者はとても評判が良い。

〈be＋前置詞＋名詞〉の形を含む表現（1）

1977
☐ **be at a loss**　　途方にくれている，困っている

1978
☐ **be in fashion**　　流行している
　　　　　　　　　　　　⊗ **be out of fashion**　時代遅れである

1979
☐ **be in charge**（**of** A）　（Aを）任されている・担当している
　　　　　　　　　　　　⇨ **charge** 图 （サービスに対する）料金　動 （料金）を請求する（→174）

1980
☐ **be in demand**　　需要がある
　　　　　　　　　　　　⇨ **demand** 動 …を要求する　图 需要，要求（→370）

　　　　　　　　be in short supply「供給が不足している」などの表現もある。

1981
☐ **be in favor of** A　　Aに賛成している　　※Aに動名詞がくることも多い
　　　　　　　　　　　　⇨ **favor** 图 ①親切な行為，手助け　②賛成，支持

1982
☐ **be in season**　　（野菜・果物が）旬である

1983
☐ **be in trouble**　　困った状況にある
　　　　　　　　　　　　⇨ **trouble** 图 困ること，苦労

　　　　　　　ここでの in は「…の状態で」を表し，be in ... の基本的な意味は「…の状態にある・置かれている」となる。他に，be in danger「危険な状態にある」，be in the red [black]「赤字［黒字］の状態にある」などがある。

反対の意味の表現（2）

1984
☐ **in public**　　人前で，公然と
　　　　　　　　　　⇨ **public** 形 公共の，公の（→1014）

1985
☐ **in private**　　人のいないところで，内密に
　　　　　　　　　　⇨ **private** 形 私的な，個人的な（→458）

1986
☐ **in theory**　　理論的には，理屈の上では
　　　　　　　　　　⇨ **theory** 图 理論，学説（→718）

1987
☐ **in practice**　　実際には，実際問題として
　　　　　　　　　　⇨ **practice** 動 …を練習する　图 ①（反復）練習　②実践（→351）

He **was** **at a** **loss** what to say when he heard the sad news.	その悲しい知らせを聞いたとき，彼は何と言っていいか**途方にくれた**。
Loose jeans **are** **in** **fashion** at the moment.	ゆったりとしたジーンズが今**流行している**。
I**'m** **in** **charge** **of** the team today because the captain is injured.	キャプテンがけがをしているので，今日は私がチーム**を任されている**。
Environmentally friendly cars **are in** great **demand** now.	今，環境に優しい車はとても**需要がある**。

☞ Butter **is in short supply** now. 「現在バターの供給が不足している。」

The research showed many teachers **were** **in** **favor** **of** smaller classes.	その調査で多くの先生がより少人数のクラス**に賛成している**ことが示された。
My mother likes to buy fruit and vegetables that **are** **in** **season**.	母は**旬の**果物や野菜を買うのが好きだ。
If you **are** **in** **trouble**, you must talk to someone.	もしあなたが**困っている**なら，誰かに話すべきだ。

STAGE **4**

Many people feel nervous when they make a speech **in** **public**.	**人前で**スピーチをするとき多くの人は緊張する。
Could we talk about the business **in** **private**?	**人のいないところで**仕事の話をすることはできるでしょうか。
The educational reform sounds good **in** **theory**, but will it work?	教育改革は**理屈の上では**聞こえが良いが，機能するだろうか。
I think junk food is not good, but **in** **practice**, I often eat it.	私はジャンクフードは良くないと思っているが，**実際は**よく食べている。

比較を用いた表現（2）

1988
☐ **more often than not**　よく，しばしば　※10回のうち5回以上

1989
☐ **most of all**　なによりも，とりわけ

1990
☐ **for the most part**　①大部分は
②ほとんどの場合は

1991
☐ **as far as** A **is concerned**　Aについて言えば
⇨ **concern** 图 懸念，関心事　動 …を心配させる（→1320）

1992
☐ **no more than** A　わずかA（数量），Aだけ（= only）

1993
☐ **no less than** A　A（数量）ほど多くの，A（数量）もの
圏 **as many[much] as** A

1994
☐ **no better than** A　Aも同然である，Aと同じくらいひどい

1995
☐ **know better than to** *do*　～するほどばかではない

with で終わる3語以上の句動詞

1996
☐ **do away with** A　Aを廃止する

1997
☐ **find fault with** A　Aの欠点を探す，Aにけちをつける
⇨ **fault** 图 ①（過失などの）責任　②欠点，過ち（→141）

1998
☐ **put up with** A　Aを我慢する，Aに耐える

1999
☐ **keep in touch with** A　Aと連絡を保つ

2000
☐ **get along with** A　Aとうまくやっている，Aと仲良くやっていく

More often than not I go to bed after midnight.	私は午前０時を過ぎて寝ることが**よく**ある。
Tom likes winter sports, but **most of all** he likes snowboarding.	トムはウィンタースポーツが好きだが，**とりわけ**スノーボードが好きだ。
Jess got bored toward the end of the party, but **for the most part** she enjoyed herself.	ジェスはパーティーの終わり頃に退屈してきたが，**大部分は**楽しんだ。
As far as I'm concerned, the plan is OK, but ask Yuki, too.	**私について言えば**，その計画でいいのですが，由紀にも聞いてください。
No more than 5% can pass the exam.	**わずか**５％**しか**その試験に合格できない。
It cost **no less than** 10,000 yen to repair my phone.	私の電話を修理するのに10,000円**もの**費用がかかった。
This year's exam results were **no better than** last year's.	今年の試験結果は去年**と同じくらいひどかった**。
I **know better than to believe** the rumor about him.	私は彼についてのそんなうわさ**を信じるほどばかではない**。
The new principal wants to **do away with** our school uniforms.	新しい校長先生は私たちの学校の制服**を廃止し**たがっている。
My boss always **finds fault with** my work.	私の上司はいつも私の仕事**にけちをつける**。
How can you **put up with** his bad temper? I would leave him.	よく彼の短気**を我慢する**ことができるわね。私なら別れるわ。
It is important to **keep in touch with** your high school friends when you go to college.	大学に行ったら高校の友達**と連絡を保つ**ことは大切だ。
Chris does not **get along with** his roommates.	クリスは彼のルームメイト**とうまくいって**ない。

3語以上で1つの前置詞として働く語句（句前置詞）

2001
□ **in terms of** A

Aの点では，Aの観点から
⇨ **term** 图 ①(専門)用語　②(学校の)学期(→403)

2002
□ **at the risk of** A

A(すること)を覚悟して(doing)，Aの危険を冒して
圞 **at the cost of** A　Aを犠牲にして

at the risk of A のAには動名詞をとることが多く，「～することを覚悟して」の意味でよく使われる。

2003
□ **at the sight of** A

Aを見て
⇨ **sight** 图 ①光景　②視力

2004
□ **for the sake of** A

Aの(目的・利益の)ために　※フォーマル
圄 **for** *one's* **sake**

2005
□ **on behalf of** A

Aを代表して

2006
□ **on account of** A

Aが理由で　※フォーマル
圞 **due to** A　Aのせいで，Aのおかげで(→2023)
圞 **because of** A　Aが原因で，Aのせいで(→557)

2007
□ **with regard to** A

Aに関しては　※フォーマル

「反対・逆」の意味を持つ表現

2008
□ **back to front**

前後逆に，後ろ前に
圄 **backward** (→430)

2009
□ **inside out**

裏返しに

2010
□ **upside down**

さかさまに，ひっくり返って

2011
□ **the other way around**

逆に，反対に
※ around の代わりに round も用いられる

the other way around は何かが逆になった状態を表す際によく使う便利な表現。服を前後逆または裏返しに着ている場合にも使用できる。

Professor Tanaka talked about agriculture **in terms of** food safety.	田中教授は食品の安全性**の観点から**農業について話した。
Noguchi Hideyo continued to work in Africa **at the risk of** catching a disease.	野口英世は病気にかかること**を覚悟して**アフリカで働き続けた。
Some people feel sick **at the sight of** blood.	血**を見て**気分が悪くなる人もいる。
He needs to sleep more **for the sake of** his health.	健康**のために**彼はもっと睡眠をとる必要がある。
I made a speech **on behalf of** my company.	会社**を代表して**私はスピーチをした。
On account of global warming, sea levels are rising.	地球温暖化**が理由で**，海面が上昇している。
With regard to the age limit for voting, it is 18 in Japan.	選挙の年齢制限**に関しては**，日本では18歳だ。
I put on my T-shirt **back to front**, but I noticed it right away.	私はTシャツを**前後逆に**着たが，すぐにそれに気づいた。
I often wear my socks **inside out** by mistake.	私はよく間違って靴下を**裏返しに**はいている。
Tom wrote his message **upside down** on my birthday card.	トムは私の誕生日カードにメッセージを**さかさまに**書いていた。
I thought Brazil would beat Japan, but the result was **the other way around**.	私はブラジルが日本に勝つと思ったが，結果は**逆**だった。

☞ You should put it on **the other way around**.
「（服が後ろ前［裏返し］ですから）逆に着たほうがいいですよ。」

〈be＋形容詞＋前置詞〉の表現（3）

2012
☐ **be true of** A   Aに当てはまる

2013
☐ **be independent of** A   Aから自立している，Aから独立している

反 **be dependent on** A   Aに頼っている

> be independent of A は「自立[独立]して離れる」ことを意味するので前置詞は「分離」の意味の of を用いる。一方 be dependent on A は頼る対象に「くっつく」ことを意味するので前置詞は「接触」の意味の on。

2014
☐ **be particular about** A   Aにうるさい，Aにこだわる

⇨ particular 形 特定の

2015
☐ **be anxious about** A   Aを心配している

奥 **be anxious to** *do*   ～することを切望している

独立不定詞

2016
☐ **needless to say**   言うまでもなく

同 it goes without saying that ...

2017
☐ **to make a long story short**   手短に言うと，早い話が   同 in short（→1148）

※ make の代わりに cut を使うこともある

2018
☐ **to begin with**   まず初めに，第一に

同 to start with / in the first place（→1736）

2019
☐ **to be sure**   確かに

※後ろに but を伴うことが多い

2020
☐ **to be honest（with you）**   正直に言うと

類 to tell the truth   実を言うと

2021
☐ **to be frank（with you）**   率直に言うと

2022
☐ **to make matters worse**   さらに悪いことに

同 what is worse

Having three angles **is true of** all triangles.	3つの角があるということはすべての三角形**に当てはまる**。
Joe took a job away from home to **be independent of** his parents.	ジョーは両親**から自立する**ために家から離れて仕事に就いた。

The new teacher is said to **be** very **particular about** grammar.	新しい先生はとても文法**にうるさい**と言われている。
I**'m anxious about** the job interview next week.	私は来週の就職面接**を心配している**。

Needless to say, I'll be glad when the exams are over.	**言うまでもなく**，私は試験が終わるとうれしい。
I talked with Emma, and **to make a long story short**, she changed jobs.	エマと話したんだけど，**手短に言うと**，彼女は転職したんだ。
To begin with, I'd like to welcome you all here today.	**まず初めに**，今日この場にいる皆さまを歓迎したいと思います。
It was very difficult, **to be sure**, but we eventually finished the work.	**確かに**それはとても難しかったが，私たちはついにその仕事を終えた。
To be honest, I would rather have a pizza.	**正直に言うと**，どちらかといえばピザが食べたい。
To be frank, I thought the meeting was a waste of time.	**率直に言うと**，その会議は時間のむだだと思った。
I missed the bus. **To make matters worse**, it started to rain.	私はバスに乗り遅れた。**さらに悪いことに**，雨が降り出した。

似た意味の表現（4）

2023
□ **due to** A　　　Aのせいで，Aのおかげで　※フォーマル

2024
□ **owing to** A　　　Aが原因で，Aのために　※フォーマル

> due to A，owing to A，いずれもフォーマルで，日常会話では because of A（→557）が好まれる。

2025
□ **in general**　　　一般的に
　　🔊 **generally**

2026
□ **by and large**　　　全体的に，概して
　　🔊 **on the whole**（→1439）

> in general はフォーマルで会話では generally が好まれる。

2027
□ **make up for** A　　　Aの埋め合わせをする，Aを償う

2028
□ **compensate for** A　　　Aの埋め合わせをする，Aを償う　※フォーマル

> make up for A はインフォーマルで会話でも用いられる。一方 compensate for A はフォーマルな表現。

2029
□ **without fail**　　　必ず，確実に

2030
□ **no doubt**　　　疑いなく，確かに，きっと
　　⇨ **doubt** 動 ①…を疑う　②…ではないと思う 名 疑い（→627）

> without fail は「必ず行う[起こる]」ことに用いる。一方 no doubt は「きっと～するだろう」と考えを述べる際に用いる。

2031
□ **turn out (to be)** C　　　…だとわかる

2032
□ **prove (to be)** C　　　…だとわかる　※フォーマル
　　⇨ **prove** 動 …を証明する（→727）

> turn out (to be) C はインフォーマルで会話でもよく用いられる。一方 prove (to be) C はフォーマルな表現。

Many trains were delayed **due to** the bad weather.	悪天候**のせいで**たくさんの電車が遅れた。
Many flights were canceled **owing to** the strong winds.	強風**が原因で**たくさんの航空便がキャンセルになった。
In general, people like food that is salty.	**一般的に**，人は塩味の食べ物が好きだ。
By and large, children learn new things quicker than adults.	**概して**，子どもは大人よりも新しいことを習得するのが速い。
I need to **make up for** the classes I missed because of the flu.	インフルエンザで欠席した授業**の埋め合わせをし**なければならない。
We cannot **compensate for** any damage caused in this parking lot.	私どもはこの駐車場で生じたいかなる損害**に対しても償う**ことはできません。
I drink fruit juice for breakfast every day **without fail**.	私は毎日**必ず**朝食にフルーツジュースを飲む。
It's very cold, so it'll **no doubt** snow tomorrow, and not rain.	とても寒いので，明日は**きっと**雨ではなく雪が降るだろう。
Her marriage **turned out to be** a serious mistake.	彼女の結婚は大きな間違い**だとわかった**。
The job **proved to be** more difficult than they had expected.	その仕事は彼らが予想していたよりも難しい**とわかった**。

同じジャンルで覚える⑬⑦ 教育・研究に関する語

2033 □ **diploma** [dɪplóʊmə]
名 卒業証書，(大学等の)学位(記)
似 díplomat 名 外交官
have a **diploma** in A
Aの学位を持つ

2034 □ **faculty** [fǽk(ə)lti]
名 (大学の)学部
類 department 学科，学部(→572)
the **faculty** of science
理学部

2035 □ **institution** [ìnstɪtjúːʃ(ə)n]
名 施設，機関，協会
an educational **institution**
教育機関

2036 □ **thesis** [θíːsɪs]
名 論文 複 theses
類 dissertation 学術論文
a graduation **thesis**
卒業論文

2037 □ **feedback** [fíːdbæ̀k]
名 感想，反応
give A **feedback** on B
BについてAに感想を言う

2038 □ **discipline** [dísəplɪn]
名 規律，しつけ，訓練
動 …をしつける・訓練する
a **discipline** problem
規律上の問題

2039 □ **master** [mǽstər]
名 ①修士(号)
②(男の)主人
a **master**'s course
修士課程

引き出し 【学位】□ bachelor「学士」 □ doctor「博士」

2040 □ **scholarship** [ská(ː)lərʃɪ̀p]
名 奨学金
apply for a **scholarship**
奨学金を申請する

文法・語法との関連で覚える㉟ 注意すべき比較級・最上級

2041 □ **further** [fə́ːrðər]
形 ①さらに深い，より進んだ
②(距離が)さらに遠く(= farther)
※ far の比較級
further research
さらに深い研究

②の「(距離が)さらに遠く」の意味では farther を用いることもあるが，現代

2042 □ **latter** [lǽtər]
形 (2つのうち)後者の，後半の
名 [the -]後者
関 later 副 あとで 形 あとの
in the **latter** half of A
Aの後半に

2043 □ **latest** [léɪtɪst]
形 最新の
関 last 形 この前の，最後の(→137)
the **latest** edition
最新版

late の比較級には late-latter-last／late-later-latest の2つがあり，前者は「順序」について，後者は「時間」について用いる。

He <u>has</u> <u>a</u> **diploma** <u>in</u> computer science.

彼はコンピューターサイエンス<u>の学位を持っている。</u>

Mr. Akiyama is a professor at <u>the</u> **faculty** <u>of</u> <u>science</u>.

秋山氏は<u>理学部</u>の教授である。

A community college is a type of <u>educational</u> **institution** in the US.

コミュニティカレッジはアメリカの<u>教育機関</u>の一種である。

I wrote about educational reforms in Japan in my <u>graduation</u> **thesis**.

私は<u>卒業論文</u>で日本の教育改革について書いた。

Mr. Tanaka <u>gave</u> me **feedback** <u>on</u> my essay.

田中先生は私の小論文<u>について</u>私に<u>感想を言ってくれた。</u>

There are no **discipline** <u>problems</u> in my school.

私の学校では<u>規律上の問題</u>はない。

I took <u>a</u> **master's** <u>course</u> at a university in Germany.

私はドイツの大学で<u>修士課程</u>を履修した。

Maki is <u>applying</u> <u>for</u> <u>a</u> **scholarship** to study in the States.

マキはアメリカに留学するための<u>奨学金を申請している。</u>

Ideas for possible **further** <u>research</u> are often given at the end of a paper.

（今後）可能な<u>さらに深い研究</u>の案は、しばしば論文の最後に書かれている。

英語では①，②いずれの意味でも further を使用するようになってきている。

Life in Japan completely changed <u>in</u> <u>the</u> **latter** <u>half</u> <u>of</u> the 20th century.

日本における生活は，20世紀<u>の後半に</u>完全に変わった。

<u>The</u> **latest** <u>edition</u> of the book will be published in April.

その本の<u>最新版</u>は4月に出版される。

なお latter はフォーマルな語なので，日常会話で「後半」と言いたい場合は普通 the second [△ latter] half と言うことが多い。

同じジャンルで覚える⑬ アカデミックな文章でよく用いられる名詞

2044 **hypothesis**
[haɪpá(ː)θəsɪs] アク
名 仮説
複 hypotheses
make a **hypothesis**
仮説を立てる

2045 **category**
[kǽtəgɔ̀ːri]
名 範疇，種類，部類
⇨ categorize 動 …を分類する
two **categories**
2 種類

2046 **questionnaire**
[kwèstʃənéər]
名 アンケート，アンケート用紙
類 respondent 名 回答者，応答者
a **questionnaire** survey
アンケート調査

同じジャンルで覚える⑬ アカデミックな文章でよく用いられる動詞

2047 **classify**
[klǽsɪfàɪ]
動 …を分類する
⇨ classification 名 分類
classify A into B
AをBに分類する

2048 **indicate**
[índɪkèɪt]
動 …を示す
⇨ indication 名 徴候，指示
indicate success
成功を示す

2049 **quote**
[kwoʊt]
動 …を引用する 同 cite
名 引用(文)
quote one's words
表現を引用する

2050 **imply**
[ɪmpláɪ]
動 …を暗示する
⇨ implication 名 影響，暗示
imply (that) …
…ということを暗示する

2051 **illustrate**
[íləstrèɪt]
動 (例や図表などで)…を説明する
⇨ illustration 名 ①イラスト ②実例
illustrate the use of A
Aの使用法を説明する

文法・語法との関連で覚える㊱ 2つの異なる意味に注意すべき語(4)

2052 **demonstrate**
[démənstrèɪt] アク
動 ①…を実演する，…を明らかに示す
⇨ demonstration 名 ①実演 ②デモ
demonstrate how to do
〜の仕方を実演する

動 ②(集会や行進などで)デモをする
demonstrate against A
Aに反対するデモをする

2053 **represent**
[rèprɪzént]
動 ①…を代表する
⇨ representative 名 代表者
represent a company
会社を代表する

動 ②…を表す
a symbol **represents** A
記号はAを表す

Make a **hypothesis** before starting your research.	研究を始める前に**仮説を立てなさい**。
Snakes are divided into two **categories**: poisonous and nonpoisonous.	ヘビは毒のあるものとないものの**2種類**に分類される。
The data were collected by a **questionnaire** survey.	そのデータは**アンケート**調査によって集められた。
Words are **classified** into different grammatical groups.	単語はさまざまな文法上のグループ**に分類される**。
The results **indicate** some success of using this treatment.	その結果は，この治療法の使用がある程度**成功したということを示している**。
Ensure that you **quote** other writers' words exactly in your work.	あなたの作品では必ず他の作家の**表現**を正確に**引用する**ようにしなさい。
The writer **implies** (that) changes in education are necessary.	筆者は教育の改革が必要だ**ということを暗示している**。
This paper **illustrates** the use of drama in English teaching.	この論文は英語指導における劇**の使用法を説明している**。
The chemistry teacher **demonstrated** how to do the experiment.	化学の先生はその実験の**仕方を実演した**。
Many people **demonstrated** against the wage cuts.	多くの人々が賃金の引き下げ**に反対するデモをした**。
Mr. Ito **represented** his company at the international conference.	伊藤氏は国際会議で**会社を代表した**。
This symbol **represents** temples on a map.	この**記号は**地図上で寺**を表す**。

STAGE **4**

| 375 |

反対の意味を持つ語をセットで覚える⑨　〈形容詞〉

2054
practical
[prǽktɪk(ə)l]

形 実践的な，実際の
⇨ **practice** 動 …を練習する
名 ①(反復)練習　②実践(→351)

practical experience
実践的［実務］経験

2055
theoretical
[θìːərétɪk(ə)l] アク

形 理論(上)の，理論的な
⇨ **theory** 名 理論，学説

theoretical knowledge
理論的な知識

2056
compulsory
[kəmpʌ́ls(ə)ri]

形 義務的な，強制的な
類 **mandatory** 義務的な

a **compulsory** subject
必修科目

2057
optional
[ɑ́(ː)pʃ(ə)nəl]

形 自分で選べる，任意の
⇨ **option** 名 選択(肢)

an **optional** course
選択コース

2058
active
[ǽktɪv]

形 活動的な，積極的な
⇨ **activate** 動 作動させる

keep **active**
活動的でいる

2059
passive
[pǽsɪv]

形 受動的な，消極的な

passive smoking
受動喫煙

「能動態」を active voice，「受動態」を passive voice と言う。

2060
abstract
[ǽbstrækt]

形 抽象的な
名 (論文等の)要約，要旨

an **abstract** painting
抽象画

2061
concrete
[kɑ́(ː)nkriːt]

形 ①具体的な
　　②コンクリート製の

a **concrete** idea
具体的な案

concrete は②の「コンクリート製の」は易しいが①の「具体的な」がやや意外な意味。抽象的な概念を「固めて」具体的にすることから，硬いコンクリートと関連づけて覚えるとよい。

2062
explicit
[ɪksplɪ́sɪt]

形 明確な，率直な

be **explicit** about A
Aについて率直な

2063
implicit
[ɪmplɪ́sɪt]

形 暗黙の，暗に示された

be **implicit** in A
Aに暗示されている

He didn't get the job because he had no **practical** experience of working in a hotel.	ホテル勤務の**実務経験**がなかったので，彼はその職を得られなかった。
We usually learn **theoretical** knowledge in class.	私たちは通常，授業で**理論的な知識**を身につける。
English is a **compulsory** subject in Japan.	日本では英語は**必修科目**である。
"English Literature" is an **optional** course at my university.	「英文学」は私の大学では**選択コース**である。
It is important for elderly people to keep **active**.	高齢者にとって**活動的でいる**ことは大切だ。
Passive smoking is a social problem now.	**受動喫煙**は今や社会問題である。
Do you like **abstract** paintings?	あなたは**抽象画**が好きですか。
He has some **concrete** ideas about what to do in this year's school festival.	彼には今年の学園祭で何をするかについていくつか**具体的な案**がある。
Could you be more **explicit** about what I should do?	私が何をしたらよいか**について**もっと**率直に**言っていただけませんか。
The writer's opinion of war is **implicit** in this story.	その著者の戦争に関する意見は，この物語**に暗示されている**。

STAGE **4**

文法・語法との関連で覚える㊲　アカデミックな文章でよく用いられる副詞・接続詞

2064
□ **thus**
[ðʌs]

副 ①従って，それゆえに
②このようにして (= in this way)

.... **Thus**, S + V
(…だ。)従って，S は〜する

2065
□ **hence**
[hens]

副 従って，それゆえに

.... **Hence**, S + V
(…だ。)従って，S は〜する

2066
□ **whereas**
[(h)weəræz]

接 …ではあるが，…の一方で
⑩ **while**

..., **whereas** S + V
…の一方で S は〜する

2067
□ **namely**
[néɪmli]

副 すなわち，つまり
※「名前を挙げて具体的に言うと」の意

A, **namely** B
A すなわち B

2068
□ **thereby**
[ðèərbáɪ]

副 それによって

..., **thereby** *doing*
(…,) それによって〜する

namely の後ろは名詞，thereby の後ろは現在分詞がくることが多い。

文法・語法との関連で覚える㊳　文修飾としてよく用いられる副詞 (2)

2069
□ **consequently**
[ká(:)nsəkwèntli]

副 その結果，従って

.... **Consequently**, S + V
(…だ。)その結果，S は〜する

2070
□ **apparently**
[əpǽr(ə)ntli]

副 どうやら…らしい
⇨ **apparent** 形 (見たところ)明らかな

Apparently, S + V
どうやら S は〜するらしい

2071
□ **incidentally**
[ìnsɪdént(ə)li] アク

副 ついでに言えば，ところで
⑩ **by the way**
⇨ **íncident** 名 出来事，事件(→1658)

Incidentally, S + V
ところで，S は〜する

同じジャンルで覚える⑭⓪　時に関する副詞 (2)

2072
□ **shortly**
[ʃɔ́ːrtli]

副 間もなく，すぐに

shortly after take-off
離陸後間もなく

2073
□ **currently**
[ká:r(ə)ntli]

副 現在は，目下のところ
⇨ **current** 形 ①現在の　②流通して(→1335)

be **currently** working on A
目下 A に取り組み中で

2074
□ **eventually**
[ɪvén(t)ʃu(ə)li]

副 結局，ついに

eventually reach the top
ついに頂上に達する

2075
□ **meanwhile**
[míːn(h)wàɪl]

副 ①その間に
②一方では

.... **Meanwhile**, S + V
(…だ。)その間に S は〜する

Vitamins are important. **Thus**, we should eat more vegetables.	ビタミンは重要だ。**従って，**私たちはもっと野菜を食べるべきだ。
Fruit contains vitamins. **Hence**, we should eat fruit every day.	果物はビタミンを含む。**従って，**毎日果物を食べるべきだ。
Cats are afraid of water, **whereas** dogs are not.	ネコが水を恐れる**一方で，**イヌはそうではない。
Certain vegetables, **namely** spinach, contain a lot of iron.	ある野菜，**つまり**ホウレンソウは多くの鉄分を含む。
Beans can be used in many dishes, **thereby** reducing our intake of meat.	豆は多くの料理で使え，**それによって**肉の摂取量を減らすことができる。

品詞はどちらも副詞。

Mexico was colonized by Spain. **Consequently**, they speak Spanish now.	メキシコはスペインの植民地だった。**その結果，**人々は今スペイン語を話す。
Apparently, no one has lived in that house for twenty years.	**どうやら**あの家には20年間誰も住んでいない**らしい**。
Incidentally, did I tell you I've bought a new car?	**ところで，**新車を買ったことをあなたに言いましたっけ？

Lunch will be served **shortly** after take-off. ※機内のアナウンス	昼食は**離陸後間もなくして**お出しします。
The writer is **currently** working on a second book about the Roman Empire.	その作家は**目下**ローマ帝国についての2冊目の本に取り組み中だ。
After climbing for hours, they **eventually** reached the top of the mountain.	何時間も登って，彼らは**ついに**山頂に達した。
Boil the spaghetti for eight minutes. **Meanwhile**, I will make the sauce.	スパゲッティを8分間ゆでてね。**その間に**私はソースを作るから。

似ていて紛らわしい語をセットで覚える㉟　〈意味が似ている〉

2076
☐ **perspective**
[pərspéktɪv]
名 視点，観点
a different **perspective**
違う視点

2077
☐ **viewpoint**
[vjúːpɔ̀ɪnt]
名 見地，観点，立場
◉ point of view
various **viewpoints**
さまざまな観点

2078
☐ **urge**
[əːrdʒ]
動 …を説得する，…に促す
名 衝動
urge A to *do*
〜するようAを説得する

2079
☐ **prompt**
[prɑ(ː)m(p)t]
動 …に促す
形 即座の(→1569)
prompt A to *do*
〜するようAに促す

2080
☐ **formula**
[fɔ́ːrmjələ]
名 ①(数学などの)式，公式
②(問題解決のための)方法，秘訣
chemical **formula**
化学式

2081
☐ **equation**
[ɪkwéɪʒ(ə)n]
名 方程式
solve an **equation**
方程式を解く

2082
☐ **induce**
[ɪndjúːs]
動 ①…を説得する・その気にさ
せる　②…を誘発する
induce A to *do*
Aが〜するよう仕向ける

2083
☐ **provoke**
[prəvóʊk]
動 ①…を誘発する・引き起こす
②…を怒らせる
provoke a reaction
反応を引き起こす

スペリングに注目して覚える㊶　「1つ」の意味の uni- で始まる語

2084
☐ **unique**
[ju(ː)níːk]
形 ①独特の，唯一の
②類まれな，非常に珍しい
a **unique** animal
独特の動物

2085
☐ **unify**
[júːnɪfàɪ]
動 …を統一[統合]する
A and B are **unified**
AとBが統一される

2086
☐ **universal**
[jùːnɪvə́ːrs(ə)l]
形 ①普遍的な　②全世界の
⇨ universe 名 宇宙，全世界(→1348)
universal interest
普遍的関心事

2087
☐ **unite**
[junáɪt]
動 団結する，…を団結させる
unite against the threat
脅威に対して団結する

Let's try to look at the problem from a different **perspective**.	違う**視点**からその問題を見てみましょう。
We should try to look at things from various **viewpoints**.	私たちは物事をさまざまな**観点**から見ようとすべきだ。
He **urged** the people to vote for him.	彼は自分に投票するよう人々**を説得した**。
The TV show **prompted** me to read more about the topic.	そのテレビ番組はその話題についてもっと読書するよう私**に促した**。
The chemical **formula** for water is H_2O.	水の**化学式**は H_2O です。
Are you good at solving **equations** in math class?	あなたは数学の授業で**方程式**を解くのが得意ですか。
Stress can sometimes **induce** people to overeat.	ストレスは時に人々を**過食に走らせる**ことがある。
His comments **provoked** a negative reaction among the audience.	彼のコメントは聴衆の中に否定的な反応**を引き起こした**。
There are **unique** animals in Australia, such as koalas.	オーストラリアにはコアラのような**独特の動物**がいる。
East Germany and West Germany were **unified** in 1990.	東ドイツと西ドイツは1990年に**統一された**。
Music seems to be of **universal** interest to people of all generations.	音楽はあらゆる世代の人にとって**普遍的関心事**であるようだ。
All countries should **unite** against the threat of war.	すべての国が戦争の脅威に対して**団結す**べきだ。

コロケーションで覚える㊳

2088
□ **gender**
[dʒéndər]

名 (社会的・文化的)**性**

gender equality
性[男女]の平等

2089
□ **equality**
[ɪkwá(:)ləti]

名 平等
⇨ **equal** 形 等しい 動 …に等しい(→736)

2090
□ **endure**
[ɪndjúər]

動 …に耐える
⇨ **endurance** 名 忍耐(力)

endure hardship
困難に耐える

2091
□ **hardship**
[háːrdʃip]

名 困難, 苦労

2092
□ **urgent**
[ɔ́ːrdʒ(ə)nt]

形 緊急の, 急を要する
⇨ **urge** 動 …を説得する, …に促す
名 衝動(→2078)

an urgent priority
緊急の優先事項

2093
□ **priority**
[praɪɔ́ːrəti]

名 優先事項

2094
□ **racial**
[réɪʃ(ə)l]

形 人種の 関連 **racism** 名 人種差別
⇨ **race** 名 人種

racial discrimination
人種差別

2095
□ **discrimination**
[dɪskrɪmɪnéɪʃ(ə)n]

名 差別
⇨ **discríminate** 動 差別する

スペリングに注目して覚える㊷　「押す」の意味の -press で終わる動詞(2)

2096
□ **oppress**
[əprés]

動 …を虐げる, …を迫害する
⇨ **oppression** 名 圧迫

oppress people
人々を迫害する

2097
□ **suppress**
[səprés]

動 …を鎮圧する, …を抑圧する
⇨ **suppression** 名 抑圧

suppress human rights
人権を抑圧する

2098
□ **depress**
[dɪprés]

動 …を落胆させる
⇨ **depression** 名 ①憂鬱 ②不況

it **depresses** me to *do*
〜すると気落ちする

depress は de-「下に」+press「押す」から「落胆させる」の意味になる。
他に express, impress などがある(→ Unit 85)。

The politician is mainly working for **gender equality**.	その政治家は主に**男女の平等**のために活動している。
People **endured** great **hardship** during the war.	人々はその戦争の間，非常な**困難に耐えた**。
Finding a cure for the disease is **an urgent priority** for researchers.	その病気の治療法を発見することは，研究者にとっての**緊急の優先事項**である。
Racial discrimination is a problem in many countries.	**人種差別**は多くの国で問題になっている。
Some leaders try to **oppress** the people in their countries.	自国内で**人々を迫害し**ようとする指導者もいる。
Human rights are **suppressed** by dictators.	**人権が**独裁者に**抑圧されている**。
Sometimes it **depresses** me to watch news on TV.	テレビでニュース**を見ると**時々**気落ちする**ことがある。

同じジャンルで覚える⑭ 犯罪行為に関する語

2099
theft
[θeft]

名 盗み，窃盗
⇨ thief 名 泥棒，こそどろ (→994)

a car **theft**
車の窃盗

2100
burglary
[bə́:rɡl(ə)ri]

名 強盗 (罪)
⇨ burglar 名 強盗

a **burglary** takes place
強盗が起こる

2101
fraud
[frɔːd] 発音

名 詐欺

credit card **fraud**
クレジットカード詐欺

2102
kidnap
[kídnæp]

動 …を誘拐する
名 誘拐

kidnap a journalist
記者を誘拐する

2103
assault
[əsɔ́:lt]

動 …を暴行する
名 暴行，襲撃

assault three people
3人の人に暴行する

2104
footprint
[fútprìnt]

名 足跡
関 fingerprint 名 指紋

dirty **footprints**
汚い足跡

同じジャンルで覚える⑭ 社会問題でよく取り上げられる名詞

2105
divorce
[dɪvɔ́:rs]

名 離婚
動 …と離婚する

the **divorce** rate
離婚率

2106
addiction
[ədíkʃ(ə)n]

名 ①中毒 ②熱中
⇨ addicted 形 中毒で

drug **addiction**
麻薬中毒

2107
nuisance
[njúːs(ə)ns] 発音

名 迷惑な人，やっかいな事

a **nuisance** in society
社会のやっかい事

2108
suicide
[sú(:)ɪsàɪd]

名 自殺

the **suicide** rate
自殺率

2109
bullying
[búliɪŋ]

名 いじめ
⇨ bully 動 …をいじめる

school **bullying**
学校でのいじめ

2110
literacy
[lít(ə)rəsi]

名 読み書きの能力

literacy education
識字教育

Is the number of car **thefts** decreasing?	車の<u>窃盗</u>の件数は減っているのですか。
Burglaries usually <u>take place</u> at night.	<u>強盗</u>は普通夜に<u>起こる</u>。
<u>Credit card</u> **fraud** is still common.	<u>クレジットカード**詐欺**</u>は今でもよくあることだ。
The <u>journalist was</u> **kidnapped** while he was in Syria.	その<u>記者は</u>シリアにいるときに**<u>誘拐された</u>**。
The man was accused of **assaulting** <u>three people</u> on a train.	その男は電車内で**<u>3人の人に暴行したこと</u>**で起訴された。
Why are there so many <u>dirty</u> **footprints** on the carpet?	なぜカーペットにそんなにたくさんの<u>汚い**足跡**</u>があるのだろうか。
<u>The</u> **divorce** <u>rate</u> in Japan is over 30%.	日本の**<u>離婚率</u>**は30%を超えている。
Recovering from <u>drug</u> **addiction** is usually very difficult.	<u>麻薬**中毒**</u>から立ち直るのは通常は非常に困難だ。
Stray cats are <u>a **nuisance** in society</u>. ※ stray cats のらネコ	のらネコは<u>社会の**やっかい事**</u>だ。
<u>The</u> **suicide** <u>rate</u> in Japan is still higher than the world average.	日本の**<u>自殺率</u>**は依然として世界平均より高い。
Teachers are trying to stop <u>school</u> **bullying** from happening.	教師たちは<u>学校での**いじめ**</u>が発生するのを止めようとしている。
Literacy <u>education</u> is important in developing countries.	発展途上国では**<u>識字教育</u>**は重要だ。

STAGE **4**

コロケーションで覚える㊴

2111 □	**alcohol** [ǽlkəhɔ̀ːl] 発音	名 酒，アルコール（飲料） ⇨ **alcohólic** 形 アルコールの	**alcohol consumption** アルコール摂取（量）
2112 □	**consumption** [kənsʌ́m(p)ʃ(ə)n]	名 消費（量），摂取（量） ⇨ **consume** 動 …を消費する（→1084）	
2113 □	**charity** [tʃǽrəti]	名 ①慈善（行為） ②慈善団体	**a charity fund** 慈善基金
2114 □	**fund** [fʌnd]	名 基金，資金	
2115 □	**launch** [lɔːn(t)ʃ] 発音	動 ①…を開始する　◉ mount ②（ロケットなど）を打ち上げる	**launch a campaign** 運動を開始する
2116 □	**campaign** [kæmpéin]	名 （政治的・社会的）運動	
2117 □	**maternity** [mətə́ːrnəti]	名 （形容詞的に）妊婦の，母性 ⇨ **maternal** 形 母親らしい，母性の	**maternity leave** 出産育児休暇
2118 □	**leave** [liːv]	名 休暇	
2119 □	**abuse** [əbjúːz] 発音	動 ①…を乱用する　②…を虐げる 名 [əbjúːs] ①虐待　②乱用	**abuse** *one's* **authority** 権力を乱用する
2120 □	**authority** [əθɔ́ːrəti]	名 ①権威，権力 ②【the -ties】当局，関係機関	

同じジャンルで覚える⑭　社会問題でよく取り上げられる動詞

2121 □	**dismiss** [dismís]	動 ①…を解雇する ②（提案など）を退ける・却下する	be **dismissed** for *doing* 〜したことで解雇される
2122 □	**harass** [hərǽs]	動 いやがらせをする ⇨ **harassment** 名 いやがらせ	be sexually **harassed** 性的嫌がらせを受ける
2123 □	**neglect** [niɡlékt]	動 ①…を放っておく　②…を無視する 名 ①無視　②（育児などの）放棄	children are **neglected** 子どもが放っておかれる

The doctor advised him to reduce his **alcohol** **consumption**.	医者は彼に**アルコール摂取量**を減らすように助言した。
I donated some money to a **charity fund** which sends food to poor people in Africa.	私はアフリカの貧しい人々に食料を送っている**慈善基金**にお金を寄付した。
The city **launched** a **campaign** to increase recycling.	その都市はリサイクルを増やす**運動を開始した**。
She will take **maternity leave** for one year.	彼女は1年間の**出産育児休暇**を取得するつもりだ。
Politicians should never **abuse** their **authority**.	政治家は決して**その権力を乱用す**べきではない。
He was **dismissed** for stealing money from the company.	会社のお金**を盗んだことで**彼は**解雇された**。
An actress said that she was sexually **harassed** by the director.	ある女優がその監督から**性的嫌がらせを受けた**と言った。
When parents are very busy, children are sometimes **neglected**.	親がとても忙しいとき，**子どもは放っておかれる**ことがある。

STAGE **4**

同じジャンルで覚える⑭ 司法に関する動詞

2124 comply
[kəmplái]
動 (A に)従う・応じる (with A)
⇨ **compliance** 名 従うこと，法令遵守
comply with *one's* request
依頼に**応じる**

2125 implement
[ímplɪmènt]
動 …を実行する，…を履行する
⇨ **implementation** 名 実行，履行
implement a policy
政策を**実行する**

2126 violate
[vá(ɪ)əlèɪt]
動 …に違反する
⇨ **violation** 名 違反
violate the law
法律に**違反する**

2127 sue
[sʲuː]
動 …を告訴する
sue a company
会社を**告訴する**

2128 confess
[kənfés]
動 …を白状する，…を告白する
⇨ **confession** 名 白状，告白
confess (that) ...
…と**白状する**

2129 testify
[téstɪfàɪ]
動 証言する
testify in court
法廷で**証言する**

2130 convict
[kənvíkt] アク
動 …に有罪を宣告する
⇨ **conviction** 名 ①確信 ②有罪判決
be **convicted** of A
Aで**有罪を宣告される**

同じジャンルで覚える⑭⑤ 司法に関する名詞・形容詞

2131 justice
[dʒʌ́stɪs]
名 ①正義
②裁判
a sense of **justice**
正義感

2132 constitution
[kà(ː)nstətʲúːʃ(ə)n]
名 憲法
⇨ **cónstitute** 動 …を構成する
the **constitution** states A
憲法はAを示す

2133 lawsuit
[lɔ́ːsùːt]
名 (民事)訴訟
win a **lawsuit**
訴訟に勝つ

2134 jury
[dʒʊ́əri]
名 陪審，陪審(員)団
a member of a **jury**
陪審団の一員

英米などの裁判では，民間から選ばれた通例12人の陪審員から成る jury

2135 supreme
[supríːm]
形 (権力・地位などが)最高の
the **Supreme** Court
最高裁判所

2136 legitimate
[lɪdʒítəmət] アク
形 合法的な，正当な
a **legitimate** reason
正当な理由

We are unable to **comply** with your request.	あなたのご依頼には応じかねます。
The new policy will be **implemented** immediately.	その新政策はただちに実行されるだろう。
The Minister was accused of **violating** the law.	その大臣は法律に違反したことで訴えらえた。
Kate **sued** a magazine company for publishing photos of her.	ケイトは自身の写真を掲載したことで雑誌社を告訴した。
He **confessed** (that) he had stolen money from the house.	彼はその家からお金を盗んだと白状した。
I have been asked to **testify** in court on Wednesday.	私は水曜日に法廷で証言するように依頼されている。
Tess was **convicted** of murdering her husband.	テスは夫を殺害したことで有罪を宣告された。

Judges need a strong sense of **justice**.	裁判官は強い正義感を必要とする。
The **constitution** states the laws and principles of that country.	憲法はその国の法と原理原則を示す。
She finally won her **lawsuit** against the company.	ついに彼女は会社に対する訴訟に勝った。
People 18 and older may be chosen as members of a **jury** in the US.	アメリカでは，18歳以上の人々は陪審団の一員として選ばれる可能性がある。
「陪審，陪審（員）団」が，有罪か無罪かの評決を下す。	
The **Supreme** Court judged that he was not guilty.	最高裁判所は彼は無罪だと判決を下した。
He had a **legitimate** reason for missing the exams. He was in the hospital.	彼には試験を受けられなかった正当な理由があった。入院していたのだ。

似ていて紛らわしい語をセットで覚える㊱ 〈意味が似ている〉

2137 ☐	**prevail** [privéil]	動 ①広く行き渡っている ②打ち勝つ	peace **prevails** 平和が行き渡る
2138 ☐	**circulate** [sə́ːrkjəlèit] アク	動 ①(情報が)広まる，流通する ②循環する ⇨ circulation 名 流通，循環	information **circulates** 情報が広まる
2139 ☐	**moral** [mɔ́ːr(ə)l]	形 道徳的な，倫理的な 名 道徳，倫理	**moral** sense 道徳観念
2140 ☐	**ethical** [éθik(ə)l]	形 倫理の，道徳上の ⇨ ethics 名 倫理学	an **ethical** problem 倫理的問題
2141 ☐	**prime** [praim]	形 最も重要な，主要な	**prime** concern 最大の懸念
2142 ☐	**primary** [práimèri]	形 第一の，最も重要な ⇨ primarily 副 主として，主に	the **primary** aim 第一の目標
2143 ☐	**rapid** [rǽpid]	形 ①速い　②急激な ⇨ rapidly 副 急速に	a **rapid** service train 快速列車
2144 ☐	**swift** [swift]	形 ①即座の ②速い	a **swift** response to A Aに対する即座の応答
2145 ☐	**sophisticated** [səfístikèitid] アク	形 ①洗練された ②精巧な	a **sophisticated** taste 洗練された好み
2146 ☐	**refined** [rifáind]	形 洗練された，上品な ⇨ refine 動 …を洗練する	in a **refined** way 洗練されたやり方で
2147 ☐	**deliberately** [dilíb(ə)rətli] アク	副 ①故意に　②慎重に ⇨ deliberate 形 故意の，慎重な	**deliberately** kick A 故意にAをける
2148 ☐	**intentionally** [inténʃ(ə)n(ə)li]	副 意図的に，故意に ⇨ intentional 形 意図的な，故意の	be **intentionally** late わざと遅れる

For much of the *Edo* period, <u>peace</u> **prevailed** throughout Japan.	江戸時代の大半は日本じゅうに<u>平和が行き渡っていた</u>。
False <u>information</u> often **circulates** on the Internet, so be careful.	インターネット上では誤った<u>情報が</u><u>広まる</u>ので，注意して。
Children usually learn **moral** <u>sense</u> from their parents.	子どもたちはたいてい親から<u>道徳観念</u>を教わる。
Spreading false rumors on the Internet is <u>a</u> serious **ethical** <u>problem</u>.	インターネット上の誤ったうわさの拡散は，深刻な<u>倫理的問題</u>である。
My **prime** <u>concern</u> is how to pay for our new house.	私の<u>最大の懸念</u>は新しい家の支払いをどうするかである。
<u>The</u> **primary** <u>aim</u> of this course is to enable learners to write essays.	このコースの<u>第一の目標</u>は，学習者が小論文を書けるようになることだ。
We should take <u>a</u> **rapid** <u>service</u> <u>train</u> to go to Machida.	私たちは町田に行くのに<u>快速列車</u>に乗った方がよい。
The ambulance made <u>a</u> **swift** <u>response</u> <u>to</u> the call for help.	救急車は救護要請<u>に対して即座に応答</u>した。
For a child, she has very **sophisticated** <u>tastes</u> in music.	彼女は子どもにしては非常に<u>洗練された</u>音楽の<u>好み</u>を持っている。
He often uses bad language. He doesn't talk <u>in</u> <u>a</u> **refined** <u>way</u>.	彼はよく汚い言葉を使う。<u>洗練されたやり方で</u>話さないのだ。
The soccer player **deliberately** <u>kicked</u> the opponent.	そのサッカー選手は<u>故意に</u>対戦相手<u>をけった</u>。
I <u>was</u> not **intentionally** <u>late</u> for school. The train was delayed.	私は<u>わざと</u>学校に<u>遅れた</u>わけではない。電車が遅れていたのだ。

STAGE 4

同じジャンルで覚える⑭⑥　政府・国会に関する語

| 2149 □ **administration** [ədmìnɪstréɪʃ(ə)n] | 名 ①政権, 行政　②管理, 運営
⇨ **admínister** 動 …を管理する | the Obama **administration**
オバマ政権 |
| 2150 □ **minister** [mínɪstər] | 名 大臣
⇨ **ministry** 名 (内閣の)省 | the Foreign **Minister**
外務大臣 |

引き出し　□ Prime Minister 「首相, 総理大臣」

2151 □ **conservative** [kənsə́ːrvətɪv]	形 保守的な	**conservative** people 保守的な人々
2152 □ **progressive** [prəgrésɪv]	形 (政治などが)進歩的な 類 **liberal** 自由主義の, 進歩的な ⇨ **progress** 名 進歩(→422)	a **progressive** party 進歩的な政党
2153 □ **congress** [ká(:)ŋgrəs]	名【C-】〈米〉米国議会, 国会 類〈英〉(the) **Parliament** 英国議会 〈日〉the **Diet** 国会	a member of **Congress** 〈米〉国会議員

同じジャンルで覚える⑭⑦　政治形態に関する語

2154 □ **republic** [rɪpʌ́blɪk]	名 共和国 ※国民に主権があり君主を持たない国 反 **monarchy** 君主政治	become a **republic** 共和国になる
2155 □ **monarchy** [má(:)nərki] 発音	名 君主政治, 君主国 関 **kingdom** 名 王国 ⇨ **monarch** 名 君主	a **monarchy** in Europe ヨーロッパの君主国
2156 □ **dictator** [díkteɪtər]	名 独裁者 ⇨ **dictate** 動 ①…を命令する ②…を書き取らせる	a military **dictator** 軍事独裁者
2157 □ **royal** [rɔ́ɪ(ə)l]	形 国王[女王]の, 王室の 類 **loyal** 形 忠誠心のある	the **royal** family 国王の一家

同じジャンルで覚える⑭⑧　政治行動に関する語

2158 □ **corruption** [kərʌ́pʃ(ə)n]	名 汚職, (道徳的)腐敗 ⇨ **corrupt** 形 汚職の, 腐敗した	a **corruption** scandal 汚職スキャンダル
2159 □ **bribe** [braɪb]	名 わいろ	receive a **bribe** わいろを受け取る
2160 □ **poll** [poʊl]	名 ①世論調査(= opinion poll) ②【the -s】投票	an opinion **poll** 世論調査

The Obama **administration** lasted for eight years.	オバマ政権は8年続いた。
The Russian Foreign **Minister** is visiting Japan now.	ロシアの外務大臣が現在訪日している。

☐ Finance Minister「財務大臣」　☐ Minister of Justice「法務大臣」

Many **conservative** people support the current government.	多くの保守的な人々は現在の政府を支持している。
The **progressive** parties were against the law.	進歩的な政党はその法律に反対していた。
Donald Trump was not a member of **Congress** before he became President.	ドナルド・トランプは，大統領になる前は国会議員の一員ではなかった。
France became a **republic** after the French Revolution.	フランスはフランス革命後に共和国になった。
There used to be more **monarchies** in Europe.	ヨーロッパにはかつてもっと多くの君主国があった。
The country once had a military **dictator**.	その国にはかつて軍事独裁者がいた。
The **royal** family stays in this palace in summer.	国王の一家は夏にこの宮殿に滞在する。
Politicians occasionally resign because of a **corruption** scandal.	政治家は時折汚職スキャンダルで辞職することがある。
The politician received a **bribe** from a company.	その政治家はある会社からわいろを受け取った。
The recent opinion **polls** show that the President is losing popularity.	最近の世論調査によると，大統領は支持を失いつつある。

STAGE **4**

同じジャンルで覚える⑭ 立法に関する動詞

2161
☐ **advocate**
[ǽdvəkèit] アク
- 動 …を主張する，…を提唱する
- 名 [ǽdvəkət] 提唱者

advocate a solution
解決策を主張する

2162
☐ **regulate**
[régjəlèit]
- 動 …を規制する
- ⇨ **regulation** 名 規制，規則

regulate working hours
労働時間を規制する

2163
☐ **enforce**
[infɔ́:rs]
- 動 (法律など)を施行する
- ⇨ **enforcement** 名 施行

enforce a new law
新しい法律を施行する

2164
☐ **amend**
[əménd]
- 動 (法律など)を修正する
- ⇨ **amendment** 名 修正，改正

amend a law on smoking
喫煙に関する法律を修正する

2165
☐ **abolish**
[əbá(:)liʃ]
- 動 (制度など)を廃止する

abolish an outdated law
時代遅れの法律を廃止する

同じジャンルで覚える⑮ 移民・難民問題に関する語

2166
☐ **immigrant**
[ímigr(ə)nt]
- 名 (外国からの)移民
- ⊗ **emigrant** (外国への)移民
- ⇨ **immigration** 名 入国，移民

an illegal **immigrant**
不法移民

2167
☐ **migrate**
[máigreit] 発音
- 動 移住する，移動する
- ⇨ **migration** 名 移住，移動
- ⇨ **migrant** 名 ①移住者 ②渡り鳥

migrate from A to B
AからBへ移住する

2168
☐ **tribe**
[traib]
- 名 部族

a native **tribe**
先住部族

2169
☐ **refugee**
[rèfjudʒí:] アク
- 名 難民
- ⇨ **réfuge** 名 避難(所)

a **refugee** camp
難民キャンプ

2170
☐ **slave**
[sleiv]
- 名 奴隷
- ⇨ **slavery** 名 奴隷の身分，奴隷制度

free **slaves**
奴隷を解放する

2171
☐ **shelter**
[ʃéltər]
- 名 避難(所)，保護
- 動 …をかくまう
- 類 **haven** 避難場所，安息地

give **shelter** to people
人々を保護する

The UN **advocated** a peaceful <u>solution</u> by discussion.	国際連合は話し合いによる平和的な<u>解決策</u>**を主張した**。
We should **regulate** long <u>working hours</u>.	私たちは長い<u>労働時間</u>**を規制す**べきだ。
The <u>new law</u> will be **enforced** next month.	<u>新しい法律</u>は来月**施行される**だろう。
Many countries have **amended** <u>the laws on smoking</u> in public places.	多くの国で公共の場における<u>喫煙に関する法律</u>**が修正された**。
Some <u>outdated laws</u> should be **abolished**.	<u>時代遅れの法律</u>のいくつかは**廃止される**べきだ。

There are many <u>illegal</u> **immigrants** living in the US.	アメリカにはたくさんの<u>不法移民</u>が住んでいる。
My ancestors **migrated** <u>from</u> Japan <u>to</u> Hawaii.	私の祖先は日本<u>から</u>ハワイ<u>へ移住した</u>。
There are more than 500 <u>Native</u> American **tribes** in the US.	アメリカには500以上ものアメリカ<u>先住部族</u>がいる。
People who left their country are now living in **refugee** camps.	国を離れた人々は現在**難民キャンプ**で暮らしている。
Lincoln <u>freed</u> the **slaves** in America.	リンカーンはアメリカで**奴隷を解放した**。
The UN <u>gave</u> **shelter** <u>to people</u> made homeless by war.	国連は戦争で家を失った<u>人々</u>**を保護した**。

STAGE **4**

同じジャンルで覚える⑮ 国際関係に関する語

2172
ambassador
[æmbǽsədər]

名 大使
閣 **embassy** 名 大使館

the Japanese **ambassador**
日本大使

2173
dominate
[dá(:)mɪnèɪt]

動 …を支配する
⇨ **dominant** 形 支配的な

be **dominated** by A
Aによって支配される

2174
treaty
[trí:ti]

名 条約，協定

a peace **treaty**
平和条約

2175
ally
[ǽlaɪ]

名 同盟国，協力者
⇨ **alliance** 名 同盟，協力

an **ally** of the US
アメリカの同盟国

2176
intervention
[ɪntərvénʃ(ə)n]

名 干渉，介入
⇨ **intervene** 動 干渉する，介入する

military **intervention**
軍事的介入

2177
tension
[ténʃ(ə)n]

名 (精神や国家間の)緊張
⇨ **tense** 形 張り詰めた

the **tension** is high
緊張が高まっている

> 日本語で興奮した状態のことを「テンションが高い」などと言うが，英語の tension にはそのような用法はない。

2178
friction
[fríkʃ(ə)n]

名 不和，摩擦
㊟ **fraction** 名 断片，ほんの少し(→2242)

cause **friction** between A
Aの間に不和を引き起こす

2179
territory
[térətɔ̀:ri]

名 領土，縄張

a US **territory**
アメリカの領土

スペリングに注目して覚える㊸ 「外へ」の意味の ex- で始まる語(2)

2180
expel
[ɪkspél]

動 …を追い出す
※受動態で用いられることが多い

be **expelled** from school
学校を退学させられる

2181
expire
[ɪkspáɪər]

動 期限が切れる

a passport **expires**
パスポートの期限が切れる

2182
extract
[ɪkstrǽkt]

動 …を抜き出す，…を抽出する
⇨ **extraction** 名 抜き出すこと，抽出

extract *one's* tooth
歯を抜く

2183
expedition
[èkspədíʃ(ə)n]

名 遠征(隊)，探検(隊)
※ pedi は「足」の意 cf. pedal「ペダル」

go on an **expedition**
遠征に出かける

Who is the Japanese **ambassador** to China?	在中国日本大使は誰ですか。
Vietnam was once **dominated** by France.	ベトナムはかつてフランスによって支配されていた。
Does Japan have a peace **treaty** with Russia?	日本はロシアと平和条約を結んでいますか。
Japan is an **ally** of the US.	日本はアメリカの同盟国である。
The military **intervention** by other countries made the situation worse.	他国の軍事的介入が事態を悪化させた。
The **tension** is always high in the Middle East.	中東では常に緊張が高まっている。

| Money problems can cause **friction** between a married couple. | 金銭問題は夫婦間に不和を引き起こしかねない。 |
| Guam is a US **territory**. | グアムはアメリカの領土である。 |

| STAGE **4** |

He was **expelled** from school for bad behavior.	彼は行いが悪いために学校を退学させられた。
My passport will **expire** in July.	私のパスポートは7月に期限が切れる。
The dentist had to **extract** my tooth because I had toothache.	私は歯が痛かったので，歯医者は私の歯を抜かなければならなかった。
He went on several **expeditions** to the South Pole.	彼は南極に何回か遠征に出かけた。

同じジャンルで覚える⑮　紛争・戦争関連の語

2184 radical [rǽdɪk(ə)l]	形 ①(政治的に)急進的な・過激な ②根本的な，抜本的な	a **radical** group 過激団体
2185 accord [əkɔ́ːrd]	名 ①協定 ②一致	a peace **accord** 平和協定
2186 humanity [hjumǽnəti]	名 人類，人間性 ⇨ humanitárian 形 人道主義的な	a crime against **humanity** 人類に対する犯罪
2187 army [ɑ́ːrmi]	名 陸軍，(一般に)軍隊 ⑲ navy 名 海軍	join the **army** 軍隊に入る
2188 troop [truːp]	名 【-s】軍隊，部隊	peacekeeping **troops** 平和維持部隊
2189 dispatch [dɪspǽtʃ]	動 (軍隊・使者など)を派遣する	soldiers are **dispatched** 兵士が派遣される
2190 bullet [búlɪt]	名 弾丸，銃弾	be killed by a **bullet** 銃弾にたおれる

似ていて紛らわしい語をセットで覚える㊲　〈意味が似ている〉

2191 prejudice [prédʒədəs]	名 偏見 ※ pre「前もって」＋judice「判断する」	**prejudice** against A Aに対する偏見
2192 bias [báɪəs] 発音	名 偏見，えこひいき	treat A without **bias** 偏見なしにAを扱う
2193 motivation [mòʊtəvéɪʃ(ə)n] 発音	名 意欲，動機づけ ⑲ motive 動機 ⇨ mótivate 動 …に動機を与える	**motivation** to study English 英語を勉強する意欲
2194 incentive [ɪnséntɪv]	名 (意欲を起こさせる)刺激， 励みになるもの	a good **incentive** 良い刺激
2195 compliment [kɑ́(ː)mpləmənt]	名 賛辞，ほめ言葉 動 [kɑ́(ː)mpləmènt] …をほめる	pay A **compliments** on B BのことでAをほめる
2196 flatter [flǽtər]	動 …にお世辞を言う，…をおだてる ⇨ flattery 名 お世辞，ごますり	**flatter** A about B BのことでAにお世辞を言う

Religious **radical** groups are a threat in many countries.	宗教的過激団体は多くの国で脅威である。
It is hoped that a peace **accord** can be drawn up between the countries. ※ draw up（条約を）締結する	国家間で平和協定が締結されることが望まれている。
War is a crime against **humanity**.	戦争は人類に対する犯罪である。
Many young men in the UK joined the **army** to fight against Germany.	多くの若いイギリスの男性がドイツと戦うために軍隊に入った。
The UN peacekeeping **troops** were sent to the country.	国際連合の平和維持部隊がその国に送られた。
Soldiers were **dispatched** to the disaster area.	兵士が災害地域に派遣された。
My grandfather was almost killed by a **bullet** in the war.	私の祖父は戦争中もう少しで銃弾にたおれるところだった。
In the past, some people had **prejudice** against female doctors.	昔は女性医師に対する偏見を持つ人もいた。
All the teachers at my school treat students without **bias**.	私の学校の先生は皆，生徒を偏見なしに扱う。
His interest in American movies gave him the **motivation** to study English.	アメリカ映画への興味が彼に英語を勉強する意欲を与えた。
A higher salary is usually a good **incentive** for workers.	より高い給料はたいてい労働者の良い刺激になる。
Several people paid me **compliments** on my new hairstyle.	何人かの人が新しい髪型のことで私をほめてくれた。
Don't try to **flatter** me about my clothes. I know you don't like them.	服のことで私にお世辞を言おうとしないで。気に入らないのはわかるから。

STAGE **4**

コロケーションで覚える㊵

2197
ethnic
[éθnɪk]
形 民族の

an ethnic minority
民族的少数派 [少数民族]

2198
minority
[maɪnɔ́ːrəti]
名 少数(派)
反 **majority** 大多数，多数(派)(→730)
⇨ **minor** 形 さして重要でない(→471)

2199
declare
[dɪkléər]
動 ①…を宣言する
②(税関で)…を申告する
⇨ **declaration** 名 宣言

declare independence
独立を宣言する

2200
independence
[ìndɪpénd(ə)ns]
名 独立，自立
⇨ **independent** 形 独立した，自立した

2201
regional
[ríːdʒ(ə)n(ə)l]
形 地域の
⇨ **region** 名 地域，地方(→707)

a regional conflict
地域紛争

2202
conflict
[ká(ː)nflɪkt]
名 紛争，衝突
動 [kənflíkt](Aと)矛盾する(with A)

2203
settle
[sét(ə)l]
動 …を解決する，和解する
⇨ **settlement** 名 解決，和解
熟 **settle down** (→1399)

settle a dispute
紛争を解決する

2204
dispute
[dɪspjúːt]
名 紛争，論争
動 …に反論する

2205
postwar
[pòʊs(t)wɔ́ːr]
形 戦後の
反 **prewar** 戦前の

the postwar era
戦後の時代

2206
era
[íərə] 発音
名 時代，時期　類 **age** 時代，…期
類 **period** 時代

> postwar は特に「第二次世界大戦後」を指す。prewar も同様で，pre- は「〜の前」，post は「〜の後」の意味。era は統治者や出来事によって区分できる期間を表すことが多く，the *Meiji* era「明治時代」などでも用いる。

2207
federal
[féd(ə)r(ə)l]
形 連邦の

the **Federal Bureau**
of Investigation
連邦捜査局(FBI)

2208
bureau
[bjúəroʊ] 発音
名 ①〈米〉(政府の)局，省
②案内所

Ethnic minorities are sometimes discriminated against.	**少数民族**は差別されることがある。
America's **independence** was **declared** in 1776.	アメリカの**独立は**1776年に**宣言された**。
There have always been **regional conflicts** in the Middle East.	中東では常に**地域紛争**が起きてきた。
The two countries have started a discussion to **settle** the trade **dispute**.	その2国は貿易**紛争を解決する**ために話し合いを始めた。
Many cities were rebuilt in **the postwar era**.	多くの都市が**戦後の時代**に再興された。
The **Federal Bureau** of Investigation is called the FBI.	**連邦捜査局**はFBIと呼ばれる。

| STAGE **4** |

同じジャンルで覚える⑮ 会社・仕事に関する語

2209 recruit
[rikrúːt]

動 (人)を新規採用する

recruit salespeople
販売員を新規採用する

2210 qualification
[kwὰ(ː)lɪfɪkéɪʃ(ə)n]

名 資格, 免許状
⇨ **qualify** 動 (Aの)資格を持つ (for A)

a **qualification** for A
Aの資格

2211 merge
[məːrdʒ]

動 (Aと)合併する (with A)
⇨ **merger** 名 合併

companies **merge**
会社が合併する

2212 patent
[pæt(ə)nt] アク

名 特許
動 …の特許を取る

apply for a **patent**
特許を申請する

2213 innovation
[ìnəvéɪʃ(ə)n]

名 革新
⇨ **ínnovative** 形 革新的な

technological **innovation**
技術革新

2214 committee
[kəmíti] アク

名 委員会
⇨ **commission** 名 委員会, 手数料 (→2237)

organize a **committee**
委員会を組織する

似ていて紛らわしい語をセットで覚える㊳ 〈意味が似ている〉

2215 corporation
[kɔ̀ːrpəréɪʃ(ə)n]

名 (大きな)企業, 法人
⇨ **córporate** 形 法人の, 会社の

a large **corporation**
大企業

2216 enterprise
[éntərpràɪz] アク

名 企業, 事業

a private **enterprise**
民間企業

2217 profession
[prəféʃ(ə)n]

名 職業, 専門職
⇨ **professional** 形 プロの, 専門職の

the teaching **profession**
教職

2218 occupation
[ɑ(ː)kjəpéɪʃ(ə)n]

名 ①職業 ②占領
⇨ **óccupy** 動 (場所)を占める (→1197)

one's current **occupation**
現在の職業

2219 executive
[ɪgzékjətɪv]

名 重役, 管理職
⇨ **éxecute** 動 …を実行する・執行する

a top **executive**
最上級管理職

2220 supervisor
[súːpərvàɪzər]

名 監督者, 管理者
⇨ **supervise** 動 …を監督・管理する

a thesis **supervisor**
論文監督者

The company is now trying to **recruit** salespeople.	その会社は現在販売員を新規採用しようとしている。
Do I need any **qualifications** for this job?	この仕事には何か資格が必要ですか。
The two companies **merged** and became a very large organization.	2つの会社が合併して，1つの非常に大きな組織になった。
If you invent something, you should apply for a **patent**.	何かを発明したら，特許を申請すべきだ。
The company cut the production costs by 30% due to technological **innovation**.	技術革新のおかげで，その会社は生産コストを30％削減した。
They organized a **committee** to discuss the problems.	彼らは問題について話し合うために委員会を組織した。

Large **corporations** are attractive to many university students.	多くの大学生にとって，大企業は魅力的だ。
A private **enterprise** runs this ski resort now.	現在ある民間企業がこのスキー場を運営している。
Many people are interested in joining the teaching **profession**.	多くの人々が教職に就くことに興味を持っている。
What is your current **occupation**?	あなたの現在の職業は何ですか。
She became a top **executive** in the company in her 30s.	彼女は30代でその会社の最上級管理職になった。
Dr. Sakai was my thesis **supervisor** at university.	酒井博士は大学における私の論文監督者だった。

| STAGE **4** |

コロケーションで覚える㊶

2221
☐ **labor**
[léɪbər]
　名 労働，骨折り　〈英〉labour
a labor union
労働組合

2222
☐ **union**
[júːnjən]
　名 ①（労働）組合
　　②連合，結合

2223
☐ **renew**
[rɪnjúː]
　動 …を更新する
　⇨ renewal 名 再開，更新
renew *one's* **contract**
契約を更新する

2224
☐ **contract**
[ká(ː)ntrækt]
　名 契約
　動 [kəntrǽkt] 契約を結ぶ

反対の意味を持つ語をセットで覚える⑩

2225
☐ **surplus**
[sə́ːrplʌs]
　名 余剰，黒字
a trade **surplus**
貿易黒字

2226
☐ **deficit**
[défəsɪt]
　名 不足，赤字
a **deficit** of 1 million yen
100万円の赤字

2227
☐ **revenue**
[révənjùː]
　名 収入，歳入
the **revenue** from taxes
税収入

2228
☐ **expenditure**
[ɪkspéndɪtʃər]
　名 支出，出費
the total **expenditure**
総支出

スペリングに注目して覚える㊹　「再び」の意味の re- で始まる語(3)

2229
☐ **reinforce**
[rìːɪnfɔ́ːrs]
　動 …をより強固にする，
　　…を補強する
reinforce a house
家を補強する

2230
☐ **retrieve**
[rɪtríːv]
　動 ①…を取り戻す
　　②…を検索する
retrieve stolen money
盗まれたお金を取り戻す

2231
☐ **revise**
[rɪváɪz]
　動 …を改訂する，…を修正する
　⇨ revision 名 改訂，修正
revise a plan
計画を修正する

> re「再び」＋vise「見る」で，「見直す，修正する」の意味。なお，〈英〉では「復習する」の意味でも用いられる。

The **labor** **union** asked for a salary increase of 10,000 yen per month.

労働組合は月給の１万円の値上げを要求した。

I need to **renew** my **contract** to work for the next year.

来年も働くために私は契約を更新する必要がある。

Is a trade **surplus** always good for the economy?

貿易黒字は経済にとって常に良いものなのだろうか。

The company reported a **deficit** of 1 million yen.

その会社は100万円の赤字を公表した。

The **revenue** from taxes decreased last year.

昨年は税収入が減った。

The total **expenditure** on food went up last month.

先月は食費の総支出が増えた。

My house has been **reinforced** against earthquakes.

地震に備えて我が家は補強された。

It is usually very difficult to **retrieve** stolen money.

盗まれたお金を取り戻すのはたいてい非常に困難だ。

The plan to build a very tall tower has been **revised**.

非常に高い塔を建てる計画は修正された。

STAGE 4

同じジャンルで覚える⑮ 製造・販売・商取引に関する語

2232 **assemble**
[əsémb(ə)l]
動 ①…を組み立てる
②…を集める，集まる
⇨ **assembly** 名 ①集会 ②組み立て

assemble parts
部品を組み立てる

2233 **commodity**
[kəmá(:)dəti]
名 商品
同 **goods** (→1066)

an imported **commodity**
輸入品

2234 **transaction**
[trænsǽkʃ(ə)n]
名 取引

an online **transaction**
オンライン取引

2235 **retail**
[rí:tèɪl]
名 小売
反 **wholesale** 形 卸売りの

a **retail** price
小売価格

2236 **stall**
[stɔːl]
名 売店，露店

a market **stall**
市場の露店

2237 **commission**
[kəmíʃ(ə)n]
名 ①手数料
②委員会

pay **commission**
手数料を支払う

似ていて紛らわしい語をセットで覚える㊴ 〈意味が似ている〉

2238 **scheme**
[skiːm] 発音
名 ①計画
②陰謀，たくらみ

a **scheme** to *do*
〜する計画

2239 **strategy**
[strǽtədʒi]
名 (全体的な)戦略，戦術

an economic **strategy**
経済戦略

2240 **tactic**
[tǽktɪk]
名 【-s】作戦，(個々の)戦術

tactics to win games
試合に勝つための戦術

2241 **fragment**
[frǽgmənt]
名 破片，断片

a **fragment** of a satellite
衛星の断片

2242 **fraction**
[frǽkʃ(ə)n]
名 断片，ほんの少し
関 **friction** 名 不和，摩擦(→2178)

a **fraction** of the time
わずかな時間

2243 **cease**
[siːs] 発音
動 (続いていることが)終わる，
…をやめる

the fighting **ceases**
戦闘が終わる

2244 **halt**
[hɔːlt]
動 …を止める，(一時的に・急に)止
まる 名 停止

halt the production
製造を中止する

This factory **assembles** <u>parts</u> for cars.	この工場では車の<u>部品</u>が組み立てられている。
The price of <u>imported</u> **commodities** such as oil often changes.	石油のような<u>輸入品</u>の価格はしばしば変動する。
What are the good and bad points about <u>online</u> **transactions**?	<u>オンライン取引</u>の良い点と悪い点は何ですか。
The **retail** <u>price</u> of wheat has started to increase.	小麦の小売価格は上がり始めた。
I bought this bracelet at <u>a market</u> **stall**.	私はこのブレスレットを<u>市場の露店</u>で買った。
When you exchange foreign money, you have to <u>pay</u> some **commission**.	外貨の両替をする際は，手数料をいくらか<u>支払わ</u>ねばならない。

<u>A</u> **scheme** <u>to reduce</u> traffic has been proposed by the city office.	交通量<u>を減らす</u>計画が市役所によって提案された。
The government's <u>economic</u> **strategies** did not work.	政府の<u>経済戦略</u>はうまくいかなかった。
Our soccer coach taught us many **tactics** <u>to</u> <u>win</u> <u>games</u>.	私たちのサッカーコーチは<u>試合に勝つための</u>戦術をたくさん教えてくれた。
The ISS changed its course so that <u>a</u> **fragment** <u>of</u> an old <u>satellite</u> would not hit it.	ISS は古い<u>衛星</u>の断片と衝突しないように，その進路を変更した。
Compared to 100 years ago, we can now fly to the US in <u>a</u> **fraction** <u>of</u> <u>the</u> <u>time</u>.	100 年前に比べると，今ではわずかな時間でアメリカに飛行機で行ける。
Until <u>the</u> <u>fighting</u> **ceased**, people were not able to go outside.	<u>戦闘が</u>終わるまで人々は外出することができなかった。
<u>The</u> <u>production</u> of cars <u>was</u> **halted** for the time being.	車の<u>製造は</u>当分の間中止された。

同じジャンルで覚える⑮ 都市機能・輸送に関する語

2245
metropolitan
[mètrəpá(:)lət(ə)n]

形 大都市の，首都の

a **metropolitan** area
大都市圏

2246
infrastructure
[ínfrəstrλktʃər]

名 社会基盤施設，インフラ

improve the **infrastructure**
インフラを向上させる

2247
vessel
[vés(ə)l]

名 ①(大型の)船
②(血管などの)管

a large **vessel**
大型船

2248
freight
[freit] 発音

名 貨物(輸送)

air **freight**
航空貨物(便)

2249
cargo
[ká:rgou]

名 貨物，積み荷

a **cargo** plane
貨物機

2250
intersection
[intərsékʃ(ə)n]

名 (道路の)交差点 〈英〉crossroad
関 junction 图 (道路の)合流地点

at an **intersection**
交差点で

2251
sidewalk
[sáidwɔ̀:k]

名 歩道 〈英〉pavement

on the **sidewalk**
歩道で

2252
pedestrian
[pədéstriən]

名 歩行者
形 歩行者専用の

Pedestrians Only
歩行者専用

スペリングに注目して覚える⑮ 「手」の意味の manu-/mani- で始まる語

2253
manual
[mǽnju(ə)l]

形 手を使う，手作業の
名 説明書，マニュアル

manual work
手作業

2254
manufacture
[mǽnjəfǽktʃər] アク

動 …を製造する，…を生産する
名 製造，生産

manufacture products
製品を製造する

> manufacture は「手で作ること」が原義だが，現在では機械による大量生産を意味する。

2255
manuscript
[mǽnjəskrìpt]

名 (手書き・タイプ)原稿
関 script 图 台本

the original **manuscript**
元の原稿

2256
manipulate
[mənípjəlèit]

動 …を(巧みに)操る，…を操作する

manipulate the data
データを操作する

Some people do not want to live in <u>a</u> **metropolitan** <u>area</u>.	<u>**大都市**圏</u>に住みたくない人もいる。
Plans to <u>improve</u> <u>the</u> **infrastructure** have been agreed upon.	<u>**インフラ**を向上させる</u>計画は賛同を得た。
Yokohama is one of the ports which <u>large</u> **vessels** can use.	横浜は<u>**大型船**</u>が使用できる港のひとつである。
This year's first French wine has arrived in Japan by <u>air</u> **freight**.	今年最初のフランスのワインが<u>**航空貨物便**</u>で日本に到着した。
Some airline companies have **cargo** <u>planes</u> as well as passenger planes.	旅客機だけでなく<u>**貨物機**</u>も持つ航空会社もある。
Accidents often happen <u>at</u> <u>this</u> **intersection**.	<u>この**交差点**では</u>よく事故が起こる。
Riding a bicycle <u>on</u> <u>the</u> **sidewalk** is not allowed in many countries.	多くの国では、<u>**歩道**で</u>自転車に乗ることは許されていない。
The sign said "**Pedestrians** <u>Only</u>."	その標識には「<u>**歩行者専用**</u>」と書かれていた。

Robots are reducing the demand for **manual** <u>work</u>.	ロボットは<u>**手作業**</u>に対する需要を減らしつつある。
Our company **manufactures** its <u>products</u> mainly in Vietnam.	我が社は主にベトナムで<u>**製品を製造している**</u>。
<u>The</u> <u>original</u> **manuscripts** of some famous writers are kept in this library.	何人かの有名な作家の<u>**元の原稿**</u>がこの図書館で保管されている。
He **manipulated** <u>the</u> <u>data</u> to make the company look more successful.	彼は会社がもっとうまくいっているように見せるために<u>**データを操作した**</u>。

同じジャンルで覚える⑮　お金・財産に関する語

2257
☐ **prosperity**
[prɑ(:)spérəti]

名 繁栄
⇨ **prósperous** 形 繁栄している
⇨ **prósper** 動 繁栄する

material **prosperity**
物質的繁栄

2258
☐ **luxury**
[lʌ́kʃ(ə)ri] 発音

名 ぜいたく
⇨ **luxúrious** 形 ぜいたくな

a life of **luxury**
ぜいたくな生活

2259
☐ **extravagant**
[ɪkstrǽvəg(ə)nt]

形 ぜいたくな，むだ遣いする

an **extravagant** party
ぜいたくなパーティー

2260
☐ **currency**
[kə́:r(ə)nsi]

名 通貨
⇨ **current** 形 流通して (→1335)

the British **currency**
イギリスの通貨

2261
☐ **stock**
[stɑ(:)k]

名 ①株(式)　②備蓄，在庫

buy **stocks**
株を買う

2262
☐ **debt**
[det] 発音

名 借金

be in **debt**
借金している

2263
☐ **deposit**
[dɪpá(:)zət]

名 ①頭金　②預金
動 ①…を置く　②…を預金する

as a **deposit**
頭金として

2264
☐ **gross**
[grous] 発音

形 (金額などが)総計の，全体の
⊗ **net** 正味の

Gross Domestic Product
国内総生産

同じジャンルで覚える⑮　景気・不景気に関する語

2265
☐ **boost**
[bu:st]

動 (景気など)を活気づける，(利益など)を増大させる

boost the economy
経済を活気づける

2266
☐ **recession**
[riséʃ(ə)n]

名 不況，不景気
⊕ **depression** (深刻な)不況，憂鬱

a long **recession**
長期の不況

2267
☐ **bankrupt**
[bǽŋkrʌpt]

形 破産した

go **bankrupt**
倒産する

It is often said that <u>material</u> **prosperity** alone cannot make people happy.	<u>物質的**繁栄**</u>だけでは人々を幸福にはできないとよく言われる。
Many movie stars seem to live <u>a life of</u> **luxury**.	多くの映画スターは**ぜいたくな生活**をしているようだ。
The singer often held **extravagant** <u>parties</u> at his mansion.	その歌手はよく自分の邸宅で**ぜいたくなパーティー**を開いた。
Is <u>the</u> British **currency** the pound, not the euro?	<u>イギリスの**通貨**</u>はユーロではなくてポンドなのですか。
<u>Buying</u> **stocks** seems popular for retired people.	退職した人には**株を買うこと**が人気であるようだ。
She <u>is</u> <u>in</u> **debt** because she bought too much with her credit card.	彼女はクレジットカードで買い物をしすぎたために**借金をしている**。
When I bought a car, I paid 200,000 yen <u>as</u> <u>a</u> **deposit**.	私は車を買ったとき，**頭金として**20万円払った。
GDP stands for **Gross** Domestic Product.	GDP は**国内総生産**を表す。
The government is trying to **boost** the Japanese <u>economy</u>.	政府は日本の**経済を活気づけ**ようとしている。
After <u>a</u> <u>long</u> **recession**, the economy started improving.	<u>長期の**不況**</u>ののち，経済は回復し始めた。
Fewer companies <u>went</u> **bankrupt** this year.	今年**倒産した**会社は（昨年より）少なかった。

形が似ていて紛らわしい表現（4）

2268
☐ **anything but** A
①少しもＡではない
②Ａの他は何でも

2269
☐ **nothing but** A
ただＡにすぎない，Ａのみ（= only）

2270
☐ **day after day**
来る日も来る日も，毎日毎日

2271
☐ **day by day**
日ごとに

2272
☐ **be aware of** A
Ａに気づいている，Ａを知っている
※【be aware that S+V】の形もある

2273
☐ **beware of** A
Ａに注意する，Ａに用心する
※Ａに動名詞がくることも多い

2274
☐ **if only** S+V
※Ｖには過去形を用いる
Ｓが〜しさえすれば（なあ）

2275
☐ **only if** S+V
Ｓが〜する場合にのみ
㊣ **as long as** S+V　Ｓが〜する限りは（→1714）

３語から成る句動詞

2276
☐ **get rid of** A
Ａを取り除く，Ａを捨てる

2277
☐ **run out of** A
Ａを使い果たす，Ａを切らす
㊣ **run short of** A　Ａが不足する，Ａを切らす

2278
☐ **fall short of** A
Ａに達しない，Ａに及ばない

2279
☐ **cut down on** A
Ａの量を減らす，Ａを削減する

2280
☐ **live up to** A
①Ａ（期待など）に添う
②Ａ（信念など）に従って生きる・行動する

Solving environmental problems is **anything but** easy.	環境問題の解決は**少しも**容易**ではない**。
My best friend buys **nothing but** expensive clothes.	私の親友は高価な服**しか**買わ**ない**。
I'm tired of eating the same things **day after day**. Let's try some new recipes.	**毎日毎日**同じものを食べるのは飽きた。新しいレシピを試そう。
He seemed to be recovering **day by day**.	彼は**日ごとに**回復しているようだった。
I **was** not **aware of** the time because I was so absorbed in my book.	私は本に夢中になっていたので，時間**に気づいて**いなかった。
We should **beware of** catching flu at this time of year.	1年のこの時期，私たちはインフルエンザの感染**に注意す**べきだ。
If only I could play the piano.	ピアノが弾け**さえすればなあ**。
I'll clean the kitchen **only if** you clean the bathroom.	あなたがお風呂の掃除をする**場合にのみ**，私はキッチンを掃除しよう。

| STAGE **4** |

I tried to **get rid of** a wine stain on my shirt, but I couldn't.	私はシャツについたワインのしみ**を取り除こう**としたが，できなかった。
We are **running out of** time, so I can answer only one more question.	時間**がなくなってきた**ので，私はあと1つしか質問に答えられません。
Profits **fell short of** the company's annual targets.	利益は会社の年間目標**に達しなかった**。
We need to **cut down on** the amount of sugar we eat.	私たちは摂取する砂糖**の量を減らす**必要がある。
The restaurant really **lived up to** its reputation for food.	そのレストランは本当にその料理の評判**通り**だった。

〈動詞＋A＋前置詞＋B〉の形を取る表現 (5)

2281 expose A to B

A を B にさらす
⇒ **exposure** 图 さらす[さらされる]こと，暴露

受動態の be exposed to A「Aにさらされる」の形でもよく用いる。

2282 devote A to B

A を B にささげる，A (時間や労力)を B にあてる
※ B に動名詞がくることも多い

2283 dedicate A to B

A を B にささげる
⇒ **dedication** 图 献身

devote A to B, dedicate A to B とも，A に oneself を用いた devote [dedicate] oneself to ... 「…に身をささげる，…に専念する」の形でもよく用いられる。

2284 assign A to B

A を B に割り当てる
⇒ **assignment** 图 ①課題　②任務 (→700)

不定詞を使った assign A to do「Aに～するよう任命する」の形でも用いられる (受動態で用いられることが多い)。

2285 attribute A to B

A は B に原因があると考える　※フォーマル

2286 accuse A of B

B のことで A を非難する・訴える
※ B に動名詞がくることも多い

2287 rob A of B

A から B を (強引に) 奪う
(類) **steal** (こっそり) …を盗む (→993)

2288 deprive A of B

A から B を奪う　※フォーマル

2289 define A as B

A を B と定義する
⇒ **definition** 图 定義

2290 defend A against B

A を B から守る
⇒ **defense** 图 防御

defend A from B の形でも同じ意味。

We should not **expose** children **to** violence in video games.

私たちは子どもたち**を**テレビゲームの暴力**にさらす**べきではない。

☞ Do not **be exposed to** strong sunlight for a long time.
「強い日差し**に**長時間**さらされて**はいけません。」

Emma should **devote** her afternoon **to** writing her essay.

エマは午後**を**小論文を書くこと**にあてる**べきだ。

The singer wanted to **dedicate** her last song **to** her family.

その歌手は彼女の最後の歌**を**家族**にささげ**たいと思っていた。

The boss **assigned** the job **to** me.

上司はその仕事**を**私**に割り当てた**。

☞ We **were assigned to look after** the new students.
「私たちは新入生の面倒を見るよう任ぜられた。」

Annie **attributed** her success **to** her teammates.

アニーは彼女の成功**は**チームメイト**のおかげだと考えた**。

Sarah **accused** Tom **of** copying her answers.

セーラは彼女の答えを写した**ことで**トム**を非難した**。

Thieves **robbed** the traveler **of** all his possessions.

泥棒たちはその旅行者**から**彼の所持品すべて**を奪った**。

The prisoners were **deprived of** food and sleep for several days.

囚人たちは数日の間食べ物と睡眠**を奪われた**。

An adjective is **defined as** a word which describes a noun.

形容詞は名詞を説明する語**と定義されて**いる。

The soldiers couldn't **defend** the castle **against** the enemy.

兵士たちは城**を**敵**から守る**ことができなかった。

〈be＋形容詞＋前置詞〉の表現（4）

2291
□ **be characteristic of** A
Aの特徴である
⇨ **characteristic** 形 (人・物に)特有の　名 (人や物の)特徴

2292
□ **be capable of** A
Aの能力がある　※フォーマル
※Aに動名詞がくることも多い

2293
□ **be worthy of** A
Aに値する，Aにふさわしい

2294
□ **be equivalent to** A
Aに等しい，Aと同等である

2295
□ **be content with** A
Aに満足している

2296
□ **be consistent with** A
Aと一致する
⇨ **consistent** 形 首尾一貫した，矛盾がない

〈動詞＋A＋前置詞＋*doing*〉の表現

2297
□ **ban** A **from** *doing*
A(人)が〜するのを(公式に)禁止する
類 **forbid** A **to** *do*　Aが〜することを禁じる(→1408)

受動態(A is banned from *doing*)で用いられることが多い。

2298
□ **prohibit** A **from** *doing*
(法律などが) A(人)が〜するのを禁止する
類 **forbid** A **to** *do*　Aが〜することを禁じる(→1408)

2299
□ **prevent** A **from** *doing*
A(人・物)が〜するのを妨げる・防ぐ
※フォーマル(会話では keep や stop を用いる)

2300
□ **discourage** A **from** *doing*
A(人)が〜するのを思いとどまらせる

2301
□ **persuade** A **into** *doing*
A(人)を説得して〜させる (= persuade A to *do*)
関 **persuade** A **out of** *doing*　Aを説得して〜をやめさせる

persuade A into *doing* は説得が成功して目的の行為を行わせることができたことを示唆する。

This type of design **is characteristic of** Gothic architecture.	この種のデザインはゴシック建築**の特徴である**。
Our new factory **is capable of** producing twice the number of products.	私たちの新しい工場は2倍の数の製品を生産する**能力がある**。
Politicians should always try to **be worthy of** respect.	政治家は常に尊敬に**値する**よう努めなければならない。
Eight kilometers **is equivalent to** about five miles.	8キロメートルは約5マイルに**等しい**。
Was she **content with** the bouquet of flowers he gave her? ※ bouquet 花束	彼女は彼がくれた花束**に満足していた**のですか。
What the police found **is consistent with** what the witness said.	警察が発見したことは目撃者が言ったこと**と一致している**。

People are **banned from riding** bicycles on the sidewalk in many countries.	多くの国で，人は歩道で自転車**に乗ることを禁止されて**いる。
The law **prohibits** people **from smoking** in public places.	その法律は公共の場所で人**がたばこを吸うのを禁止している**。
The little girl tried to **prevent** her brother **from falling** in the river.	その小さな女の子は弟**が**川に**落ちるのを防ごう**とした。
The bad weather **discouraged** the party **from trying** to reach the summit.	悪天候は一行**が**山頂に到達しようと**試みるのを思いとどまらせた**。
My girlfriend **persuaded** me **into buying** her an expensive ring.	僕のガールフレンドは僕**を説得して**彼女に高級な指輪**を買わせた**。

〈動詞＋A＋前置詞＋B〉の形を取る表現（6）

2302
☐ **impose** A **on** B

Aを Bに押しつける

2303
☐ **congratulate** A **on** B

BのことでAを祝う
※Bに動名詞がくることも多い

2304
☐ **substitute** A **for** B

AをBの代わりに使う

2305
☐ **derive** A **from** B

BからAを引き出す，
【A is derived from B】AはBに由来する

2306
☐ **transform** A **into** B

AをBに一変させる・すっかり変える

2307
☐ **convert** A **into** B

AをB（異なる物）に変える

> transform A into B，convert A into B の into は「変化」を意味する。

〈be＋前置詞＋名詞〉の形を含む表現（2）

2308
☐ **be on** (the) **alert**

警戒している
⇨ **alert** 图 警戒警報　形 用心深い，機敏な

2309
☐ **be on display**

展示されている
⇨ **display** 图 展示　動 …を展示する

2310
☐ **be on good terms with** A

Aと良い関係にある

> good の他に，bad，friendly，close などの形容詞が入る。

2311
☐ **be of help**

役に立つ
◎ **helpful**

2312
☐ **be of use**

役に立つ
◎ **useful**

> be of help，be of use の of は後ろにある名詞の性質を持っていることを意味し，【of＋名詞】で形容詞の役割を果たす。

Don't try to **impose** your views **on** me. I can decide for myself!	あなたの意見**を**私に**押しつけよう**としないで。自分で決められるよ！
My classmates **congratulated** me **on** winning the speech contest.	私のクラスメートは弁論大会で優勝した**ことで**私**を祝ってくれた**。
Ryan usually **substitutes** beans **for** meat because he is a vegetarian.	ベジタリアンなので，ライアンはたいてい豆**を**肉**の代わりに使う**。
Many English words **are derived from** Latin.	英語の言葉の多く**は**ラテン語**に由来する**。
The witch **transformed** the prince **into** a beast.	魔女は王子**を**獣**に変えた**。
He **converted** a traditional Japanese house **into** a restaurant.	彼は伝統的な日本家屋**を**レストラン**に変えた**。

Doctors have to **be on the alert** in case of problems with their patients.	患者に問題が生じた場合に備え，医師たちは**警戒して**いなければならない。
My brother's artwork **is on display** in the city museum.	兄の作品が市立博物館に**展示されている**。
Robert **is** no longer **on good terms with** his neighbors.	ロバートはもはや隣人**と良い関係に**ない。

Claire is a medical student so she wanted to **be of help** after the car crash.	クレアは医学生なので，自動車事故のあと**役に立ち**たいと思った。
Anna's degree in Japanese will **be of use** to her when she works in Japan.	アナの日本語の学位は彼女が日本で働くときに彼女の**役に立つ**だろう。

☞ be of importance「重要である」／be of value「価値がある」

STAGE **4**

〈be＋（形容詞化した）過去分詞＋前置詞〉の表現（3）

2313
☐ **be isolated from** A

Aから隔離される，Aから孤立している
⇨ **isolate** 動 …を孤立させる

2314
☐ **be convinced of** A

Aを確信している
⇨ **convince** 動 …を確信させる，…を納得させる

2315
☐ **be accompanied by** A

Aを伴う，Aを同伴する
⇨ **accompany** 動 …と一緒に行く

2316
☐ **be characterized by** A

Aによって特徴づけられる，Aを特徴とする

2317
☐ **be occupied with** A

Aに忙しい，Aに従事している
⇨ **occupy** 動 （場所）を占める，…に居住する（→1197）

2318
☐ **be associated with** A

Aを連想させる，Aと関連がある
⇨ **associate** A **with** B　AとBを結びつけて考える

2319
☐ **be equipped with** A

Aを備えている
⇨ **equip** A **with** B　AにBを備えつける

2320
☐ **be opposed to** A

Aに反対している
⇨ **oppose** 動 …に反対する（→1370）

似た意味の表現（5）

2321
☐ **from time to time**

時折，たまに

2322
☐ **at times**

時折，たまに

いずれも occasionally に近い意味をもち，sometimes より

引き出し　☐ (every) now and then「時々，たまに」

2323
☐ **give in** (**to** A)

（Aに）屈する，（Aに）降参する

2324
☐ **give way** (**to** A)

（Aに）譲歩する，（Aに）屈する

In hospitals, people with TB must **be isolated from** other patients. ※ TB 結核	病院では，結核の人は他の患者**から隔離され**なければならない。
His parents **were convinced of** his innocence.	彼の両親は彼の無実**を確信していた**。
US Presidents **are accompanied by** bodyguards when they appear in public.	アメリカ大統領は公の場に現れるとき護衛**を伴う**。
Monet's work **is characterized by** his use of color.	モネの作品はその色使い**によって特徴づけられる**。
After he retired, he **was occupied with** gardening and golf.	退職後，彼は園芸とゴルフ**に忙しかった**。
The Statue of Liberty **is associated with** immigration.	自由の女神は移民**を連想させる**。
People should **be equipped with** spare food when hiking in the mountains.	山にハイキングに行くとき，人々は予備の食料**を備えておく**べきだ。
Many people **were opposed to** the new law.	多くの人が新しい法律**に反対している**。

| STAGE **4** |

From time to time we have a day out at the beach.	私たちは**たまに**海へ出かける日がある。
University can be very stressful **at times**, particularly near exams.	大学では**時折**とてもストレスがたまることがある，特に試験間近には。

頻度が低い。よって，「時々」よりも「時折，たまに」と訳すことのほうが多い。

□ **(every) once in a while** 「時々，たまに」

The company president refused to **give in to** the workers' demands for more pay.	その会社の社長はより高い給料を求める従業員の要求**に折れる**ことを拒んだ。
I **gave way to** him on some points in the debate.	私はディベートでいくつかの点において彼**に譲歩した**。

convince	2314	crucial	**1620**	definitely	**907**	destruction	
cooperate	**856**	**cruel**	**1913**	definition	2289		896, **1174**
cooperation	856	cry	891	**degree**	**193**	detail	1727
cope → 艦 **cope**		**cube**	**1362**	**delay**	**436**	**detect**	**1662**
with A **804**		**cultivate**	**1779**	**delete**	**1444**	detective	1662
coral	**1792**	**cultural**	**928**	deliberate	2147	**deteriorate**	**1527**
corner	**461**	culture	928	**deliberately**	**2147**	determination	1112
corporate	2215	**cure**	**743**	**delicate**	**104**	determine	1112
corporation	**2215**	curiosity	1550	delight	662	**develop**	**1057**
correct	**60**	**curious**	**1550**	**delighted**	**662**	development	
corrupt	2158	**currency**	**2260**	**deliver**	**1082**		**423**, 1057
corruption	**2158**	current		delivery	1082	**device**	**1448**
cost	**92**		**1335**, 2073, 2260	demand		devise	1448
costly	92	**currently**	**2073**	**370**, 1438, 1980		**devote** → 艦 **devote**	
cough	**772**	curve	1673	democracy	1008	A to B **2282**	
count		**custom**	**147**	**democratic**	**1008**	**diabetes**	**1221**
849, **867**, 1698		**customer**	**1053**	**demonstrate**	**2052**	diagnose	1242
counterpart	**1950**	**D**		demonstration 2052		diagnoses	1242
countryside	**1206**	**daily**	**326**	**dense** 114, **1205**		**diagnosis**	**1242**
county	1516	**dairy**	**327**	**deny**	**636**	**dialect**	**1948**
couple	**487**	**damage**	**212**	**depart**	**437**	**diameter**	**1366**
courage	**125**	danger	71, 93	department		dictate	2156
court	**996**	**dangerous**	**71**	**572**, 2034		**dictator**	**2156**
cousin	**48**	date	831	departure	437	die	1592
cover	940	**dawn**	**1867**	**depend**		**diet**	**2**
cozy	**1201**	**deaf**	**1238**	→ 艦 **depend on A**		**differ**	**884**
crack	**1598**	**deal** → 艦 **deal with**		847		difference 531, **884**
craft	**1675**	A **803**		**depict**	**1678**	**digest**	**1211**
craftsman	1675	**debate**	**709**	**deposit**	**2263**	**dignity**	**1630**
crash → 艦 **crash**		**debris**	**1286**	**depress**	**2098**	**dilute**	**1157**
into A **1396**		**debt**	**2262**	depression		**dim**	**1585**
crawl	**1265**	**decade**	**304**		2098, 2266	**diminish**	**1590**
create	**955**	**decay**	**1526**	**deprive**		**dinosaur**	**1741**
creative	955	**deceive**	**649**	→ 艦 **deprive A of**		**dip**	**1156**
creature	955	**decide** 354, **527**		B **2288**		**diploma**	**2033**
credit	1437	decision	354	**depth**	**1466**	diplomat	2033
creep	**1264**	declaration	2199	**derive** → 艦 **derive A**		**direct** 166, **887**
crew 439, **1000**		**declare** 1358, **2199**		from B **2305**		**direction**	**887**
crime		**decline**	**646**	descend	1828	directly	166
985, 987, 1637		**decorate**	**1504**	**descendant**	**1828**	dirty	1202
criminal	**987**	decoration	1504	**describe**	**387**	**disadvantage**	**791**
crises	1278	**decrease**	**861**	description	387	disagree	382
crisis	**1278**	**dedicate** → 艦		**desert**	**204**	disappear	391
criteria	1474	**dedicate A to B**		**deserve**	**881**	**disappointed**	**100**
criterion	**1474**	**2283**		**designate**	**1680**	disappointing	100
critic	**1677**	dedication	2283	**desirable**	**1565**	**disaster**	**197**
critical	**1216**	deep	1466	**desire** 667, **1565**		disastrous	197
criticism	640	**defeat**	**385**	**despair**	**475**	**discharge**	**1284**
criticize 640, 1677		**defend** → 艦 **defend**		**desperate**	**1908**	**discipline**	**2038**
crop	**1077**	A **against** B **2290**		**despise**	**639**	**disclose**	**1660**
crossroad	2250	defense	2290	despite	817	**discount**	**14**
crowd 122, **807**		**deficit**	**2226**	dessert	204	**discourage**	868
crowded → 艦 **be**		**define** → 艦 **define A**		**destination**	**1495**	→ 艦 **discourage A**	
crowded with A		as B **2289**		**destiny**	**1519**	from *doing* **2300**	
807		definite	907	**destroy** 896, **1174**		**discover**	**940**

discriminate	2095	drop	479
discrimination	2095	drought	1279
discuss	157	drown	189
discussion	157	drug	756
disease	744	drugstore	1241
disgust	1862	due	720
disgusting	1862	dump	1761
dislike	361	duty	126
dismiss	2121	dye	1592

glasses	154	harassment	2122	hurt	753	inappropriate	318
glimpse	1852	hardly	796	hydrogen	1315	incentive	2194
global	1033	hardship	2091	hygiene	1252	incident	1658, 2071
globe	1033	harm	1287	hypotheses	2044	incidentally	
gloomy	1873	harmful	1287	hypothesis	2044		1658, **2071**
glorious	1866	harmless	1287			include	428, 1089
glory	1866	harmony	1769	**I**		including	428
glow	1865	harsh	1572	iceberg	1271	income	89
goal	696	harvest	1069	idea	518	incorrect	60
goods	1066, 2233	hate	360	ideal	315	increase	860
govern	1009	hatred	1543	identical	763	increasingly	860
government	1009	haven	2171	identify	763	incredible	1309
grab	1974	head	389	identity	763	independence	2200
grade	584	heal	785	ignorance	676	independent	2200
gradual	397	heatstroke	1218	ignorant	1874	→ ⑱ be	
gradually	397	heel	785	ignore	676, 1874	independent of A	
graduate		height	1467	illegal	998		2013
→ ⑱ graduate		helpful	2311	illness	744	indicate	2048
from A 824		hemisphere	1338	illusion	1547	indication	2048
graduation	824	hence	2065	illustrate	2051	indifferent	1909
grain	1783	herd	1795	illustration	2051	indigenous	1772
grant	267	heritage	931	image	297	indispensable	1311
graph	733	hesitate	1530	imaginable	1380	individual	455
grasp	1972	hesitation	1530	imaginary	1379	induce	2082
grate	1155	hide	484	imagination		industrial	
grateful	1549	high	1467		297, 653		1079, 1916
gratitude	1538	hire	1061	imaginative	1380	industrious	1917
grave	1621, 1648	historic	914	imagine		industriously	1917
gravity	1329	historical	914		297, **653**, 1379	industry	1079
great	1155	hit	183	imitate	1505	inevitable	1310
greed	1911	hold	723	imitation	1505	infant	1827
greedy	1911	homepage	416	immediate	398	infect	1236
greenhouse	232	honor	1628	immediately	398	infection	1236
greet	1192	hopefully	912	immigrant	2166	infectious	1236
greeting	1192	horizon	1328, 1368	immigration	2166	infer	1956
grief	1541	horizontal		immune	1209	inferior	1902
grind	1153		1328, **1368**	immunity	1209	infinite	1312
grip	1974	horrible	64, 679	impact	748	infinity	1312
gross	2264	horror	64, **679**	impatient	167	influence	749
grow	499, **1076**	hostile	1556	imperial	1651	influential	749
growth	499	hostility	1556	implement	2125	inform	413
guarantee	1184	hour	302	implementation		→ ⑱ inform A of B	
guess	652	household	1175		2125		1716
guilt	1001	housework	22	implication	2050	informal	625
guilty	1001	however	618	implicit	2063	information	
gulf	1331	hug	1835	imply	2050		413, 1716
H		huge	116	impolite	81	infrared	1303
habit	148	human	208	import	1088	infrastructure	2246
habitat	1307	humanitarian	2186	impose → ⑱ impose		ingredient	3
halt	2244	humanity	2186	A on B 2302		inhabit	1821
handle	132	humid	192	impossible	69	inhabitant	1821
handy	1566	humidity	192	impress	530, **967**	inherit	1177
hang	21	hunger	1280	impression	967	inject	1251
happen	187	hungry	1280	improve	697	injection	1251
harass	2122	hurry	362	improvement	697	injure	752
				inadequate	1857		

spouse	1825	strive	1798	supreme	2135	tendency	128
spray	1748	stroke	1218	surface	459	tense	2177
spread	779	structure	1172	surgeon 1225, 1243		tension	2177
sprinkle 1749, 1759		struggle	129	surgery	1225	term	
square	1361	stubborn	1888	surgical	1225		403, 573, 2001
squeeze	1152	stuff	325	surplus	2225	terminal	1217
stable	765	sturdy	1608	surround	1684	terrible	63
staff	324	subject	692	survey	722	terrify	678
stain	1597	subjective	1898	survival	210	territory	2179
stair	1169	submit 699, 840		survive	210	terror	63, 678
staircase	33	subscribe	1926	suspect	1501	testify	2129
stairs	33	subscription	1926	suspicion	1879	the Diet	2153
stall	2236	substance 219, 234		suspicious		theft	994, 2099
standard	449	substantial	1858		1501, 1879	theme	605
star	1347	substitute		sustain 1770, 1856		theoretical	
stare 1169, 1853		→ ⊕ substitute A		sustainable			718, 2055
starvation	1282	for B 2304			1770, 1856	theory	
starve	1282	subtle	1894	swallow	10		718, 1986, 2055
state	1516	subtract		swarm	1796	(the) Parliament	
statement	1516	→ ⊕ subtract A		sweat	1210		2153
stationery	971	from B 1721		sweep	18	therapy	1229
statistics	728	suburb	1207	swell	1212	thereby	2068
statue 938, 1674		succeed		swift	2144	therefore	615
steady	1563	→ ⊕ succeed in A		sympathize	1812	theses	2036
steal 993, 2287		1423 ╱ ⊕ succeed		sympathy	1812	thesis	2036
steam	1374	to A 1424		symptom	754	thick	114, 115
steel	993	success 307, 1423		syndrome	1223	thief	994, 2099
stem	1777	successful		⬤ T		thieves	994
stimulate 958, 1476			307, 1423	table	733	thin	115
stimulation	958	succession	1424	tablet	1249	thorough	1613
stimuli	1476	sue	2127	tackle	1800	thread	1187
stimulus	1476	suffer	825	tactic	2240	threat	873
sting	1344	sufficient	1859	tail	947	threaten	873
stir	1159	suggest	369	tale	947	thrilled	661
stock	2261	suggestion	369	talent	477	thrilling	661
stomach	760	suicide	2108	tame	1765	thrive	1742
stomachache	760	suit 151, 317		tap	1294	throat	740
storage	170	suitable 151, 317		task	293	throw	553
store	170	sum	1471	taste	7	thumb	1259
storm	200	→ ⊕ sum up A		tax	1007	thunder	195
stormy	200	[A up] 1724		tear	168	thus	615, 2064
story 29, 947		summarize		tease	1535	tide	1334
strain	1545		604, 1724	technical	402	tie	490
strange	52	summary	604	technological	414	tight	468
stranger	52	sun	230	technology	414	tiny	117
strategy	2239	superficial	1906	teeth	762	tip	462
stream	1336	superior	1901	telescope	1345	tire	432
street	434	superstition	1639	temper	666	tissue	1231
strength	500	supervise	2220	temperature		toll	1482
strengthen	500	supervisor	2220		191, 751	tomb	1648
stress	713	supply 223, 1718		temple	917	tone	1942
stretch	494	support	376	temporary	1899	tongue	1945
strict	59	suppose 651, 1113		tempt	1536	tooth	762
strictly	59	suppress	2097	temptation	1536	top	464
string	1187	suppression	2097	tend	128	total	583

WORDBOX Advanced
ワードボックス英単語・熟語【アドバンスト】

執筆協力
Catrina Appleby
Sarah Appleby

英文校閲
Ian C. Stirk
Chris Gladis
Brent Suzuki

ナレーション
Katie Adler
James Ross-Nutt（Gaipro Inc.）
徳田 祐介（ワイワイワイ）

校正
石川 道子

イラスト
ホンマ ヨウヘイ

装丁デザイン
石出 崇

データ提供
(有)イー・キャスト

2022年4月5日　第10刷発行
2018年10月12日　第1刷発行

監 修 者	山 岡 憲 史	
著 者	長 田 哲 文	
	Sue Fraser	
発 行 者	谷 垣 誠 也	
印 刷 所	東 洋 紙 業 (株)	
発 行 所	有限会社 美 誠 社	

〒603-8113　京都市北区小山西元町37番地
Tel.(075)492-5660(代表)：Fax.(075)492-5674
ホームページ　https://www.biseisha.co.jp

乱丁・落丁本はお取りかえいたします。

ISBN978-4-8285-3325-4